臺海最危險的地方

林正義 著

序

　　個人在進入中央研究院歐美所之前，碩士、博士論文在 1980 年代先後出版為專書。自進入中央研究院工作後，除出版短篇論文、編輯專書之外，沒有個人專著，一直到本書的出版。碩士論文研究八二三砲戰，博士論文探討臺灣安全的問題，範圍均集中在美中臺關係。個人從 1990 年代初期開始涉獵南海議題，之後是東海釣魚臺的問題。這本專書以美中臺關係角度，分析中國國家主席習近平上臺之後，美國總統歐巴馬（Barack Obama）、川普（Donald Trump）與拜登（Joe Biden），在東海、南海問題上，與中國習近平的角力與較勁。2020 年起，中國戰機不斷進入臺灣本島與東沙島之間的西南防空識別區，臺海安全成為全球媒體的焦點，也開啟臺灣安全國際化的年代。

　　本書的論點是東海有日本與美國的《安保條約》以及專守防衛的沖繩基地，因此，中國對臺灣安全的威脅，難以避開美日的阻擾。南海則沒有一個類似扮演沖繩角色的美軍基地，也少了有嚇阻能力並可協助美國的日本。美國與菲律賓雖有共同防禦條約，但一直到川普政府國務卿龐培歐（Mike Pompeo）才首度明確將菲律賓在南海控制島礁受到攻擊時，納入共同防禦條約的保護範圍。一直到 2020 年 7 月，龐培歐也首度明確公開美國政府的立

場，認定中國在南海九段線的主張不具有任何正當性，也不符合《聯合國海洋法公約》。這兩項政策的宣示，仍為拜登政府所延續。然而，美國一直忽略南海東北方的東沙島及其附近海空域的重要性。

　　若說臺灣海峽安全的當面，在過去是由基隆、馬祖與高雄與金門四點連線所構築，臺灣要守住的前線就在臺灣海峽內的澎湖與金馬外島。但是，隨著中國軍事力量的快速崛起，更勇於改變現狀，臺海威脅的前線來自臺灣的西南海空域、巴士海峽及由此向東延伸的菲律賓海，而一切將由位於臺灣海峽與巴士海峽交界匯集的東沙島開始。在這裡也是中國跨越第一島鏈，對美國、日本施以「反介入與區域拒止」（Anti-Access and Area Denial）戰略的發源地。2022 年 8 月，中國將巴士海峽劃入實彈軍演區。2023 年4 月，美國在菲律賓呂宋島北邊新增三個基地，美菲更在巴士海峽之內，距離蘭嶼不到百里的巴丹島（Batan Island）舉行軍演，顯示逐漸重視臺灣南方的海空域安全。

　　自 1988 年起在中央研究院擔任研究工作，接觸最多的是書籍、期刊、報紙等，在少有外人打擾之下，有時一天講話的機會都省了下來，閉門造車、筆耕勤讀是最好的寫照。個人一直很感謝有這一份適合自己個性的工作，有時必須耐得住寂寞，當穿過漆黑的走廊，知道自己是最晚離開的人，難免有些驕傲，而當迎向朝陽，知道自己最早到所，就感謝可以不受打擾地盡情研究。

　　個人在擔任研究員期間，先後借調到國家安全會議、政大國際關係研究中心、大陸委員會、國防安全研究院，擔任行政服務的工作。本書的推薦人，都是曾經栽培、指導過個人的前輩與先

進。他們同意在沒有讀完全書的情況下，只根據一些大綱章節，願意為這本書推薦，除了信任之外，更有愛護之意。

個人最感謝家人的陪伴與鼓勵，及全家一起成長的時光。他們一直是我的助力，也是堅強力量的來源。本書得以完成，要特別感謝國科會補助個人型專題研究計畫，無論是政大國際關係中心、中央研究院亞太區域研究專題中心、國策研究院，均讓個人有許多機會，經由資料蒐集、國際對話會議的參與，在學術與政策之間取得平衡。本書部分內容改寫自出版於 2016 年《東吳政治學報》、2022 年《國防雜誌》的兩篇論文。論文審查過程難免遇到一些挫折與質疑，但感謝評審者的意見，使個人有進步的空間。

最後，要感謝聯經出版公司發行人林載爵先生、總編輯涂豐恩先生、特約編輯謝達文先生，尤其是總編輯在看過初稿，就同意出版此一專書。我們素未謀面，全憑電子郵件使出書成為可能，最終順利出版。感謝歐美所助理吳智偉、王宥朋不辭勞苦協助蒐集資料及處理行政工作。本書內文若有任何疏漏，責任全在筆者。

目次

第一章

為什麼要關注東海、南海？

兩強相遇東、南海

在冷戰期間，美國與中國有相當長的時期不重視南海與東海性。美國是超級強權，外交政策有優先順序，沒有出現問題的地區常不在它的雷達上。中國是睡醒的大國，一覺醒後發現有核心利益卻長期忽視或力有未逮。習近平在 2012 年 11 月起擔任中共總書記，在他上任前，這一年便先有南海黃岩島中國與菲律賓漁船衝突事件，接續有日本民主黨野田佳彥內閣正式將釣魚臺列嶼（以下全書稱釣魚臺）予以「國有化」。南海、東海事件是習近平上臺前後的最重要外交挑戰與危機。美國政府雖非南海與東海島礁主權聲索方，但與日本有《安保條約》，與菲律賓有《共同防禦條約》，因此有防禦日、菲領土的義務。美國依照其國內《臺灣關係法》，協助臺灣維持足夠防衛能力，任何中國大陸在臺海的軍事行動，不會僅限臺海當面，勢將東海、南海納入行動部署選項，而必然與美國有「三海連動」的軍事衝突風險。

術語解釋

聲索方：在領土爭端中，任何主張該塊領土為己方所有的國家。
釣魚臺國有化：2012 年 9 月，日本政府以 20.5 億日圓，向釣魚臺的土地所有權人購買釣魚台列嶼，使得釣魚臺列島土地為日本政府所有。

　　歐巴馬自認為「美國首位太平洋總統」（America's first Pacific president）不僅與他出生於夏威夷有關，他在 2011 年 11 月出訪澳洲、印尼時宣示，將美國在亞太的駐留與任務，當作美國國家安全團隊的首要工作，創造美國人民就業機會則是他的最優先目標，而刪減國防預算不會犧牲亞太國家的利益。[1]美國開始大量使用「轉向亞太」（Pivot to Asia and the Pacific）這個戰略名詞，之後調整名稱為「亞太再平衡」（Rebalance to Asia and the Pacific）。歐巴馬總統旋即面對到 2012 年發生在南海黃岩島、東海釣魚臺的關鍵轉折，他的因應沒有讓亞太的海洋更為平靜，而是助長習近平更進一步在南海「填海造陸」、東海劃設「防空識別區」，改變了南海、東海數十年來的現狀。

　　美國的盟友日本、臺灣、菲律賓是東海或南海島礁主權聲索方，在中國尚未崛起、北京注意力不在爭議島礁時，零星偶發的緊張，美國政府不會介入。隨著中國崛起、走向海洋、島礁爭議成為美國與中國國力競爭的一環。對美國與中國而言，南海、東海同是海洋，卻有不同的戰略格局，中國在南海面對的主要美國的嚇阻力量，而菲律賓、越南、馬來西亞、汶萊各國雖然是聲索國，但這些國家各自，乃至東協（The Association of Southeast Asian

Nations，ASEAN）整體，都無法有效反制中國的作為。中國在東海釣魚臺遭遇的是有實際管轄權的日本及其海空實力，加上日本背後的美國政府。

一直到歐巴馬政府為止，美國對中國的政策極少會考慮到南海議題。美中之間原先就已經有一些潛在的衝突，包含戰略安全（軍事現代化、核武不擴散、國防軍事交流）、政治外交（北韓、伊朗、人權、臺灣）、經貿（人民幣升值、逆差、智慧財產權、中國產品安全、能源與氣候變遷等），而隨著歐巴馬政府宣示重返亞太、美國軍艦在南海航行受到干擾、中國公務船艦護航漁船在爭端海域捕撈等，南海安全一再出現挑戰，更形成兩國另一項潛在衝突的來源。

歐巴馬可能是最後一位樂見習近平主政下的中國可以強大、興盛、和平崛起的美國總統。[2] 美國國務卿希拉蕊·柯林頓（Hillary Rodham Clinton）在 2011 年《外交政策》（*Foreign Policy*）雜誌，發表〈美國的太平洋世紀〉，指出一個興盛的美國對中國有利，一個興盛的中國對美國有利，但不能僅靠願望，需要雙方持續將積極的言語，轉化為有效的合作，並誠實面對分歧，致力於增加兩軍的透明度，減少誤判和失誤的風險。[3] 這種樂觀的期待在川普總統上臺之後，到拜登總統，美國對中國的定位轉變為「戰略競爭者」（strategic competitor），在南海的「航行自由行動」（Freedom of Navigation Operations，FONOPs）遠比歐巴馬來得積極。南海也成為美中戰略競爭的核心海域，甚至超過東海所帶來的挑戰。

> **術語解釋**
>
> **航行自由行動**：1979 年開始，美國政府如果認定沿海國對於海洋的使用，做出「過度的權利主張」時，可能會派出軍艦通過相關水域。

　　本書經由南海黃岩島、東海釣魚臺的緊張，探索在歐巴馬「亞太再平衡」戰略、習近平的中美「新型大國關係」，如何在第三國（菲律賓、日本）所引起的危機中受到影響，美國與中國又如何管控衝突。尤其是，美國如何在中日釣魚臺爭端進行衝突避免，抗拒被捲入與日本共同對抗中國，而習近平又如何想在中美「新型大國關係」之下，「堅決維護國家海洋權益，建設海洋強國」。

　　2012 年是中國大陸領導人換屆交班的一年。胡錦濤、習近平被動因應日本民主黨的購島風波。習近平主政之後，中國和鄰國在東海與南海對島嶼主權爭端依然嚴重。中、日海上執法船隻在釣魚臺近距離接觸，無人機進入釣魚臺，加上劃設東海「防空識別區」，顯示在「非軍事」行動上升級，對兩國在危機管控上形成重大的壓力。對美國而言，中日雙方若因偶發事故引起衝突，造成第二大、第三大經濟體對抗，將升高全球經濟的風險，美國因此期待中日兩國以外交手段解決東海釣魚臺的爭端。一旦從中日兩國從「非軍事」升級，進入「準軍事」或「軍事行動」對抗，對美、中、日、臺及其他周邊國家，將造成更大的安全威脅。歐巴馬總統在中日釣魚臺危機緩和之後，2014 年 4 月才表明美國對日

本安全的承諾是絕對的，《美日安保條約》第五條涵蓋所有日本管轄下的領土包括釣魚臺。[4]

> **術語解釋**
>
> **美日安保條約**：1960 年，美國與日本簽訂安全互助條約，其中第 5 條規定，如果日本「施政權下的領域」受到「武力攻擊」，美方有防衛日本的義務。

　　中美雙方都曾提出不希望互相對抗的說法。美國國家安全顧問萊斯（Susan Rice）在 2013 年 11 月於喬治城大學（Georgetown University）的演說，以〈美國在亞洲的未來〉（America's Future in Asia）為題，說明歐巴馬政府將「亞太再平衡」戰略當作外交政策的基石，無論其他地區有多少衝突熱點，美國將繼續強化對此一關鍵地區的承諾。萊斯表示，美國正尋求「新型大國關係如何運作」（to operationalize a new model of major power relations），意味有合作，也需要管控競爭。[5] 除了歐巴馬總統的「亞太再平衡」戰略之外，習近平提出「中國夢」，也尋求與美國建立「新型大國關係」，期待兩國能「不衝突、不對抗、相互尊重、合作共贏」。

　　然而，兩國之間卻嚴重缺乏戰略互信。北京宣示「人文交流、政治互信、經貿合作」是中美關係的三大支柱，但普遍對美國的「亞太再平衡」戰略存有疑慮。中美之間要建立「新型大國關係」，實際所面臨的難題卻不少，尤其是東海、南海的島礁主權爭端。美國雖非聲索國，卻成為重大利害關係者。

臺灣的角色？

　　本書亦將探討臺灣如何因應情勢丕變的南海、東海。蔣介石總統因應南沙太平島問題早先於他對東海釣魚臺的關切。1956年，菲律賓航海學校校長克多馬（Tomas Cloma）率領學生登上太平島，蔣介石從國際與美外交關係的角度，在決定派兵進駐該島之後，多次思考「南沙群島問題與美菲合作交涉」一案，認為「我應乘此時與美菲二國進行協防該群島之交涉，以免共匪覬覦或與我單獨作戰」，因為「惟有中美菲聯防該群島之形勢，方能阻止共匪南下挑戰」。[6] 然而，對蔣介石而言，南海終究比不上反攻大陸來得迫切。1960 年 4 月、1964 年 1 月，蔣介石先後提及建造南沙機場為大陸西南空投、東沙運輸機場為海空軍中間站的相關問題。[7] 蔣介石之後的中華民國總統，間或有兩岸南海經濟合作構想，少有從南海對臺灣軍事安全的角度深入關切。

　　蔣介石及其之後的中華民國總統，也較少從軍事安全角度，而是從石油天然氣、漁民作業利益，思考東海釣魚臺的問題。1970 年，蔣介石提及不同意琉球問題，「未經中美協議，而歸還日本，我保留發言權」，策略是「先解決礁層為我所有，而島嶼主權問題暫不提及」。[8] 蔣介石不談主權問題的考慮是，「否則徒被共匪利用離間，但中美油約合同不能放棄」。[9] 然而，美國與中共關係開始正常化、臺灣退出聯合國之後，國際情勢丕變影響到以油氣勘探爭取主權的後盾。蔣介石提及利用東海海域，不是為了反攻大陸軍事行動，而是提到「琉球與石垣島之間海道應特別注意」，並曾下令進行「石垣與琉球海面之補給演習」。[10] 從李登輝

總統開始，臺灣與日本針對釣魚臺海域臺灣漁民作業問題開始談判，一直至 2013 年臺日簽署漁業協議，李總統任內評估在日本南方玄關的琉球進行投資，算得上從琉球群島角度思考臺灣的安全問題的首位總統，但卸任之後對釣魚臺的歸屬談話引起爭議。

中、日在釣魚臺針鋒相對，相對而言，臺日在漁業協議簽署之後緊張降低。反而是中國軍艦頻繁出現臺灣東北、宮古島海域，進出第一島鏈，自 2007 至 2012 年至少有 20 批、近百艘軍艦經過，形成對於臺灣軍事訓練空間與國防安全維護上新的挑戰。2021 年起，中國航空母艦遼寧號每半年定期前往上述海域，進行艦載戰機起降訓練，更具有針對性。

2012 至 2013 年間，日本將釣魚臺「國有化」，中國劃設東海防空識別區，美國與中國、日本因此情勢緊張，而臺灣在兩岸關係改善之下，反而巧妙因應，找到自己的利基。此外，臺灣長期關注釣魚臺，遠比中國、日本、美國的學術研究熱潮起步要來得早，對釣魚臺歷史、情勢，有獨特的解讀與詮釋權。雖然臺灣在軍事與政治力量上，比不上其他三個國家，但在地質結構連結、歷史史料、漁民長期使用、臺美石油公司的探勘等，有利主權的宣稱。美國面對臺海兩岸關係大幅改善，但中日美三方卻因釣魚臺緊張，因此支持日本與臺灣簽訂《臺日漁業協議》，馬總統的《東海和平倡議》也意外獲得落實。

相較於東海，臺灣也在南海檔案史料、長期管轄經營超出其他聲索方的主張，卻因外交孤立而未能參與解決南海爭端的多邊機制。在中國大陸建造南沙人工島礁與完成軍事部署之後，太平島的重要性逐漸下降。在臺海兩岸關係緊張、美中南海爭霸之

下，現實的焦點逐漸從南沙太平島轉向東沙島。2020 年起中國戰機開始密集進入臺灣西南防空識別區，從 380 架次（2020 年）、960 架次（2021），上升到 1727 架次（2022 年），明顯將東沙島與臺灣本島分隔，也被視為最危險的海峽之一。

逐步轉為反制：美國在南海

無論是歐巴馬的「轉向亞太」，還是習近平上臺在南海與東海採取更為積極的政策，都說明 2012 年是關鍵的年份。

在 2012 年之前，美國政府有三次較正式與全面的南海政策聲明，分別是：（1）中國與菲律賓發生美濟礁事件之後，由國務院發表第一次聲明（1995 年 5 月）；（2）歐巴馬政府第一任國務卿希拉蕊在 2010 年 7 月「東協區域論壇」（ASEAN Regional Forum）的「河內談話」被視為美國南海政策的分水嶺；（3）在中國與東協達成《南海各方行為宣言落實指導綱領》之後，國務卿希拉蕊訪問印尼時發表的聲明（2011 年 7 月），在這則聲明中，她特別提到南海航行自由、亞洲海洋空間使用、和平與穩定的維持，是美國國家利益之所在。她呼籲南沙群島聲索國尊重國際法，避免佔領無人小島，以建設性立場處理分歧。美國反對南海任何聲索國威脅或使用武力，鼓勵所有相關各造加速行動達成南海行為準則。歐巴馬政府呼籲各方澄清在南海主權的宣稱，需與習慣國際法一致，包括依《聯合國海洋法公約》解決爭議。任何對南海海上領土的主張，應該完全根據佔領島礁特性所衍生出的國際法上的合法基礎。美國在南海強調航行自由，表面上對聲索國的主張保持

中立的立場，但實質上等於對中國的九段線有所質疑。[11]

術語解釋

九段線：又稱為「斷續線」，指的是中國在南海宣稱的「版圖」，但實際上在國際法的意義仍有爭議。中華民國政府原主張「十一段線」（又稱「U形線」），中華人民共和國政府繼承此一說法，但移除與越南有關的兩段，成為九段線。

　　除了以上三份聲明外，在 2012 年前，美國政府官方文獻也有零星幾次提到有關南海的議題，例如，2010 年 9 月，歐巴馬總統與東協領袖在第二次高峰會上發表的聯合聲明，重申航行自由、區域穩定、尊重國際法和不受阻礙地在南海進行商業活動的重要性，強調和平解決主權爭端。2011 年，美國國防部公佈的《中國軍事與安全發展》（Military and Security Developments Involving the People's Republic of China）年度報告提到南海 32 次，比上一年的 14 次多出 18 次，並指出中國海軍的資源由北海艦隊轉向南海艦隊，增加了面對南海挑戰的軍事能力。美國國防部也愈發重視中國增強『反介入』與『區域拒止』的能力」及其威脅性。2011 年 11 月，歐巴馬總統在印尼峇里島提議建立「東南亞海事夥伴關係」，承諾將對東南亞國家的海事警察或民間單位提供訓練、裝備，強化打擊跨國威脅的能力，並透過先進的設施及技術，進行海事監視與資訊分享。美國將主辦區域研討會，熟練標準作業程序，增多討論國際海洋法的對話空間，美國也計畫在南海地區進行多國的海事能力建構演習。

　　美國國會極少舉行有關南海的聽證會，個別議員如外交關係委員會東亞及太平洋事務小組委員會主席、參議員韋伯（Jim Webb；民主黨，維吉尼亞州）在 2009 年 7 月舉行「東亞海上爭議與主權議題」（Maritime Disputes and Sovereignty Issues in East Asia），在 2010 年 9 月召開「東南亞海洋與安全挑戰」（Challenges to Waters and Security in Southeast Asia）兩場聽證會，會中，副助理國防部長謝爾（Robert Scher）指出，自 2007 年夏天起，中國威脅美國石油公司停止在越南外海與越南的合作，美國政府一再提出抗議；副助理國務卿馬錫爾（Scot Marciel）也指出，由於中國在 2009 年干擾美國軍艦在南海的航行自由，致使同年美國建立與越南、馬來西亞的高層國防對話政策，以確保南海安全。2011 年 6 月，參議員韋伯提案要求美國動用軍隊，確保在南海的航行自由。美國國會研究服務處（Congressional Research Service）在 2011 年 11 月，首度完整以「中國海洋領土主張：對美國利益的影響」（China's Maritime Territorial Claims: Implications for U.S. Interests）為題，由鄧凱麗（Kerry Dumbaugh）、簡淑賢（Shirley Kan）、艾克曼（David Ackerman）、柯寧（Richard Cronin）、尼克許（Larry Niksch）等專家進行南海議題的集體研究。該報告討論：中國海洋主張相關議題；領土主權競爭與外交，及經濟面向與影響、安全與戰略等問題。南海、東海的議題均納入探討，但對美國的影響篇幅極為有限。

　　在歐巴馬政府之前，美國智庫也少有對南海議題持續研究，美國夏威夷太平洋論壇 CSIS（Pacific Forum CSIS）可能是少數的例外。太平洋論壇和菲律賓戰略暨發展研究所（Institute of Strategic

---

術語解釋

積極中立：不直接參與衝突，但有支持的一方。

---

and Development Studies，ISDS）在 1995 年至 2001 年先後合辦四次南海衝突的安全意涵與信心建立措施（請見表 1-1）。雖然由美國與菲律賓智庫主辦，但主要是由臺灣政府經費支持。其中，1995 年與 1997 年的會議論文會後出版，提及：若中國攻擊菲律賓佔領島礁，美國可能會採取強烈的反應，但在中國攻擊越南佔領島礁時，除非威脅到航行自由，否則美國不致會以軍事回應，至多支持東協國家對中國的經濟制裁。該報告也建議美國不能只採取消極與被動，而宜採取「積極中立」（active neutrality）立場。[12]

在美國智庫之中，華府戰略暨國際研究中心（Center for Strategic and International Studies，CSIS）針對南海有最早、最具系

▌表 1-1　美國與菲律賓戰略智庫主辦南海研討會

會議名稱	會議地點	會議時間
「南海衝突的安全影響」（Security Implications for Conflict in the South China Sea）	馬尼拉	1995/11
「促進東南亞信任與信心：合作與衝突避免」（Promoting Trust and Confidence in Southeast Asia: Cooperation and Conflict Avoidance）	馬尼拉	1997/10
「南海信心建立措施研討會」（South China Sea Workshop on Confidence-Building Measures）	雅加達	2000/3
「南海信心建立措施與臺灣參與」（CBMs in the South China Sea and Taiwan's Involvement）	臺北	2001/4

資料來源：作者整理自歷次會議資料。

統性的研究，成為美國政府發言的一個管道，也是西方國家研究南海與戰略最重要的智庫。加拿大國際開發總署（Canadian International Development Agency）在 1990 年代贊助印尼政府主辦的處理南海潛在衝突研討會（Workshop on Managing Potential Con-flicts in the South China Sea，以下簡稱印尼南海會議），但在該會議不再討論領土主權問題、轉為海洋功能性議題的合作之後，重要性大幅降低。[13] 臺灣與中國大陸在 1991 年首度同時參與在萬隆舉行的第二屆印尼南海會議，並隨著兩岸關係起伏，在李登輝政府開啟兩岸石油公司在南海勘探油氣，馬英九政府在印尼南海會議架構下出現共同研究教育的計畫。[14] CSIS 的「亞洲海洋透明倡議」（Asia Maritime Transparency Initaitve）負責人波林（Gregory Poling）隨著中國在南海「填海造陸」興建人工島礁，公布各島礁的人造衛星照片，搭配評析文章，提供南海近況資訊最為完整；他也曾於 2016 年 1 月受邀訪問太平島。

　　CSIS 自 2011 年起，每年舉行年度南海會議，邀請參議員或眾議員與聲索方專家代表與會（請見表 1-2），在這些會議中，逐步看到美國政治人物對中國的防範。川普政府助理國務卿史達偉（David Stillwell）正是利用此一平臺，呼籲南海聲索方「凍結」被視為挑釁的行動，提到美國將不再扮演中立或旁觀者角色，不會任由中國使用「強盜戰術」（gangster tactics）處理南海領土爭端。[15] 出席南海研討會進行主題演講的參、眾議員大多與亞太或國防、情報事務有關。例如，2011 年參議員馬侃（John McCain；共和黨，亞利桑那州）批評中國在南海具侵略性的領土主張，呼籲歐巴馬政府大力支持東協，以解決南海的問題。2012 年，參議員李柏曼

（Joseph Lieberman；獨立、參與民主黨團，康乃迪克州）強調以多邊協商、國際海洋法、各方克制、中美政府內部改革等方式解決問題，包括中國需要有海上執法齊一的部門（整併交通運輸部、國家海洋局、公安部、農業部、財政部，解決過去各有執法部門而令出多門的問題），美國要早日批准《聯合國海洋法公約》等建議，管理南海的衝突。[16]

▎表 1-2 美國智庫 CSIS 舉行的南海會議主題

會議日期	會議主題
2011/6/20-21	「南海海事安全」（Maritime Security in the South China Sea）
2012/6/27-28	「南海與亞太轉型：管理爭議選項的探索」（The South China Sea and Asia Pacific in Transition: Exploring Options for Managing Disputes）
2013/6/5-6	「管理南海緊張：促進南海合作的政策建議」（Managing Tensions in the South China Sea: Policy Recommendations to Boost Cooperation in the South China Sea）
2014/7/10-11	「南海與美國政策的近來趨勢」（Recent Trends in the South China Sea and U.S. Policy）
2015/9/7/21	「檢視南海爭端」（Examining the South China Sea Disputes）
2016/7/12	「第六屆 CSIS 南海年度會議」（6thAnnual CSIS South China Sea Conference）
2017/7/18	「第七屆 CSIS 南海年度會議」
2018/7/26	「第八屆 CSIS 南海年度會議」
2019/7/24	「第九屆 CSIS 南海年度會議」
2020/7/14	「第十屆 CSIS 南海年度會議」
2021/7/30	「第十一屆 CSIS 南海年度會議」

資料來源：作者整理自 CSIS 網站。2016 年起不再有特定主題。

　　戰略暨國際研究中心之外的智庫，對於南海的觀察與研究雖有增加，但較不持續連貫，隨著議題的熱度而定。美國智庫基於中國崛起及重視海權，而提高對中國向南海擴張的注意，同時發現美國在因應實力的條件有所不足，提倡美國應在南海投入更多資源，正視美中衝突發生的可能性。2011 年 7 月，美國國家亞洲局（National Bureau of Asian Research）發佈一份報告《從爭議之海到機會之洋：克服東亞、東南亞海上合作的障礙》（From Disputed Waters to Seas of Opportunity: Overcoming Barriers to Maritime Cooperation in East and Asia），指出南海出現不利的情勢發展，包括：資源缺乏導致日漸緊張、棘手的主權爭議、主權宣稱過度誇大、歷史主張有問題、主權宣稱日益複雜化、南海爭議的軍事化、南海爭端成為美中關係的新重點、專屬經濟區（Exclusive Economic Zone）權利日益缺乏明確性、暫時性安排執行的速度過慢。[17] 2013 年 11 月，美國國家亞洲局召開「南海主權宣稱的競爭：未來潛在路線與對美國的影響」研討會。[18] 2012 年 1 月，新美國安全中心（Center for a New American Security）在討論如何經由實力獲取美中在南海合作的報告中，建議美國政府增強海軍力量，建造 346 艘戰艦，而非裁減至 250 艘戰艦；美國應塑造一個新的安全夥伴關係網絡；美國需要在外交與安全議程上，將南海和平與安全的確保列為最優先；美國需經由貿易促進與此地區的經濟整合；美國的中國政策，需要以強大的軍力與經濟力量，支撐與中國的外交與經濟接觸。[19] 2015 年 4 月，新美國安全中心刊載一篇文章主張美國在南海使用間接的路線，如倡議東南亞海洋空間的條約（類似《東南亞非核武區條約》），同時強化嚇阻與建立更為深入的夥伴關係，

以強化在東南亞的領導地位。[20]

　　在較具代表性學者中，對美、中在南海爭議所可能引起的戰略問題看法如下：凱普蘭（Robert D. Kaplan）指出中國有地緣優勢，有意掌控南海，類似美國掌控加勒比海（Caribbean）一般；二十一世紀的決定性戰場在海上，美國在亞洲的目標應該是平衡，而非獨宰，能提供給南海島礁聲索國的，不該只是民主的價值，而應是有效抗衡中國的軍事實力；聲索國認為美國是遠水救不了近火，而隨著中國的藍水海軍逐漸成形，美國至少要維持現階段的海空軍事力量。[21] 美國海軍戰爭學院副教授達頓（Peter Dutton）則從中國與南海聲索國的三種爭議（主權、管轄權、掌控），分析中國的三個目標（區域整合、資源開發、安全強化），建議採取「新天下」的觀念（共享權力，shared authority），打破國家排他權力（exclusive authority），共同尋求資源的開發，以緩和南海的緊張。達頓也在另文建議美國政府：必須在東亞維持嚇阻的軍事力量；鼓勵區域國家增加國防經費，反制中國高壓威脅能力；早日批准《聯合國海洋法公約》以國際規範帶領相關聲索方，以外交途徑解決衝突；在島礁主權爭議上保持中立，但在確保各國應遵守的海洋邊界一事上，不能採取中立。[22] 政大國關中心教授劉復國在上述越南的南海網站一篇 2011 年論文，則指出美國將更進一步侷限中國在南海的靈活性，中國更難限制南海議題只能在雙邊場域討論，而南海議題不僅是東南亞區域的議題，而是捲入中美更大的安全關係。[23] 換言之，這些學者都強調，美方可能加強在南海的軍事力量，以反制中國。

　　美方對中國在南海主張的立場，也連帶影響到臺灣方面對

南海的立場。2011 年 10 月，中央研究院歐美研究所主辦「南海重要法律及政策議題：歐洲與美國的觀點」研討會。主辦人宋燕輝在〈美國加入海洋法公約可能性及其對南海國家慣例實施與海洋主張的潛在影響〉指出，無論美國是否加入《聯合國海洋法公約》，美國將繼續對環南海國家、尤其是中國，在該公約第 58 條有關專屬經濟區的權利與責任規定的解釋與適用上，提出法理的挑戰，因為在任何國家的「專屬經濟區」內享有軍事相關的航行與飛越權利，是美國的重大生存利益。[24] 在川普政府公開駁斥中國在南海九段線主張之前，美國有少數智庫聲音，認為臺灣應放棄 U 形線。2011 年 7 月，美國麥斯斐特基金會（Maureen and Mike Foundation）計畫助理皮爾遜（Richard Pearson），建議臺灣在無須撤出太平島或東沙島前提下，放棄宣稱所有南海島礁屬於其主權的範圍，繼續根據所佔領的太平島來宣稱擁有 200 海里的專屬經濟區。這樣可以促使中國採取更務實、更成熟的政策，使中國與東協的對話得以有所進展。[25] 臺灣官方不會接受此種言論，倒是默認川普或拜登政府駁斥中國的南海九段線聲明與做法。[26] 這反映臺北不再公開主張 U 形線、卻又無法放棄的矛盾。

排除美國介入：中國在南海

中國的南海政策主要見諸中國高層政府官員公開發表的意見，尤以中國外交部長與中國國務院總理的談話最關鍵。2010 年 7 月，楊潔篪對美國國務卿希拉蕊的南海問題談話，發表七點南海聲明，嚴詞予以批評。楊潔篪指出，南海的國際航行自由和安

全沒有出現問題，因為這個地區的國際貿易發展得很快；中國沒有在南海問題上採取脅迫的行動，中國有自己的合理關切，但不能說表達合理關切就是脅迫；將南海問題國際化、多邊化，只能使事情更糟，解決難度更大。楊潔篪強調最佳解決南海問題的途徑是爭端當事國之間的直接雙邊談判。中國的核心利益是指國家主權、安全、領土完整和發展利益，北京重視專屬經濟區的海洋權益，因此，「堅決反對任何外國軍用艦機在黃海及其他中國近海從事影響中國安全利益的活動，希望有關各方保持冷靜和克制，不做加劇局勢緊張的事情」。[27]北京從黃海到南海，對美國的海上、空中接近中國大陸進行軍事演習、軍事偵察等，視為有敵意，中方針對美韓軍演，也在黃海與南海以軍事演習予以回應。

不過，中方也不是一味強硬。2011 年，經歷在南海剪斷越南勘探油氣電纜的風波之後，北京透過溫家寶與東協領導人對話管道，承諾將開拓海上務實的合作，中方將設立 30 億元人民幣的中國—東盟海上合作基金，從海洋科研與環保、互聯互通、航行安全與搜救、打擊跨國犯罪等領域做起，逐步將合作延伸擴大到其他領域，形成中國—東盟多層次、全方位的海上合作格局。這反映出北京了解南海緊張需要有所轉圜，不能任其破壞中國與東協的關係，並藉此排除美國的介入。2011 年 11 月，溫家寶在印尼峇里島舉行的第六屆東亞高峰會，針對南海問題表明：「東亞高峰會」不是討論南海問題的適合場合，應由中國直接向個別國家展開雙邊協商；達成《南海行為準則》是東協國家與中國的共同意願；南海爭議應由直接有關的主權國家通過友好協商和談判、以和平方式解決；南海的航行自由和安全沒有因為南海爭議受到任

何影響。溫家寶提到「東亞國家有智慧、有能力妥善解決歷史遺留問題」，這意味北京認為南海問題只能由東亞國家予以解決，尤其是中國與個別的東協南海聲索國協商處理。[28]

中國也有四所南海的研究機構：中國南海研究院是海南省設立、外交部指導之下的最具代表性智庫，[29] 成立時間較早，2004年由原來的中心更改為現名，2013年該院成立北京分院，2016年設立「中國—東南亞南海研究中心」的國際合作研究機制，加強中國與東南亞智庫對南海的研究規劃，並與美國華盛頓的中美研究中心（The Institute for China-America Studies，ICAS）有密切關係。南京大學的中國南海研究協同創新中心成立於2012年，由南京大學牽頭，中國外交部、海南省、國家海洋局支持，協通單位有中國南海研究院、海軍指揮學院、中國人民大學、四川大學、中國科學院、中國社會科學院等；該協同創新中心之下，與南海戰略較相關的研究平臺有「南海航行自由與安全穩定」、「南海遙感動態監測與情勢推演」、「南海問題政策與戰略決策支持」等。2012年，廈門大學亦成立南海研究院，以南海、中國東南海疆為焦點，下設「國際海底資源法研究室」、「航運與環境法研究室」、「海上執法研究室」、「水下文化遺產的法律保護研究室」。2014年，北京大學海洋研究院成立海洋戰略研究中心，2018年起由胡波擔任主任，並負責「南海戰略態勢感知計畫」，針對美國在南海、東海的機艦進行追蹤與報導。

中國南海研究院在2009年出版《南海形勢評估報告》指出，歐巴馬政府在政治外交上重新重視東協，打「經濟牌」隱性對抗「中國挑戰」，在軍事上調整戰略部署「構築堡壘，繼續加強對

南海地區的軍事干預能力」。該報告建議透過「中美戰略對話和防務磋商，要求美尊重我（中國）在南海的維權舉措和重大關切，不介入南海爭議並停止在我（中國）管轄海域的非法軍事偵測行動，探討建立中美南海海上軍事安全互信機制的可能性」。[30] 由此可見，北京對與歐巴馬政府在南海合作抱有期待。

但之後，情勢判斷有了不同的發展。2011 年，廣州暨南大學教授鞠海龍在一篇論文提到中美在南海戰略利益衝突根本關鍵，在於對《聯合國海洋法公約》相關條款的解釋與適用；歐巴馬政府刻意針對中國，是美國南海政策的重大缺陷。[31] 華東政法大學教授管建強指出，美國海軍軍艦無瑕號在南海進行不是一般的探測活動，而是進行「拖曳式聲納探測」及「其他水下監聽活動」，由於未取得中國同意，與和平目的相違背，也屬非法。中國學者專家注意到中美兩國在南海「專屬經濟區」的較量有潛在風險，除須防止突發事件的長期化，也要注意美國在南海問題上的具體部署，甚至是發展成中美兩國戰略性的對抗。

中國的學者普遍認為歐巴馬政府在中國與東協的南海爭議中，明顯偏袒東協聲索國，例如美國抨擊中國的九段線，卻不提及東協國家「非法佔有」島礁的問題。廈門大學教授李金明觀察到美國進一步使南海問題國際化，「藉此來保持美國在東亞的主導地位，以達到制衡中國，同時又改善美國與東盟之間關係的目的」，但他在 2005 年出版的《南海波濤：東南亞國家與南海問題》一書，幾無討論美國在南海議題的角色，[32] 這也反映出歐巴馬是美國最早正視南海問題的總統，但他卻沒有積極遏制中國在南海的作為。中國人民大學國際關係學院研究員何志工、安小平指出

「美國為監控和防範中國,也需要密切關注南海爭端」,以防止「在南海地區出現佔支配地位的大國」。他們認為「南海問題日益大國化、國際化和複雜化」,增加了「中國貫徹自己意願解決南海問題的難度」,也使東協的爭端國傾向「加快主權固化、加快適時佔領、加快獨自開發」。[33] 這些中國學者都強調美方有意在南海牽制中國,尤其川普、拜登政府更是如此。

展開對中合作:臺灣在南海

2008 年起,馬英九政府任內,隨著臺海兩岸關係緩和,兩岸出現較多在南海問題上合作的聲音。

過去單獨由中國南海研究院出版的《南海情勢發展評估》,在2011 年首度由政大國關中心與中國南海研究院共同出版《2010 年南海地區形勢評估報告》。該報告第二章針對「2010 年美國南海政策動向」指出:「美國通常不會牽頭挑起南海爭端的緊張趨勢」,而東協國家之中,越南、馬來西亞、菲律賓、汶萊、越南、新加坡支持美國的南海政策,也是美國所能影響的國家;泰國、柬埔寨、寮國、緬甸與中國有較好的政經外交關係,未必支持美國的立場。該報告最終建議提到「在必要時候,兩岸也應該積極創造條件,組建聯合艦隊,共同參與南海巡航,攜手捍衛國家主權與領海完整」。[34] 中國人民大學教授林紅提到兩岸關係緩和,使部分東協十國「感覺到了南海平衡要被打破的危機」,需要盡快形成「N 對 2(兩岸)」的格局。不過,林紅仍認為兩岸在南海合作有多項限制的因素,包括:兩岸在主權原則上有根本的分歧、兩岸

之間互信不足、南海在兩岸關係中屬於邊緣性問題、美國的介入等。[35]

　　相似地，廈門大學南洋研究院李金明教授認為兩岸可進一步在南海進行油氣資源的開發、保護漁業資源、維護航運安全、演練海上搜救等，待時機成熟，可考慮「聯合軍事演習、聯合巡邏、聯合打擊海上犯罪等軍事合作」；廈門大學教授的李鵬則認為兩岸在南海合作，可以「由民到官、由易到難、由淺入深、先急後緩」，路徑有幾種：民間性合作非官方性合作；功能性合作非政治性合作；默契型合作非宣示型合作；配合型合作非聯合型合作；應急型合作非機制化合作。[36] 中國軍方部分將領希望太平島上的臺軍與解放軍，「共同協防南海，一旦有事，太平島上的臺軍可以給予大陸方面後勤補給的便利」，也有提出兩岸南海十步走的路線圖，分別是：一、開展南海問題學術研究研究；二、統一南海問題對外宣傳話語；三、合作調查開發南海資源；四、建立兩岸南海守軍人道互助協作機制；五、建立兩岸南海情報信息共享機制；六、兩岸准軍事力量聯合訓練演習；七、兩岸准軍事力量聯合巡航維權；八、實現兩岸南海守軍互訪；九、兩岸軍事力量故同訓練演習；十、建立兩岸一體化南海軍事防禦體系。[37]

　　臺海兩岸加強油氣資源開發自李登輝政府開始進行，但涉及軍事層面的合作，將使臺灣面臨到美國與東協的猜疑，對臺灣主體性也將有所衝擊。兩岸在南海涉及政治與安全合作的建議，也引起臺灣部分學者專家的質疑。值得注意的是，中國南海研究院與政大國際關係中心的南海學術合作管道最長久，自 2001 年民進

黨執政初期就開始舉行,並非始自馬英九政府(請見表 1-3)。在馬政府時期這兩個單位聯合出版南海形勢的報告,卻是突破性的發展。由於受到立法委員的關切,政大國關中心自 2013 年起就不再掛名,改由該中心下「臺灣安全研究中心」列名繼續與中國南海研究院合作。然而,在兩岸情勢緊張再起,2018 年 12 月召開第 16 屆研討會之後,進入調整的階段。

　　蔡英文政府上臺之後,沒有不像陳水扁、馬英九兩位總統提出南海倡議,但在就職演說提到東海與南海的領土,旨在消除北京對民進黨可能放棄南海的疑慮。北京也樂見蔡政府反對「太平島只是岩礁」的國際仲裁結果。然而,隨著臺海兩岸、美中關係同時緊張的發展,中國大陸戰機頻密進入臺灣西南防空識別區,壓縮兩岸南海合作的空間。南華大學教授孫國祥《南海之爭的多元視角》一書主要探討臺海兩岸、東協與南海問題,也分析 2016 年南海仲裁案的意涵。[38] 國防安全研究院出版的《多元視角下的南海安全》,以國家區分探討中國、美國、越南、菲律賓、印尼、澳洲與臺灣的南海政策。其中,陳鴻鈞分析習近平「中國夢」與南海的關係、陳亮智集中檢視川普印太戰略與在南海的「航行自由行動」,說明中美兩國較勁升級,是兩位強勢領導人的國家安全戰略的必然結果。林廷輝則縱觀臺灣歷任總統的南海政策演進。[39] 中山大學教授林文程針對中國海權的崛起,從國家利益的角度,探討美國如何在「三海」(東海、臺海、南海)、兩洋(太平洋、印度洋)展開競爭。他的結語是「臺灣不僅要密切注意美中爭霸的情勢發展,還要保持高度警覺及準備以因應可能的突發變故」。[40]

┃ 表 1-3　臺海兩岸南海問題學術研討會 2001-2020

會議名稱	會議日期	會議地點
兩岸南海問題學術研討會	2001.11	桃園
兩岸南海論壇籌備會議	2002.9.27-29	海口
南海資源與兩岸合作學術研討會	2004.1.10-12	博鰲
兩岸南海問題學術研討會	2005.5.21	臺北
兩岸南海問題學術研討會：凝聚兩岸共識，推進務實合作	2006.11.28	海口
兩岸南海問題學術研討會：兩岸合作的領域和途徑	2007.11.22	臺北
兩岸南海問題學術研討會	2009.1.12-13	海口
兩岸南海問題學術研討會	2009.11.30-12.1	臺北
兩岸南海問題學術研討會：兩岸視覺下的南海新形勢	2011.1.14-17	博鰲
兩岸南海問題學術研討會：區域形勢變遷與南海問題的挑戰、兩岸合作前景	2011.12.19	臺北
第 10 兩岸南海問題學術研討會	2012/7/10-11	海口
第 11 屆兩岸南海問題學術研討會	2014/2/19	臺北
第 12 屆兩岸南海問題學術研討會	2014/11/6	海口
第 13 屆兩岸南海問題學術研討會	2015/12/28	海口
第 14 屆兩岸南海問題學術研討會	2016/8/25-26	海口
第 15 屆兩岸南海問題學術研討會	2017/11/9	海口
第 16 屆兩岸南海問題學術研討會	2018/12/27	海口
2020 年海峽兩岸南海問題學術研討會	2020/7/22	海口

資料來源：作者整理自歷次會議。

　　臺海兩岸學者專家探討南海問題時，歷史檔案是提供正確判斷的第一步。1990 年代，中國大陸研究南海問題常藉助於臺灣有關南海的檔案資料。陳鴻瑜與俞寬賜合編的《外交部南海諸島檔案匯編》兩大冊，提供中華民國外交部早期電文與珍貴史料。[41] 若與中國大陸外交官張良福所編著《南沙群島大事記（1949-1995）》合在一起參考，可對台海兩岸在南海問題的官方立場，得到較完整的面貌。[42] 英國的南海問題專家海頓（Bill Hayton）認為台灣若能經由檔案呈現 U 形線的原始面貌與過程，將有助於中國更務實看待「曾母暗沙」主張的不合理性。黎蝸藤《從地圖開疆到人工造島─南海百年紛爭史》兼具中外歷史的宏觀與深入面向，檢視美國與中國的海權之爭，主要是聚焦在歐巴馬政府。[43] 在研究上，臺灣有關南海的資料，在取得上相對來得方便。政府的南海資料，可分見總統府新聞稿、外交部網站「南沙群島主權之聲明」專區、內政部、國家發展委員會、海巡署等網站。

　　臺海兩岸有關南海研究的資料較不容易蒐集的資料是，兩岸石油公司的合作方案，或經濟部兩岸能源合作協議的規劃。此一部分相關資料也是美中台各方學者專家較不熟悉的環節。中華民國的總統不管是蔣介石或李登輝，均由石油天然氣開發角度，來強化臺灣在東海與南海的發言權。臺海兩岸在東海沒有共同開發，蔣介石的因素居多，他選擇的是臺灣與美國石油公司的合作。兩岸雖在南海合作勘探活動，但沒有油氣具體的探明，難以緩和雙方的緊張。

從忽視到防範：美國在東海

美國不是釣魚臺列嶼主權的聲索國，但 1953 至 1971 年在琉球群島擁有行政管轄權，雖強調對特定島礁最後歸屬不持立場，但隨情勢發展逐漸將釣魚臺納入 1960 年《美日安保條約》第 5 條所保護的地理範圍。

就美國文獻數量而言，在東海的部分遠比不上南海。若說美國學術界對南海的注意起自 1995 年中菲之間的美濟礁（Mischief Reef）爭端，對東海的研究更晚、人才更少，一直到 2012 年日本將釣魚臺「國有化」引發多方緊張之後，才引起安全研究專家較多的注意。美國檔案資料有關東海議題，集中在《琉球歸還協定》（Okinawa Reversion Agreement）簽署前後，但此部分的檔案極少被運用。

美國智庫研究東海釣魚臺遠比南海問題的專家來得少，也有部分參、眾議員認為釣魚臺歸屬日本。這中間環節也反映出東海對美國安全的挑戰，遠低於南海對美國安全的威脅，長期的新聞焦點一直集中在南海。東海釣魚臺只有 2012 至 2013 年出現重大變局，方引起美國智庫與媒體的注意。中國亦是如此，沒有一個國家級的東海研究院或智庫。

美國國務院的 1969-1972 年美國對外關係（Foreign Relations of the United States，FRUS）或美國《數位國家安全檔案》（Digital National Security Archive），有部分釣魚臺的檔案資料。國務院檔案有關釣魚臺的文件，可以與當時中美關係的重大議題如中華民國聯合國會籍、對美軍購、第七艦隊停止巡邏等進行對照，以了解

釣魚臺問題在中美整體關係的比重。《數位國家安全檔案》之中，
《1960-1998 年中美：敵對到交往》（China and the United States: From
Hostility to Engagement, 1960-1998）與《1960-1976 年日本與美國：外
交、安全與經濟關係》（Japan and the United States: Diplomatic, Security,
and Economic Relations, 1960-1976），存有國務院之外，國防部、中
央情報局、國家安全會議在釣魚臺問題的相關記錄，可探討美國
與兩個自稱為中國的政府，在釣魚臺問題的對話或協商。

　　若無 2012 年日本民主黨政府購買釣魚臺引發隨後的一連串
中日緊張，歐巴馬不會對東海有太多的關注。2013 年，美國國會
研究服務處為提供國會議員更多有關南海、東海的資訊，發表二
份有關東海與南海的報告，隨後並持續更新。其中，《東亞海上
領土爭端：國會面臨的問題》（1 月）與《涉及中國的海上領土與
專屬經濟區爭端：國會面臨的問題》（7 月）報告，指出東海、南
海議題牽連甚廣，影響到八個面向：一、美國可能被捲入危機或
衝突，因為美日、美菲之間均有共同防禦條約；二、美國在中國
專屬經濟區的軍事調查與偵察活動，增加美中軍艦軍機的未來意
外風險；三、與中國在專屬經濟區的爭端，將引發美國是否加入
《聯合國海洋法公約》的辯論；四、美國對東亞地區的武器銷售，
尤其是協助對國防力量薄弱的菲律賓；五、美國軍力在東亞地區
部署、運作及軍事採購計畫；六、對中國經濟與軍事崛起意涵的
解讀，尤其是中國接受國際規範、秩序的意願；七、美國與中
國、其他區域內國家的整體關係；八、美國經濟利益，包括在東
海與南海的石油、天然氣探勘，及國際航運暢通的確保等。這兩
份報告歸納美國參、眾議院所提出的決議案，呼籲歐巴馬政府須

反制中國「切香腸」的戰略（salami-slicing strategy）。

　　國會服務處另有一份報告，題為《中國海軍現代化及其對美國海軍能力的衝擊：背景與國會面臨的問題》（2013 年 9 月），提到中國海洋權益意識的提升，認為自己有權規範在其專屬經濟區的外國軍事活動，使美國面臨諸多挑戰，例如：美國海軍在未來是否有能力反制中國日益改善的海上反介入軍力，同時執行美軍在全球必要的任務？美國海軍反制中國反艦彈道飛彈與潛艦的能力，是否不受挑戰等問題？[44] 其他針對東海與南海議題的報告，依情勢發展經常予以更新，例如〈中國在南海填海造陸：影響與政策選項〉、〈中國防空識別區〉、〈尖閣群島（釣魚島／釣魚臺）爭端：美國條約義務〉、〈美中在南海、東海戰略競爭：背景與國會的議題〉等。[45]

　　美國布魯金斯研究所（Brookings Institution）資深研究員卜睿哲（Richard Bush）是極少數在 2012 年釣魚臺緊張出現之前就提出預警的專家。他在 2010 年出版的《太靠近的危險：中日安全關係》一書，引用日本智庫的報告，警告中國解放軍在東海擴大海事行動，將升高與日本軍事衝突的緊張，而美國暗示《美日安保條約》適用釣魚臺，將使美國被迫捲入。[46] 容安瀾（Alan Romberg）在 2013 年一份聽證會報告上，則指出美國在東海面臨三個選項：一、由於中國改變東海情勢，美國在主權爭端放棄中立，改為支持日本的主張；二、採取放手政策，雖然對日本條約承諾不變，但在現階段不值得啟動條約的承諾；三、維持現階段的低姿態，公開與私下勸告中日雙方維持冷靜，讓局勢恢復平穩。他認為第三個選項最為合理，例如，支持將釣魚臺轉變為海上與環境保護

區，聲索方默認不在島上設置永久設施、不讓各方侵入者登上釣
魚臺，他也認為美國應公開對馬英九總統的《東海和平倡議》予
以鼓勵。[47]

不再繼續擱置：中國在東海

　　2012 年之前，中國奉行鄧小平所主張「留待下一代解決」的
原則，擱置對釣魚臺問題的爭議。在 2012 年之前，在中國與日本
的專書或論文中，少見到探討釣魚臺爭端引起中日關係倒退的問
題。吳寄南、陳鴻斌《中日關係「瓶頸」論》，在〈安全領域的中
日摩擦與互信機制的建立〉一章，簡單提到「一旦日本搶先在釣
魚島群島部署自衛隊，造成既成事實後，中國將處於十分被動的
局面」。[48] 2008 年 5 月胡錦濤訪問日本，中日發表《關於全面推進
戰略互惠關係的聯合聲明》，提到「建立兩國領導人定期互訪機
制，原則上隔年互訪」，又宣示「共同努力，使東海成為和平、合
作、友好之海」。該年 6 月 18 日，中日公布遠離釣魚臺的東海共
同開發區塊，中國企業歡迎日本法人「參加對春曉現有油氣田的
開發」，然而中國主張大陸礁層自然延伸，不接受日本以中間線
為東海劃界的主張。2009 年日本民主黨上臺，受 2010 年釣魚臺閩
晉漁 5179 號漁船事件衝擊，中日原先緩和的關係遭到逆轉。

　　中國專家針對釣魚臺「國有化」所引起東海危機的專書，最
早有郁志榮的《東海維權》，接續有王軍敏《聚焦釣魚島》、張劍
鋒《波起東海》，對於透過國際仲裁或政治談判解決爭議，彼此有
不同看法。例如，前二本書批判美國的角色。郁志榮指出「美國

不僅是引起中日釣魚島爭端的罪魁禍首，也是擴大矛盾、製造事端的張本人（肇事者）」；王軍敏提到中國堅決反對美國對「釣魚島的侵略、非法施政以及美日私相授受中國領土釣魚島」。張劍鋒指出美國「決不允許日本借用釣魚島問題把美國拖入與中國全面對抗的泥潭」，實際上，防範、遏制日本在政治與軍事再度崛起，「中美之間有著一個重大的共同利益」。[49] 2017 年，中國從歷史文獻出版釣魚臺的問題源由，相對比起臺灣已晚了一段時間。[50]

中國領導人除宣示釣魚臺主權之外，習近平主政的第一本國防報告書《中國武裝力量的多樣化運用》（2013 年 4 月），提到「建設與國際地位相稱的強大軍隊」，指出「個別鄰國在涉及中國領土主權和海洋權益上採取使問題複雜化、擴大化的舉動，日本在釣魚島問題上製造事端」。該白皮書特別強調「建設海洋強國」及「拓展遠海訓練」。中日兩國維持「戰略互惠的關係」，每一年原有中日韓高峰會，自 2012 年起一再推遲，直至 2015 年 11 月才恢復，顯示雙方互信基礎的薄弱。中美兩國宣示要有「積極合作全面關係」，也有年度「戰略暨經濟對話」，但北京認為美國沒有在釣魚臺爭端上保持中立，也對日本購島事件與安倍內閣的安全政策，持續予以批評。

從中國主流國際關係學者朱鋒、崔立如、陶文釗等人的論文，可清晰看出對美國「亞太再平衡」戰略的敵意，也可以了解中國對釣魚臺的因應與準備。[51]

此外，中國學界與軍方也認為，美國「亞太再平衡」戰略是制衡中國崛起的設計，美國利用中國與周邊國家的領土爭端，從中獲利，也是中國海洋形勢惡化的根源。多篇期刊論文顯示中國

思考如何應對美國的「戰略東移」，其中的重點是兩國如何管控分歧。中國解放軍就釣魚島的軍事想定有所準備，就如同日本、美國亦有奪回釣魚島的模擬想定與因應。韓旭東、趙大鵬兩位解放軍軍官提到將東海地區「軍事演習機制化」，以「避免釣魚島爭端向有利於日本方面發展的必要準備」。[52] 中國國防大學趙景芳提到，中國應採取「後發制人，懲罰性反擊」的原則，「堅持『針鋒相對，對等升級』策略，既保持行動合法性，但同時要『鬥一次，進一步』，讓對手的每一次挑事都得不償失」。趙景芳認為「如果中日之間在釣魚島只是執法力量對峙、互有海軍力量存在乃至發生擦槍走火情況，美國將完全不作任何軍事干預」，因此「要以執法船對執法船，以軍艦對軍艦，不怕擦槍走火甚至小規模的武裝衝突，但要力避中等規模以上的武裝衝突」。趙景芳更指出，美國的底線是中日不能爆發中等規模以上的衝突，而「美國人不會像保護關島、夏威夷、阿拉斯加等本國領土那樣來保衛釣魚島」。[53] 美國的底線可能也是中國的底線，但從日後川普、拜登政府的角度來看，此一判斷顯然過於樂觀。

多方研討評述：臺灣在東海

　　在 1969 年至 1972 年釣魚臺行政權移交給日本的過程，中華民國政府官方主要以證明釣魚臺為中華民國領土，地理上是臺灣的一部分，以駁斥日本的主張。[54] 例如，中華民國政府經常引用 1943 年《開羅宣言》（Cairo Declaration），提到「被日本竊取的所有中國領土，例如滿洲、臺灣、澎湖，應歸還中華民國（shall be

> **術語解釋**
>
> **防空識別區**：由各國政府劃設，各國會對識別區內的飛機進行偵測、辨認、定位或管控；在國際法上，防空識別區與領空（實際上的主權範圍）並無關連。

restored to the Republic of China）」（值得注意的是，用字是「中華民國」，而非「中國」，儘管蔣介石一直自居為中國的代表），1945年《波茨坦宣言》（Potsdam Declaration）也確認開羅宣言內容必將實施，而日本之主權必將限於本州、北海道、九州、四國及吾人所決定之其他小島之內」，因此，中華民國政府主張釣魚臺列嶼的歸屬根據此兩宣言「應歸還給中華民國」。[55]

　　2012年日本將釣魚臺「國有化」之前，中華民國政府、臺灣漁民是釣魚台主權爭端的主角，而不是中國大陸。臺灣針對釣魚臺的研究，除了《蔣介石日記》之外，國史館「蔣總統文物」的數位檔案，有諸多與釣魚臺相關的談話記錄與檔案。中央研究院近代史研究所的「外交部檔案」1969-1972年關鍵年代的「中美關係」、「中日關係」、「中日關係交涉案」、「琉球政情」、「琉球地位問題資料」、「海域石油探勘」等，可看到外交部與外館的電報返還。此外，可藉助國史館《蔣中正先生年譜長編》，掌握部分釣魚臺文獻資料。

　　基於中華民國代表全中國的信念及中美兩國的同盟關係，加上琉球群島與釣魚臺皆屬美國託管的地區，蔣介石將外交交涉對象鎖定在美國，而非日本。臺北依據《大陸礁層公約》（Convention on the Continental Shelf）主張對鄰接中華民國海岸、在領海之外的海床和底土，可行使主權權利（sovereign rights），並設立海域石油五大礦區，涵蓋臺灣海峽與東海大部分區域。蔣介石在 1970 年 7 至 9 月接續與四家美國石油公司簽約勘探臺灣海峽與東海的油源。其中，釣魚臺及其周邊海域屬於第二礦區，由中油與美國海灣油公司（Gulf Oil Company）合作探勘。蔣介石藉由與美國石油公司的勘探合作，以爭取釣魚臺主權，然這樣的嘗試因為退出聯合國、美中關係正常化、《琉球歸還協定》的生效，而受到重大挫折。[56]

　　1969 年美日將釣魚臺列嶼納入日本防空識別區（Air Defense Identification Zone，ADIZ），對臺灣空軍飛行員的訓練空域造成影響。[57] 1970 年 9 月，蔣介石提及「釣魚臺群島對我國防有關，故不能承認其為屬於琉球範圍之內」，並擬定釣魚臺問題對策，一、「大陸礁層權歸我所有權」，二、「釣魚臺陸地不予爭執，亦不承認為日本所有權作為懸案」。[58] 蔣介石提到日本「反對我與美合作探測該區海底之油礦之事，應加注意」，稍後認為「中美對尖閣群島海底探測油礦已經簽字，日本不敢再提異議」。[59] 中華民國政府無法取得釣魚臺列嶼主權，希望美軍繼續使用釣魚臺列嶼為訓練投彈轟炸場，寧願美軍繼續使用釣魚臺列嶼，以牽制美國將釣魚臺行政權交還給日本。此一建議也未被美方接受。尼克森政府認為這是蔣介石的拖延之計，對美日關係和即將到來的美中（共）關係正常化一無利處。

　　臺灣從國際法角度發表的文獻，包括：丘宏達《關於中國領土的國際法問題論集》、馬英九《從新海洋法論釣魚臺列嶼與東海劃界問題》等。馬英九主張主權問題與東海劃界問題分開，認

為「未來無論釣魚臺主權屬於何方，該方皆不可據以主張分享周圍的大陸礁層」，意即「釣魚臺列嶼不應享有大陸礁層及專屬經濟區」。[60] 中央研究院歐美所研究員宋燕輝在 2013 年 12 月發表的論文，針對美國國會在 2012 年釣魚臺緊張再起之後，美國參、眾兩院的立法行動，有完整的調查與分析。[61] 1970 年代與釣魚臺爭議同時而起的是海外知識份子的保釣運動，他們透過示威遊行，發出不同於政府當局的倡議，對於釣魚臺交涉的研究也多有記載，例如，邵玉銘在《保釣風雲錄》，除針對保釣歷史、保釣人士後來發展進行追蹤，也根據公布的檔案，討論中華民國與美國交涉釣魚臺問題，指出：「示威學生與學人將釣魚臺爭議列為第一優先，但國內政府則將維護聯合國代表權列為當務之急。」[62]

臺灣針對釣魚臺舉行的國際研討會次數，較中國大陸、日本、美國更多，而且邀請爭端或非爭端的當事國學者專家與會。東海問題研討會的召開，可反映政府與漁民作業政策的宣示，隨著議題熱度消退，研究也就冷卻。相較而言，在南海雖少了台灣漁民利益團體，但安全議題持續發燒。1997 年 4 月，宜蘭縣政府、臺灣法學會、臺灣國際法研究會主辦臺灣與日本釣魚臺爭議國際法研討會（International Law Conference on the Dispute over the Diaoyu/Senkaku Islands between Taiwan and Japan），邀請來自美國、英國、澳洲、瑞士、波蘭等國際法學者，探討臺灣經由國際法院解決爭端的可能性。1997 年 5 月、2003 年 9 月在劉源俊教授推動之下，東吳大學先後舉辦釣魚臺之歷史發展與法律地位學術研討會。臺灣有關釣魚臺的國際研討會，馬政府時期外交部先後贊助政大當代日本研究中心（2011 年 9 月）、中興大學國際政治研究所（2012 年

10 月）、輔仁大學（2013 年 4 月），主辦釣魚臺問題國際學術研討會等。2012 年 6 月，外交部基於日本「國有化」爭議甫起，另委託淡江大學國際事務與戰略研究所，主辦釣魚臺爭議與和平解決途徑學術研討會。這些研討會大多在會後出版論文集，可供日後研究者的參考。

2011 年 9 月清華大學亦主辦「東亞脈絡下的釣魚臺：保釣精神的繼承與轉化」國際研討會，會後由劉容生、王智明、陳光興主編為《清華東亞脈絡下的釣魚臺：繼承、轉化、再前進》，有多位日本專家參與對話，也有保釣運動知識份子的回顧。例如，劉源俊指出 1970 年迄今共有四波大規模保釣運動，第一波為 1970 年 11 月開始至 1972 年 5 月，使美國政府對釣魚臺主權歸屬採取中立，而「日本原先要在釣魚臺建立無人看管的氣象臺的想法被迫放棄」。[63] 臺灣反映現實的東、南海問題專書，較新、集體的創作當屬 2012 年由遠景基金會出版的《東海及南海爭端與和平展望》，探討日本、中國大陸、東協國家等聲索方的政策立場，也針對馬總統《東海和平倡議》著重分析，但有關美國在南海或東海的角色，沒有專章予以探討。[64]

分析框架：四組「傳動帶」

美國外交事務專家羅斯（Gideon Rose）在分析外交政策的理論時，除檢視「國內政治理論」（Innenpolitik theories）、「攻勢現實主義」（offensive realism）、「守勢現實主義」（defensive realism）之外，還提出「新古典現實主義」（neo-classical realism），認為國際體系

（自變項）、個別國家（中介變項）必須結合檢視，方能解釋外交政策的最後產出（依變項）（請參見圖 1），而這也是本書的分析框架。[65]

「國內政治理論」或「古典現實主義」認為國際體系因素不重要，研究聚焦在領導人追求權力與鬥爭，導致外交政策的制訂。「攻勢現實主義」與「守勢現實主義」則是「新現實主義」兩大類別，「攻勢現實主義」認為國際體系非常重要，個別國家的因素可忽略，國際體系的結構直接影響到外交政策。「守勢現實主義」

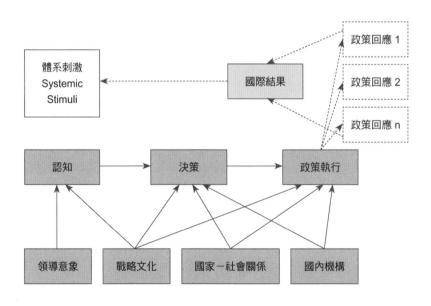

▎圖 1：新古典主義外交政策模型

資料來源：Norrin M. Ripsman, Jeffrey W. Taliaferro, and Steven E. Lobell, Neoclassical Realist Theory of International Politics (Oxford: Oxford University Press, 2016), pp. 34.

則認為國際體系因素偶而重要，個別國家的差異化因素，也會影響到外交政策的產出。

「新古典現實主義」由名稱來看，結合「古典現實主義」與「新現實主義」（尤其是「守勢現實主義」），認為單單強調國際體系或個別國家的變項，難以完整解釋外交政策的形成。[66] 外交政策不是完全受到體系刺激影響而產生，而是要經過個別國家內部政治與領導人認知的中介變項之間的「傳動帶」（transmissions belts），交互影響與篩選後，形成最後的國際變遷結果或戰略的調整，並影響到國際體系的結構改變。

若美國對南海與東海的決策，進一步影響到美國印太戰略，改變印太權力的調整的國際結果，勢將影響到「國際體系」的變化。所謂的「國際體系」，指的是一個結構與彼此互動的國家單位，結構由國家彼此安排與關係所組成，如冷戰時期的美國與蘇聯兩極體系，冷戰結束初期的單極體系。一般而言，國際體系是去中央化與無政府狀態，亦即沒有一個強而有力的中央政府，而致使國家在國際政治領域，必須追求自己的生存，這就是所謂的「結構決定論」（structural determinism）。然而，國際體系不是只有國家間權力的分配，也有一些結構改變要素（structural modifiers），例如軍事與資訊科技能力的持續演變，共享國際規範與組織的出現，甚至地理對國家而言，也可以提供機會或產生限制。[67]

本書在耙梳檔案及檢視美中綜合國力對比、美中關鍵決策者（歐巴馬、川普、拜登、習近平）個性之後，認為「新古典現實主義」解釋美國為何在國際體系刺激下採取異常回應的現象（如美國干預核心利益之外的越戰，歐巴馬坐視中國強敵力量增

強），提供理論途徑可以解釋外交政策的制訂。

這樣的分析框架，強調四組「傳動帶」的作用：領導意象、戰略文化、國家—社會關係、國內機構。

第一個傳動帶是領導人的「意象」（images，包含主觀的「意」與客觀的「象」）。以美國而言，美國總統的意象如對國際事務的理念、認知，美國的戰略文化、國家與社會關係、國內機構，是否將中國視為美國安全的威脅，經由國安官員團隊的執行，形成因應美中在南海與東海衝突決策的結果。

中國崛起的經濟成長，超乎江澤民與胡錦濤領導人所宣布的預測目標，在特定軍事領域如極音速飛彈的發展，讓美國感受到正經歷中國的「史普尼克時刻」（Sputnik moment）。中國在極短時間之內於南海的「填海造陸」更是出乎美國的意料之外，改變了地貌，也改變了中國在南海對抗美國的態勢。

領導人如美國總統與習近平的意象，決定他們如何認知所蒐集到的資訊與情報，加上他們的個性、年齡、心理，將影響到他們如何因應外來環境的刺激。領導人的「行動準則」（operational codes）常受到他們的「主信念」（master beliefs）的影響，如對政治的哲學信念、對最佳戰略獲得極大利益的工具信念、對自己與敵人的意象。領導人對於權力的認知，如國力的要素、國際權力的分配、權力的運用、國家威望等，也會影響到他們的決策判斷。[68]個人性格、癖好、心理、第三者（中立的大國、聯合國、日本、東協或台灣）作用、突發技術（氣候變遷、網路安全、武器載台系統）問題均對決策時有所影響，而決策者的權力愈集中，他們的個性愈突出，也更有獨裁的傾向。美國總統與習近平在南海、

東海的決策，基本較少受到國會的節制，較多是總統考量美中國力的消長、地區領導地位的升降。

第二個重要的傳動帶是「戰略文化」。戰略文化指的是一個國家戰略決策者與執行者組成的戰略社群（strategic community），對戰爭與和平的認知，及如何有效執行安全戰略的態度與信念。不同國家的決策者在面對同一個國際安全情勢時，會依各該國所處的地緣戰略位置、擁有的資源、歷史演進、軍事經驗及政治信念，而可能有不同的國家利益、價值認知及具體作法。戰略行為不能脫離於文化之外，逆境也不可能勾消文化的影響，戰略文化是行為的指導，戰略文化除反映出比較優勢，也可能引起決策功能失調。[69]

戰略文化的形成至少有三個部分：物質要素（地理、氣候、自然資源、世代改變、科技）；政治要素（歷史經驗、政治系統、菁英信念、軍事組織）；社會／文化要素（人為的迷思、符號與定義文本、檔案與記錄等）。涉及南海、東海的美國、中國、日本、東協、臺灣的戰略文化，約略如下：美國強調以軍事武力以獲致安全目標；中國有攻勢的準備卻宣稱是守勢及公義的一方；日本有反軍事的傾向；東協訴求團結、共識決；臺灣堅守防衛性與軍事不挑釁的原則。具體而言，美國的危機處理態度傾向採取非零和博弈；施壓與妥協的平衡；強調合法性，法律專家在危機管理發揮作用。中國的危機處理是戰略上藐視敵人，戰術上重視敵人；自稱站在有理、有利、有節的一面，並在政治上判斷是非，強調大局，相較於美國強調具體問題的處理。中國喜歡以鬥爭與談判兩手對付對方的兩手，更加重視面子，不同於美國強調

生命的價值。

美中兩國在外交或危機決策時受到國內因素的影響。決策菁英（領導人、官僚層次、有影響力的知識階層）的認知與信念十分關鍵，包括看待自己及如何看待敵人，是否採取強制、妥協、說服的途徑，對於風險、危機穩定與惡化的評估，對於危機過程所出現信號的看法等。雖然民意對危機決策影響小，國內的政治與民意不能完全被決策者所忽略。美國國會在決策形成具有獨特性，中國即使有人民代表大會，但對習近平的影響較小。美國與中國的危機決策需要檢視決策機構與程序，如決策圈內互動、職能部門之間合作與競爭、決策者對有限情報的依賴度與使用情況。決策階層對資訊、情報接收與處理的態度，常使判斷出現問題。情報包括：硬情報（政治、軍事、經濟情報）與軟情報（政治體制、意識型態、戰略文化、社會發展、決策機制、民意）。美中各自釋放假情報、假訊息，進行資訊戰，成為重要的鬥爭手段，但也可能會有嚴重後果。美方認為中方「缺乏以危機管理為中心的綜合協調機制」，中共的國家安全委員會一直至 2013 年習近平上臺，也就是南海、東海出現緊張與危機之後，方始正式運作。

第三組傳動帶是「國家與社會的關係」，這指的是國家中央權力機關與各種內部經濟或社會組織的互動為何。不管是和諧或爭議的關係，均會影響到領導人的決策，當內部經社團體領袖是以國內思考的民族主義者時，會影響到貿易保護主義與軍事競爭的形成；若是考慮外在環境的國際主義者，則傾向自由貿易或國際合作。文人與軍事的關係也影響到國家與社會的互動，當歐巴

馬總統刪減國防預算，導致國防部人員無薪假或「下崗」，不僅影響對外影響力，也導致國家與社會的緊張，更影響到美國在南海的「航行自由行動」計畫。當內部團體彼此之間有高度爭議，領導人常採取最小公約數的因應決策，不一定採取最佳方案因應外來的挑戰。美國民意（請見表 1-4）對習近平掌權（2012-2013）以來的中國不具好感趨勢增加，好感明顯降低，川普與拜登政府在思考中國政策時，不能完全予以忽視。

最後一組傳動帶是「國內機構」，包括憲法條文規定設立的正式機構、組織慣例與過程、官僚監督等，在此一範圍內，國家內部政策的競爭得以出現。國內機構的因素，包括權力集中在行政部門的的程度、行政與立法的關係、政黨制度（兩黨或多黨）、選舉制度（大選區或比例代表制）、政府素質與行政能力等。美國定期性選舉，國會的監督與制衡，使總統當要快速進行重大外交決策時，受到較多的限制。[70] 美國總統在南海、東海的決策，基本較少受到國會的節制，較多是總統考量美中國力的消長、地區領導地位的升降。然而，美國經過 2020-2021 年激烈總統大選與國會暴動事件之後，政黨鬥爭更為激烈，共和黨在眾議院取得多數之後，2023 年新設立美國與中國共產黨戰略競爭委員會（Select Committee on the Strategic Competition Between the United States and the Chinese Communist Party）視美國與中國面臨未來生存的鬥爭，對拜登政府中國政策形成更大壓力。相較而言，習近平在重大決策時，不需考慮中國人大或反對者的因素，可更有效率地在南海、東海著手改變現狀。

▌表 1-4 美國民意對中國的觀感

年份	好感	不具好感
2008	50%	38%
2009	49%	36%
2010	51%	36%
2011	42%	40%
2012	37%	52%
2013	35%	55%
2014	38%	54%
2015	37%	55%
2016	44%	47%
2017	38%	47%
2018	26%	60%
2019	26%	66%
2020	19%	79%
2021	16%	82%

資料來源：Laura Silver, Christine Huang and Laura Clancy, "How Global Public Opinion of China Has Shifted in the Xi Era," September 28, 2022, https://www.pewresearch.org/global/2022/09/28/how-global-public-opinion-of-china-has-shifted-in-the-xi-era/

本書的內容與架構

本書採用歷史研究途徑，經由文獻分析、個案研究、比較研究等研究方法，探討兩個焦點議題：一、美國總統與中國習近平在南海的角力；二、美國「亞太再平衡」戰略之下，歐巴馬如何處理東海釣魚臺議題，美日安保同盟的重大調整，川普與拜登的

政策改變為何，美日如何轉向日本西南諸島的防衛，中國又如何具體因應。

　　文獻分析法旨在由第一手的文本解讀，尤其是檔案的使用，以呈現決策時的思考面貌。國際關係學者分析外交決策時，受到檔案解密時間的限制，通常不會使用外交檔案，還原歷史的真相與決策的經緯。除《蔣介石日記》、國史館「蔣總統文物」的「特交文電」或「黨政軍文卷」，美國國務院《美國對外關係》（FRUS）與《數位國家安全檔案》之外，美國重要決策者的回憶錄、參眾兩院聽證會、美國國會「美中經濟安全評估委員會」（The U.S.-China Economic and Security Review Commission，USCC）年度報告、「國會研究服務處」不定時資料等將納入分析。由於南海、東海成為熱門研究的議題，除了運用中國期刊網、美國期刊資料庫等電子期刊之外，國際研究機構所召開的南海、東海國際會議論文，亦是蒐集的重點。本書在相關文獻的檢閱將偏重美國、台灣、中國大陸部分。日本文獻主要是日本防衛省的年度報告、部分訪談資料與參加臺、日研討會的心得整理。

　　中美兩國對於《聯合國海洋法公約》有關專屬經濟區權利與責任的解讀分歧，衍生對南海、東海航行自由的爭議，提供本書在國際法、國際政治的比較研究基礎。中國與美國競相爭取東南亞國家的支持，無論是中國宣稱的睦鄰政策，或美國宣示的印太戰略，提供了檢視中美兩國在處理因應東海與南海政策的比較研究基礎。美國在長期不關注東海釣魚臺問題之後，針對東海議題是否有重大政策的調整，前後過程的動機與轉變，則提供一個進行垂直比較的機會。

中國長期關切南海的議題，但在 2012 年釣魚臺購島事件之後，一部分焦點由南海分散轉向東海的海上維權執法，中日增加緊張，連帶美國也被捲入，無法置身度外。中國在處理南海與東海有何異同，而美國在因應南海、東海問題上，又有何不同之處，也是比較研究的另一重點。中國崛起、美國「亞太再平衡」及印太戰略、日本增加國防預算、臺海兩岸關係緩和與緊張再起，使北京、華盛頓、東京、臺北在處理東海釣魚臺政策，增添了不同的內外環境變數。在個案研究上，美中在南海的利益衝突、中國與菲律賓的南海爭端、美中在釣魚臺避免直接衝突，或日本「國有化」釣魚臺之後中國如何因應變局，臺灣與日本如何達成漁業協議等，均是本書個案探討的重點。

在本章之後，第二章著重檢視美國與中國國力的變化，不同的美國總統與中國領導人習近平的對南海與東海的意象，如何反映到最終政策的形成。

第三章先分析美國政府長期忽略的南海何以重要，探討 2012年以來美國與中國在南海的衝突（請見表 1-5）──歐巴馬雖是第一位全面鋪陳美國南海政策的總統，但其手段與目標結合是否一致，習近平又如何因應美國在南海對中國日漸增強的牽制，都值得特別探討。

第四章分析美國與中國在東海釣魚臺的衝突，同樣看到美國政府在 2012 年之前對釣魚臺議題的忽視，中國也採取低調消極的政策，新上任的習近平如何處理他的第一個外交政策危機。

第五章則探討臺灣主要自 2012 年以來如何面對南海與東海的變局，美中緊張及日本藉機進行安保體制與美日同盟的強化，而

▍表 1-5　南海、東海大事記 2012-2023

日期	事件
2012/4/8	菲中因黃岩島衝突，約二個月結束。
2012/6/21	越南通過海洋法，外國軍用船舶無害通過領海需預告
2012/6/21	中國宣布建立地級三沙市，政府駐西沙永興島
2012/7/13	東協外長會議因南海問題未能通過聯合公報
2012/9/10	日本閣僚會議通過「國有化」釣魚臺，中國隨後公布 釣魚臺及其附屬島嶼的領海基線
2012/9/25	中國「遼寧號」航空母艦交付海軍
2013/1/22	菲律賓依《聯合國海洋法公約》提請九段線仲裁
2013/1/16	安倍訪問東南亞，提及戰略環境出現動態改變
2013/5	安倍提供軍事援助給柬埔寨、菲律賓與東帝汶
2013/11/23	中國無預警公布東海「防空識別區」
2013/12	中國開始進行南海「填海造陸」工程並於 2015 年結束
2014/3	中國阻止了攜帶建築物資的菲律賓軍艦駛向仁愛礁
2014/4/28	美國與菲律賓簽署《強化防衛合作協定》
2014/5/4	中、越公務船因海洋石油鑽探平臺在中建島海域碰撞
2014/10/2	美國放寬對越南武器禁運規定
2015/9/	習近平訪問華盛頓，表明不會將南海島礁軍事化
2015/10/26	美國軍艦「拉森號」在南海行使「航行自由行動」
2016/2/14	中國在西沙群島部署地對空飛彈
2016/11/20	菲律賓總統杜特蒂宣布黃岩島為「禁漁區」
2016/12/15	中國在南海沒收美國無人水下航行器
2018/4	中國在三亞市以南海域進行大規模海上閱兵
2018/5/18	中國轟炸機降落西沙永興島
2018/6/8	中日開啟海空聯絡機制，並在 12 月首度召開年度會議
2019/7/3	中國「海洋地質 8 號」進入越南專屬經濟區到 10 月離去
2020/2	中國海軍船艦武器管制系統瞄準菲律賓海軍艦艇

日期	事件
2020/5/15	馬來西亞鑽井船撤離，中馬越海上六個月僵持結束
2020/7	川普政府在南海進行雙航母演習，宣布九段線不符《聯合國海洋法公約》（13日）
2020/9	中國開始持續進出臺灣與東沙之間的「防空識別區」
2021/1	拜登政府在南海進行第一次雙航母演習
2021/7/11	拜登政府重申九段線不符《聯合國海洋法公約》
2022/1	拜登政府在南海進行第二次雙航母演習
2022/8	中國在臺灣周邊海空域進行飛彈演習，涵蓋日本與菲律賓的海域
2022/11	東協與美國關係提升為「全面戰略夥伴關係」，副總統賀錦麗（Kamala Harris）訪問菲律賓巴拉望島
2023/1-2	美國航空母艦「尼米茲號」打擊群，兩度進入南海軍事演習

資料來源：作者整理自公開資訊。

臺灣又如何在主權爭議上退居第二線。

　　第六章結論與未來觀察比較美國與中國在南海與東海的優勢與劣勢，為何南海比東海更為美中兩國所重視，海域安全議題是否形成霸權爭奪的核心，臺灣在南海尤其是東沙的海空聯繫，更與臺海兩岸、美中關係結合在一起，成為臺海衝突最危險的地方。

第二章

國力與領導者

美國正在衰退嗎？

前柯林頓政府國家安全會議官員、喬治城大學教授庫普欽（Charles Kupchan）在 2012 年的專書，認為美國的經濟實力持續衰退，尤其受到中國及其他金磚國家（巴西、俄羅斯、印度、中國、南非，BRICS）崛起的挑戰，導致美國時代的結束。他以世界銀行的估計為例，認為 2025 年人民幣將與美金、歐元同列為多元貨幣（multi-currency）之一，並以高盛公司（Goldman Sachs）預估，說明 2032 年中國、印度、俄羅斯、巴西的國內生產總值（Gross Domestic Product），將等於七大工業國的總和。[1]《新聞週刊》（Newsweek）國際版主編暨專欄作家札卡利亞（Fareed Zakaria）亦持類似的評估，「世界其他地區的崛起」（the rise of the rest），尤其是中國崛起成為美國霸權的主要挑戰者。[2] 抱持這類看法的人士，認為美國在全球主導地位的衰退，因此歐巴馬政府不能在國外、尤其是東亞的海域處處干預。

相反地，2012 年 1 月，共和黨陣營評論家凱根（Robert Kagan）在《新共和》（New Republic）雜誌的一篇短文〈美國衰落的迷思〉，提到美國的優勢地位能否延續，大致上是由美國人自己所決定，而「正如柯翰默（Charles Krauthammer，美國右派觀察家）所觀察到的，衰落是一種選擇」，而非必然的命運。凱根否認美國處於相對衰落之勢，因為 1969 年美國占全球所得的比例約為四分之一，而 2011 至 2012 年，美國產值的比例仍是四分之一，占全球 GDP 的比例相當穩定，中國與印度等國家佔全球經濟比重的上升，是因為歐洲與日本比重的下降。[3]

凱根認為美國的衰落，是由一群政治人物與決策者所積極促成的，這些人「出於權力衰落的錯誤恐懼，正處於先發制人式超極強權自殺（preemptive superpower suicide）的危險之中」，例如，歐巴馬總統在 2012 年 1 月「國防戰略指導」（Defense Strategic Guidance），竟然決定在「自動減支」（sequestration）機制之內，大幅刪減國防預算。[4]

凱根與庫普欽兩人的辯論，連帶觸及另一項論辯：美國及其他民主國家，是否能如中國有效快速因應經濟衰退及全球化挑戰？[5] 這種中美實力的動態變化，致使歐巴馬任內美國內部產生亞太戰略的辯論，一派主張減縮（retrenchment），另一派主張持續參與（engagement）。[6]

根據美國皮尤研究中心（Pew Research Center）在 2015 年公布的跨國調查，在聯合國安理會常任理事國中，英國、法國、俄羅斯認為中國是第一經濟強權，分別為 41%、49%、37%，認為美國仍是第一經濟強權為 39%、40%、24%。若被問到在未來，中國是

否會取代美國成為全球超級強權（global superpower），歐盟國家傾向認定美國將喪失最強國家的地位。[7] 中美權力差距縮小、歐巴馬刪減國防預算、美國總統大選，中國在東海與南海挑戰原先維持數十年的現狀，逐一成為美國外交政策辯論的焦點。

　　共和黨主張強大的國防，批評歐巴馬造成美國的衰退。歐巴馬決定自伊拉克、阿富汗戰爭泥淖中脫離，刪減國防預算，但他認為美國並沒有衰退。歐巴馬總統在 2012 年國情咨文提到：「美國回來了。告訴你美國正在衰落而且我們的影響力已衰退的任何人，並不清楚他們在說什麼。」白宮國家安全顧問唐尼倫（Tom Donilon）則在電視談話節目上透露，歐巴馬喜愛凱根主張美國沒衰退的文章。[8] 歐巴馬政府不願強調在釣魚臺問題上，有美中、日中之間有軍事衝突的可能性，迴避軍事解決的途徑，認為日本在靖國神社參拜的立場需有所節制。

　　1980 年代日本經濟的崛起，使其至 2010 年之前位居全球第二大經濟體的地位。即使「日本可以說不」，美日有軍事同盟，同為民主國家，美國在日本有駐軍，但美國的衰退勢必影響到美日共同因應中國挑戰的能力。

　　相反地，中國成為世界第二大經濟體，牽制美國的籌碼愈來愈多。若從 GDP、貿易總額及該國對全球其他國家的淨債務狀況，來分析預測中國的崛起，假設中國未來 20 年的平均經濟年增率為 7%，美國的經濟成長率如同過去 30 年每年約 2.5% 成長，到 2030 年，中國將佔約全球 GDP 20%，貢獻全球貿易總額的 15%。[9] 中國崛起使其國際地位提升，對於國際規則的制訂愈來愈積極投入，加深其他國家認為中國已成為無可避免的強權印象。這使得

中國無須隨時使用武力威脅,即可獲得影響力。

但是,也有評估者認為不應高估中國的影響力。即使中國的GDP超過美國或與美國相近,由於美國有較多的同盟網絡,美國霸權難以被中國崛起所取代。美國為盟邦所包圍,周邊國家不具威脅,在海洋、空中及外太空有較強的控制力。相對而言,中國周邊有強鄰如日本、俄羅斯、印度、越南,中國要在亞洲稱霸有其困難,遑論是全球性的霸權。[10]

凱根在其2008年出版的《歷史重返及夢想止境》一書指出,由中國與俄羅斯的發展,證明國家財富成長與獨裁專政是可以相容的,民主是造成混亂的根源,中央集權使中俄阻止外國干預內政,並在海外凸顯其自身的國力。[11] 2015年11月,美國國防部長卡特(Ashton Carter)在加州的第三屆雷根國防論壇發表演講,除抨擊俄羅斯入侵烏克蘭之外,也對中國擴張影響力及軍力表示關切。卡特認為中國是未來亞洲最具影響力的因素,中國想要建立一支現代化軍隊的野心會愈來愈大,但中國行為是否逾矩,是對其信守和平安全承諾的真正考驗。卡特提及,美國正將重心轉移至亞太地區,在該地區部署最精良的海上武器、船艦和設備,亦指出美國「正對遏阻進犯的因應行動做根本性調整,履行我們對臺灣的法定義務,捍衛盟邦,以及為該地區更廣泛範圍的突發狀況預作準備」,將會在南海進行更多海上巡邏,確保航行自由權,中國必須遵循領導人習近平不在南海進行軍事化的承諾。[12]卡特沒有提及東海相關情勢,顯示美國對東海釣魚臺安全較為樂觀,不需要美軍直接因應,但也密切觀察中國在東海增加軍事化活動的跡象。尤其是,中國與俄羅斯自2012年開始在東亞海域如

東海、黃海或日本海舉行年度聯合海軍護航、防空、反潛，甚至包括聯合防空及聯合空中查證、兩棲聯合登陸等演習。歐巴馬政府感受到一旦中、俄聯合，將對美日安保造成安全的挑戰。[13]

札卡利亞在《後美國世界》一書指出，美國正邁向「後美國世界」，未來美國的外交主要戰略挑戰與中國有關，包括如何阻止中國的野心及擴張主義，同時接納其成長。札卡利亞建議，美國在諸多挑戰之下，應讓自己成為俾斯麥（Otto von Bismarck）領導下的德國，而非處處運作權力平衡的英國。札卡利亞認為，中國、印度及其他國家的發展對美國是個機會，但他認為「包容並非姑息」，美國必須妥協，並實施多邊主義。美國需要像俾斯麥成為歐洲權力的「忠實掮客」，與主要國家維持更緊密的關係。此一角色與超級強權角色不同，需要諮詢、合作甚至妥協，設定議程、定義議題、動員結盟，不是美國由上而下命令，而較像是董事會的主席，帶領公司前進。

前卡特政府國家安全顧問布里辛斯基（Zbigniew Brzezinski）也認為美國需要在創新、教育、外交、領導能力與權力平衡上多著力，在西方國家團結上扮演促進者與保證者的角色，在東方強權之中扮演權力平衡者與調停者的角色。美國需要鼓勵中、日之間的真正和解，降低中、印之間日益上升的敵對。[14] 歐巴馬政府在東海釣魚臺議題上表明願意斡旋中、日兩國，期待雙方和平解決領土爭端，而非走向軍事的衝突。

根據日本東京財團建言書的預測，中國帳面上的 GDP 約在 2025 至 2030 年將超過美國。中國與日本的 GDP 差距，在 2020 年約為 2 倍，在 2025 年為 3 倍，2030 年為 4 倍。中國國防預算將

持續增加，日本在安倍政府也開始增加國防預算，2012 年結束自
2002 年以來國防預算年年下降的趨勢，由 2012 年的 4.71 兆日圓，
增加到 2015 年 4.98 兆日圓（約 400 億美金）。[15] 日本注意到中美
兩國國力差距縮小，中國領導人習近平追求「中國夢」，以「陸
一（經濟）帶海一（絲綢）路」的西進戰略，制衡美國「戰略東
移」。美國難以維持第二次世界大戰以來在亞太地區的永遠優勢，
因為美國國力相對下降，「日本需要扮演亞洲權力平衡的部分角
色，共同承擔和平繁榮較大的責任」。[16] 美國在中國崛起與挑戰之
下，「亞太再平衡」戰略，亦逐漸轉型為雙／多邊安全網絡（bi-
multilateral security network），除了美國樞紐與幅條（hub-and-spoke）
之間，也鼓勵日本、韓國、澳洲、印度等幅條（among the spokes）
之間的安全合作。日本擔心美國在東亞的影響力日降，經由新的
安保法制立法的討論，可以讓美國在危機時，不得不對日本加以
援助，是國際關係引入陷阱（entrapment）理論的一種適用。[17]

　　川普總統對中國的政策，追求「美國第一」，不能屈居中國
之後，認為美國必須取得相對更多於中國的權力是唯一途徑，幾
近「攻勢現實主義」（offensive realism）。從國際權力結構的自變數
來看，無論是中國的 GDP、軍事預算與規模、科技實力，在其綜
合國力與美國之間相對國力關係上，中美之間的差距快速縮小，
中國採取修正主義且危及美國及其盟邦夥伴的核心利益，明顯構
成威脅。[18] 川普認為中國是美國的最大競爭者，而如何處理與中
國的關係，將決定雙方是否為競爭者而已。川普將國防預算推上
歷史新高，顯示他重建軍力的想法。外交關係委員會（Council on
Foreign Relations）資深研究員格維茨（Julian Gewirtz）認為中國內部

有許多認為美國衰退的聲音，導致中國高估自己的實力，判斷可逼使美國和其他西方國家讓步，因此，美國必須讓中國知道此種看輕美國的評估是錯誤的。[19]

川普政府當選之後，擔心美國脆弱面及落後於中國，對中國的認知由「潛在夥伴」修正為美國「難以改變的對手」（entrenched rival）。[20] 2017 年 12 月，國家安全會議公布《美國國家安全戰略》（U.S. National Security Strategy），2018 年 1 月，國防部公布《美國國防戰略》（U.S. National Defense Strategy），將中國與俄羅斯並列，視它們為「修正主義強權」（revisionist powers），認為這兩個國家要創造一個與美國價值與利益對立的世界。這說明川普的外交決策，明顯受到美中國力差距縮小所帶來的國際權力變化影響，不是只有總統個人的理解與政治表態。

川普政府相信中國要在印太地區取代美國地位，擴大中國的經濟發展模式，是美國的「戰略競爭者」（strategic competitor），中國使用經濟利誘、懲罰、操作影響力、軍事威脅，在南海建設島礁軍事化危及航線暢通、威脅其他國家主權與破壞區域穩定，而中國的短期目標是「追求印太區域的霸權（Indo-Pacific regional hegemony）」。[21] 2018 年 2 月，美國國防部的《核武態勢評論》（Nuclear Posture Review）則指出中國、俄羅斯「尋求不對稱途徑與手段反制美國的傳統軍力」，包括攻勢網路空間能力，嚇阻、破壞或擊敗依賴電腦網路的美國軍隊，增加美國及其盟邦誤判與軍事衝突的風險。[22] 在出任拜登政府官員之前的坎博（Kurt Campbell）與杜如松（Rush Doshi）撰文指出，對美國來說，「衰退是一個選擇而非一個情勢」，而要遠離衰退之路取決於「美國起身

因應中國挑戰的必要性」。[23] 這說明川普的決策除思考美中兩國綜合國力、國際權力結構變化的自變項之外，川普任內美國內部的因素的中介變項，也形成美中臺關係的最大的變數，導致美國外交決策的最後產出，包括對中國南海政策的反應等。

　　而在川普的繼任者拜登，則樂觀認為即使在中國嚴重的威脅下，因中國有諸多的問題如貪污、獨裁、決策不透明等，而使中國無法與美國競爭，美國仍能繼續領導世界。拜登批判中國的貿易作法、人權記錄，但警告它在科技上會領先美國，批評川普總統疏離而非團結可一起施壓中國的美國盟友。拜登指出因應中國挑戰最有效的方式，是建立美國的國際統一戰線，美國 GDP 占全球約 25%，若再加上其他民主國家，力量將加倍達到 50％，完全有可能在全球環境、勞工、貿易、科技、透明度上，制定標準與形塑規則。拜登承諾會使美國恢復太平洋強權的地位，增加美國在亞太地區的海軍力量，深化與澳洲、日本、南韓的關係，並傳遞中國一個訊息：美國絕不後退。拜登支持歐巴馬總統藉由跨太平洋夥伴關係協定（Trans-Pacific Partnership Agreement，TPP）節制中國在印太地區的影響力。然而，美國除對中國強硬，也需要與中國在氣候變遷、核子武器及全球衛生安全議題上合作。拜登的政策宣示能否兌現，也值得觀察。[24]

　　印太事務協調官坎博在進入拜登政府之前，曾與現任美國國家安全會議顧問蘇利文（Jake Sullivan）及國務院、國防部等年輕官員在《外交事務》先後撰文多篇文章，認為中國拋棄韜光養晦政策，對美國造成挑戰，而美國的領導與霸權地位岌岌可危，必須尋求盟友的加入一起因應中國的威脅。2018 年 3 月，坎博與瑞特

納（Ely Ratner，現為拜登政府印太事務助理國防部長）從貿易經濟、自由民主、區域秩序等，盤點中國讓美國期待落空的清單，指出過去美國對中國不採取對抗，不將其視為敵人，但習近平治理下的中國，卻對美國形成重大的挑戰。歐巴馬政府雖有「亞太再平衡」戰略，但在國安會的中東幕僚人數是東亞專家的三倍。他們的結論是美國應更加謙虛，它未必能改變中國，美國應該聚焦增強自己與盟友的能力與行動，不要再浪費資源在讓中國轉型為更好的嘗試上。[25] 瑞特納稍後撰文提到：「一個由中國主導的秩序，意味美國聯盟將更為弱勢、安全夥伴變少，以及美軍被迫在更遠距離運作；美國公司將無法進入領先的科技和市場，並將受到新的標準、投資規則和貿易集團的不利影響；停滯不前的區域機構，將無法抵禦中國的脅迫，世界將看到民主和個人自由穩步下降。」屆時，美國將無法在世界上發揮作用。因此，美國提高競爭力，加上強大的盟邦與夥伴，將可防止不自由的中國勢力範圍繼續發展。[26]

坎博與蘇利文在 2019 年認為美中關係「最佳的方式應是由競爭開始，而後提出合作，並拒絕將中國對全球挑戰的援助與美國利益讓步相互連鎖，作為談判的條件」，而且在任何情況下，美國與中國建立明確的共存都將是一項挑戰，如果沒有外部協助，幾乎不可能辦到。如果美國要加強威懾力量、建立一個更公平、更互惠的貿易體系、捍衛普世價值觀並更能回應全球性挑戰，就不能自行其道。坎博與蘇利文指出，美中共存「不意味競爭終結，或在重要的議題上退讓；相反的，共存意味接受競爭為管理美中關係的條件之一，而不是視其為必須解決的問題」。他們認為

在臺海問題如同在美中關係上，兩國「需要在積極交往、相互警覺、某種程度不信任、耐性措施與必要的克制」中，加以管理及因應。拜登政府現階段在因應中國挑戰，的確是如其結論所言，美國任何戰略若要有效，必從與盟友一道開始。[27]

2020 年 3 月，坎博與杜如松（現為拜登政府國家安全委員會中國事務主任）在新冠疫情初起之際，注意到美國受到中國的嚴重挑戰，美國的領導地位也面臨考驗。他們認為若美國不迎頭趕上，有效克服新型冠狀病毒大流行，恐成為一個「蘇伊士時刻」（Suez Moment）。新冠肺炎疫情考驗了美國：一、國內治理；二、提供全球公共財所產生的合法性；三、召集與協調全球應對危機的能力。他們指出，隨著華府的失敗，「北京正在迅速地採取行動，利用美國錯誤所造成的真空狀態填補空缺，將自己定位為應對全球流感的領導者。如果它被視為領導者，而華府被視為無法或不願意領導，這種看法可能從根本上改變美國在全球政治中的地位以及二十一世紀領導權競賽。」[28]

杜如松在一本專書《長期博弈》（The Long Game），觀察自 1989 年以來，中國意在取代美國所建立的國際秩序，分別是韜光養晦（1989-2008）、有所作為（2009-2016）、百年難得變局（2017 年以後）等三個階段，有意挫頓（blunting）美國的世界地位。杜如松的主張在軍事、經濟、政治三個領域，以不對稱方式、代價較少的資源，來挫頓中國權力與影響的效果，另一是以較為對稱的方式，來建設（building）美國權力與秩序的基礎。[29] 其中，有多項涉及美國藉由國際途徑挫敗中國秩序，例如，美國協助國際盟邦強化「反介入與區域拒止」（Anti-Access and Area Denial，A2AD）

能力、協助夥伴國更精確評估中國的金融投資資料、聯合反制中國自先進國家盜取智慧財產、參與並提高中國主導「一帶一路」或「亞洲基礎設施投資銀行」（Asian Infrastrucue Investment Bank）標準與門檻、主導聯合國體系來對抗中國的影響力。在軍事上，美國需要建設自身因應中國 A2AD 的復原韌性、建立美國在印太的多元態勢及強勁韌性的資訊基礎設施。[30]

術語解釋

反介入與區域拒止（A2AD）：戰爭當事國透過各種手段，阻撓其他國家介入爭端。

2020 年 7 月，坎博與米拉（Mira Rapp-Hooper，現為國務院政策規劃局顧問）提到中國政府已放棄「韜光養晦、絕不當頭」的戰略，改為自信的民族主義、對自身持續崛起充滿信心、願意承擔更大風險的中國，而且幾乎在所有外交政策面向，都採取了前所未有的外交攻勢，例如，加強對香港的控制、加劇南海的緊張局勢、對澳洲經濟施壓、在中印邊界中使用致命武力，並大聲批評西方自由民主國家。他們指出習近平利用美國全球領導地位下降，在許多方面推進中國的利益。美國總統需要立即在香港、南海、印度、臺海等議題，為與中國進行強硬雙邊外交做準備，並預期會面對來自中國「戰狼外交」的攻擊。美國必須拒絕單邊主義，重新調整與歐洲和亞洲盟友的關係，因為歐洲和亞洲盟友是在未來幾十年，美國平衡中國的唯一助力與機會。[31]

2021 年 3 月，美國白宮公布的《國家安全戰略過渡指導方

針》(Interim National Security Strategic Guidance),反映拜登想儘早闡明美國設定和執行的優先事項。此一過渡指針有五項重點:強化與盟邦關係;支持中產階級的外交;維持美國科技的領先;支援全球民主;以軍事力量為外交後盾。拜登總統在指導方針序言提到,「堅信民主是自由、繁榮、和平與尊嚴的關鍵……如果以力量和信心與美國的民主夥伴合作,將能因應每一個挑戰,並超越每一個挑戰者。」《國家安全戰略過渡指導方針》提到「民主」、「氣候」的次數最多,各23次,「網路攻擊」15次、「新冠肺炎疫情」12次,而提到「中國」的次數有15次,約與這些重大關鍵安全議題相同,遠遠超過提及俄羅斯、伊朗等國家的次數。[32]

《方針》也指出:世界的權力分配出現改變,中國是「唯一具有經濟、外交、軍事與科技力量的競爭者,可持續挑戰一個穩定與開放的國際制度」,美國必須嚇阻與預防敵手直接威脅美國及其盟邦,尤其是阻止對手取得全球公共空間(如太空、海洋等)或掌控關鍵的地區,並透過盟邦與多邊機制與規則,領導與維持穩定、開放的國際體系。該指導方針多次提到中國愈來愈強勢的對外行為,認為中、俄具有日益上升的敵意,中國在國際體系追求不公平的機會、侵略性行事與高壓行為,破壞規則與價值。拜登定位中國是「戰略競爭者」,不能任由中國設定國際的議程 (international agenda)。拜登政府雖主張多邊主義,在因應中國挑戰上,希望能結合民主國家一起對北京施加壓力,國務卿布林肯(Antony Blinken)稱此為「力量倍增器」 (force multipliers)。

中國已經稱霸嗎？

如同美國，中國內部有不同的意見，對於美國是否真正衰落也有辯論。北京大學教授王緝思指出「美國在軍事實力、經濟實力、科技實力等硬指標與過去相比還會繼續上升，民主法治和核心價值觀保持不變」，而「中國等新興國家的崛起會對美國帶來牽制，但遠不具備取代美國重塑世界秩序的實力與條件」，更何況「西方的範疇其實也在擴大，比如日本、韓國、印度等都基本認同西方的政治價值觀」，而且中國需要面對其他國家對它的質疑，包括：中國是否是一個「脆弱的大國」、「強勢的大國」、「另類的國家」、「資源飢渴型國家」、「難逃國強必霸」等。[33]

絕大多數的中國學者專家，認為美國衰落不意味多極世界或無極世界已經到來，只代表美國必須以更加平等的姿態對待中國；習近平在反制美國的「亞太再平衡」戰略，亦提出反制之道，例如：實現「中國夢」，拓展更大國際空間；推動「一帶一路」，建構命運共同體；建立中國特色的大國外交與解決國際潛在衝突熱點的方式；建設海洋強國捍衛主權等。[34]

中國對美國藉「重返亞太」、「戰略東移」進行對中國的遏制頗有戒心。習近平以國家副主席身分，在 2012 年 2 月訪美之前接受《華盛頓郵報》訪問時表示，「在人心思安定、人心思發展之際，人為地突出軍事安全議程，刻意加強軍事部署、強化軍事同盟，恐怕並不是本地區絕大多數國家希望看到的。」[35] 然而，北京在批評之餘，積極加緊準備硬的一手。中國在釣魚臺「國有化」事件之後，每年繼續增加國防預算，同時發展「反介入與區

域拒止」軍事戰略，迫使美國一旦要在中國周邊地區進行軍事干
預時，需要付出較高的代價與風險。

單純從國際貨幣基金（International Monetary Fund）公布的 GDP
規模來看，中國與美國兩者之間差距縮小是不爭的事實。2009
年，中國帳面上的 GDP 是美國的 34.5%，2010 年是 40%，2011 年
是 48%，2012 年是 52.4%，2015 年已成為美國 GDP 的 61%，到
2021 年達到 73.5%（請見表 2-1）。若用「購買力平價」（Purchasing
Power Parity，PPP）來計算，中國的 GDP-PPP 在 2018 年與美國是全
球唯二超超過 20 億美金的國家，該年中國甚至超越美國。以 2020
年為例，全球 PPP 為 133 兆美金，中國的 PPP 達到 24.28 兆美金，
美國為 20.95 兆美金。[36] 在軍事花費上，不管是以 GDP 市場匯率
或 GDP-PPP 來計算，中國仍是落後於美國，但差距會大幅縮小。
澳洲大學經濟學家羅伯森（Peter Robertson）以瑞典斯德哥爾摩和平
研究所（Stockholm International Peace Research Institute）的研究指出，
若再以軍事 PPP 來計算，集中在人員、武器與操作的相對經費類
別，在檢視 59 個國家之後，指出中國、印度、俄羅斯在 2019 年
的軍事 PPP 總數超過美國，中國是美國的 53.1%，而不僅是公布數
據的 32.7%。以 PPP 計算，2021 年中國軍費估計已到達美國的三
分之二。[37]

即使中國的經濟成長趨緩成為新常態，又有新冠肺炎疫情的
影響，中美兩國在 2030 年之後，在總體 GDP 的交叉仍可能出現。
若美國經濟每年成長為 2%，中國經濟成長為 6%，2031 年將超過
美國；中國經濟成長若維持 5%，2036 年將超過美國，若中國經濟
成長降為 4%，則需至 2039 年方能超過美國。[38] 中國 GDP 在 2010

┃表 2-1 中美 GDP 的對比（2010-2021）

年份	中國	美國	中國對美國的佔比
2010	6.03	15.04	40.0%
2011	7.49	15.59	48.0%
2012	8.53	16.25	52.4%
2013	9.62	16.84	57.1%
2014	10.52	17.55	59.9%
2015	11.11	18.20	61.0%
2016	11.22	18.69	60.0%
2017	12.26	19.47	62.9%
2018	13.84	20.52	67.4%
2019	14.34	21.37	67.1%
2020	14.86	20.89	71.1%
2021	16.86	22.93	73.5%

資料來源：Internaitonal Monetary Fund

年超過日本，若 2030 年之後超過美國，變成第一大經濟體，中國在軍事實力仍將落後於美國。國際關係的「權力轉移理論」（power transition theory）預測當崛起大國（潛在挑戰者）超過既有霸權（美國）的 80% 總體國力時，此時因為出現權力的均勢（parity），兩個大國軍事衝突的可能加大，當挑戰者總體資源超過既有霸權的 20% 時，均勢就不再存在。

若要處理中國崛起的問題，美國除了需要與中國檢視可以和睦共榮的議題、重新調整美國權力陣營的同盟體系之外，較重要的是控制領土爭議的衝突，如南海、東海、臺灣等。若中美兩國無法預測對方的意圖，隨著中國崛起，將會出現大國政治的悲

劇。[39] 因此，習近平在 2015 年 9 月訪美時，在西雅圖的公開演講中，警告中美要避免類似古希臘雅典與斯巴達戰爭的「修習底德陷阱」（Thucydides's Trap）。

在東海釣魚臺，全球前三大經濟體都捲入其中，日本有能力因應中國的挑戰，美國絕大部分的時間，選擇不軍事干預，完全不像它在南海透過海軍船艦、空軍戰機，傳遞堅持海空航行與穿越自由的訊息。然而，美國是否防衛對菲律賓所宣稱的島礁，並不像它一再宣稱釣魚臺納入《美日安保條約》範疇來得堅定。[40] 中日兩國在因應釣魚臺「國有化」事件，習近平快速決策，不像安倍必須面對國會與冗長的立法程序，政府容忍失控的民眾打毀日本在中國大陸的營業處所，在民主國家更難以想像。

習近平在 2017 年十九大之後最大的變局，與美國川普政府相關，包括美中貿易戰的升溫、印太戰略逐漸成形等，延續到拜登政府。習近平的外交思想是確立了，但中國的國際外交地位，卻受到美國針對北京處理新冠疫情、新疆、香港與臺灣政策的強烈批判。中美由經貿議題、科技安全、人權議題等全都面臨挑戰。中國過去只在部分中美關係問題上表現強硬，但現在則是在大多數議題上採取對抗性居多，新疆有中國自主的企業與網軍反擊、香港有《國家安全法》的壓制，因應美國的制裁，立即提出中方的反制裁，以牙還牙，以眼還眼。習近平主張要敢於鬥爭、翅膀要硬一些，更加「平視」中美關係，不過，仍希望中美兩國建立「理性、穩定可控、建設性關係」。

中國對美國的工作常是「鬥而不破」，或套江澤民所言「好不到哪裡，壞不到哪裡」，然而，川普政府上臺，卻使中美關係出

現螺旋式下降的危機，原先有的對話機制與管道幾乎全部中斷。中國也改變對川普政府的認知與對策。尤其是，2020 年中美簽訂第一階段貿易協議以後，遭逢新冠肺炎疫情、香港《國家安全法》，致使川普政府對中國展開一連串制裁並調整定位。中國對川普或拜登的認知，只從對中國國家利益的影響，檢視中美關係走向、中國外交政策衝擊，宣稱沒有特定的美國總統個人偏好。

拜登上臺後，習近平在 2021 年提到國際情勢是「東昇西降」、中國終於可以「平視」西方大國。中國出現的「戰狼外交」，伴隨著「中國夢」形成明顯的特色。中國習近平想在美國川普施壓制裁之下尋求歐洲的突破口，但同時也在中國國內新疆、香港事務，挑戰許多西方國家的標準。北京對拜登上臺抱有期待，認為中美關係惡化不會像川普政府一樣嚴重，但拜登上臺之後，中美仍在摸索一定穩定交往的架構。中國所要尋求的是可以「平視」拜登政府，但又不致走上衝突的局面。然而，實際發展與北京的期待有所不同。從北京的角度來看，拜登上臺之後中國對美國的關係不穩定的因素接連而來。這些因素包括：更有制度化的「四方安全對話」（Quadrilateral Security Dialogue）、更有跨國艦隊在南海出現、臺海問題國際化空前未有、「澳英美三方防衛聯盟」（AUKUS）突然成形、俄羅斯與烏克蘭戰爭預防的失敗等。

在這一連串的發展，中國必須有被動式的外交因應。中國的「平視外交」又使得「戰狼外交」沒有緩和的理由。中國對美國的批評與說教，從外交上指出西方盟友與美國貌合神離，到中美關係不惜說白批判美國，對美國直接提出條件。中國媒體批評美國的報導增多，對美國制度、社會的陰暗面直言不諱，例如美國虛

假信息無所不在，「民眾對政府日益嚴重的不信任及社會的進一步撕裂」，也認為即使拜登政府上臺，美國「還是全球亂源」。[41]

　　北京密切觀察拜登政府有無改變川普過去的對華政策，但實際發展卻使期待落空。王毅將「多邊主義」分類為「小圈子的多邊主義」、「本國優先的多邊主義」、「有選擇的多邊主義」，批評拜登政府的「多邊主義」做法。中國專家對拜登政府接近定調為「全力與中國展開戰略競爭」，並將中國視為最主要的對手，批評美國對華政策有四大支柱：多邊外交；小團夥多邊外交（美日澳印、美英澳）；價值觀外交；同盟外交等。[42] 中國普遍的觀點是，美國無論是川普或拜登均是要打斷中國發展的進程。中國雖有些溫和的專家意見，但「戰狼外交」是主流。

　　北京在拜登上任之初，強調拜登的多邊主義與中國不謀而合。即使中美關係緊張，中國駐美大使秦剛仍表示，「努力推動理性、穩定可控、建設性的中美關係」，想把中美競爭引向良性軌道。中方仍有聲音希望「美方應實事求是地看待中國的發展和對美政策」，期待美國凸顯美中合作面向，縮小對抗或競爭面向。中方的看法是美國的「三分法」（合作、競爭、對抗）沒有清晰的界定，致使兩國關係實際發展是「對抗性的競爭」。因此，中國官方說法是不容美國打混「三分法」，只想要在可合作議題得分，而必須連帶在一起，成為一個彼此相關連的「巨大中美關係定位」。言下之意，美國要與中國合作，就必須減緩競爭與對抗。

　　中國對美國的「說教外交」愈來愈明顯，批評也愈來愈犀利。媒體出現的標題也是過去少見，例如，「美國實力外交觀破產了」、「不必高估美國對我〔中國〕周邊的影響力」、「美式多

邊主義注定失敗」、「美國是不折不扣的世界和平破壞者」。中國針對美國「基於規則的國際秩序」（rules-based international order）批評為「想隨意解釋和適用國際法，把自己的意志強加於其他國家，用自己制定的規則取代普遍接受的國際法則」，是單邊主義也是強權政治，而非多邊主義及民主正義。[43] 中國即使在氣候變遷議題上有意與美國合作，但媒體仍不願接受美方有選擇性在此一議題要求中國合作，卻在其他問題上牽制中方。因此，中國媒體凸顯標題為「中美氣候合作不能任由華盛頓定義」。2021 年 9 月，中國外交部在香港問題羅列超過 100 項，指控美國是「干預香港事務，支持反中亂港勢力」。

中國關切拜登政府促成「臺灣安全國際化」，不僅美國與日本、韓國、澳洲及七大工業國領袖、歐盟等，明確關心「臺海安全」，也在南海進行航空母艦外交，諸如雙艘航艦的南海演習，及定期經常駐留南海。除了美國之外，英國、法國也經過臺灣海峽。北京關切「四方安全對話」，更擔憂美英澳三國的軍事同盟。中國政府認為美國和英國協助澳洲發展核動力潛艦，是「大量高度敏感的核材料及技術轉讓」，是「赤裸裸的核擴散行徑」、「赤裸裸的雙重標準」。[44] 中國外交部直指美英澳三國同盟危及《南太平洋無核區條約》。北京《環球時報》社評甚至直指「第一批在南海喪命的西方士兵也最可能就是澳大利亞人」。[45]

習近平在拜登上臺之後，與拜登總統一樣對中美關係發展不滿意，兩人有意管控中美關係，但初步交手就被 2021 年 3 月阿拉斯加的相互指責所破壞，甚至被定調為「說教外交」。中國對美國的工作集中在楊潔篪（中央政治局委員）和王毅（國務委員兼外

交部部長）身上，並發展出楊潔篪與蘇利文（在蘇黎世、羅馬對話）、王毅與布林肯各為談判代表的機制。2021 年 11 月中旬，習近平與拜登兩人的視訊會議，同意需要建立兩國關係緩和的「護欄」（guardrails）機制。2022 年 11 月兩人利用印尼峇里島 G20 高峰會會晤，之後即使出現中國偵察氣球飛越美國被擊落事件，中美兩國最高層領袖直接溝通定調，中美對話機制終將恢復。

　　習近平建議中美著力推動四個優先事項：一、展現大國的擔當，引領國際社會合作應對突出挑戰；二、本著平等互利精神，推進各層級（外交安全、經貿財金、氣候變化等對話機制）、各領域（經濟、能源、兩軍、執法、教育、科技、網路、環保、地方交往），建立更多正能量；三、以建設性方式管控分歧和敏感問題，防止中美關係脫軌失控；四、加強在重大國際和地區熱點問題上的協調和合作，為世界提供更多公共產品。[46] 中國官媒也宣稱獲得拜登「四不一無意」的承諾（不尋求同中國打「新冷戰」、不尋求改變中國體制、不尋求通過強化同盟關係反對中國、不支持「臺獨」，無意同中國發生衝突）。實際上，習近平對美國的承諾、中美關係發展，卻不會如此樂觀。

　　中國部分學者提出中美應探討構建良性競爭或合作性競爭模式。[47] 中國外長王毅顯然不願意接受「良性競爭」或「中美競爭」的用語，例如，2021 年 4 月他提到「中國無意與美國競爭，中國重視的是不斷超越自我，提升自我。其次，如果突出對抗，結局必定是雙輸，這不應成為美對華政策導向。只有合作，才是應當堅持的正道，才符合兩國和世界的共同期盼。而合作應該雙向互惠，不能只是單方要價，只是強調本國優先。」[48] 2021 年 7

月，中國外交部副部長謝鋒向到訪的美國副國務卿謝爾曼（Wendy Sherman）提出兩份清單，「一份是要求美方糾正其錯誤對華政策和言行的清單，一份是中方關切的重點個案清單」。其中，中國在南海、東海也要求美國「停止損害中國利益」。王毅繼任楊潔篪為中共中央外事辦主任，秦剛接續王毅為中國外長，執行對美政策的立場，將隨著中國國力上升而更加堅決。從北京的角度，美國可以有它的「三分法」，中國則必須將「三分」化為「一分」，只有在美方合作前提之下，方有可能做出一小步讓步。「議題連鎖」或「連鎖政治」（linkage politics）成為中國對美國「平視」外交的重要一環。

川普任內忽視美中兩國定期對話機制，拜登則採取不同路線，希望能建立較川普任內穩定的美中對話。美國內閣閣員與中方官員的視訊對話累積到一定數量，疫情趨緩之後，必有實體對話隨之而來。拜登與習近平雖未能在 2021 年 10 月於義大利 G20 實體對話或視訊高峰會，但兩國領導人在 11 月舉行視訊高峰會。隨著 2021 年 9 月華為公司財務長孟晚舟的釋放，美中關係緊張稍降，對兩國關係必然有所影響，可能出現局部緩和或「創造一些有利條件」。例如，復旦大學教授吳心伯認為美中除氣候變遷之外，可能在其後可能在伊朗核問題、北韓核問題、阿富汗問題上加強溝通。[49] 中方代表性智庫學者也提到，中美可以在阿富汗塔利班政權成立之後合作，並列出其正當性與必要性。例如，中美需加強引導該政權執政理念為國際社會接受，共同防範可能導致的人道主義災難、尋找妥善方案在聯合國安理會協調外交承認該政權的問題，配合防範阿富汗再度成為國際恐怖主義發源地。[50]

然而，中美更為棘手的問題是烏克蘭戰爭的因應。中國在聯合國大會決議案不譴責俄羅斯入侵，同情與理解俄羅斯出兵的理由，宣稱維持中立，提出 12 點和平計畫，拜登政府國務院卻認為中國對俄羅斯提供了經濟、外交、政治、宣傳的支持，明顯站在俄羅斯一邊。

領導人性格：歐巴馬、川普、拜登與習近平

　　美國總統因為內在的個性正面樂觀或負面悲觀，外在的任事主動積極或被動消極，而在總統表現上出現四種類型，「正面—積極型」（positive-active）、「負面—積極型」（negative-active）、「正面—消極型」（positive-passive）、「負面—消極型」（negative-passive）。歐巴馬、川普總統屬於「強烈衝動」（compulsive）的「負面—積極型」（請見表 2-2），[51] 拜登則屬於「迎合期待」（compliant）的「正面—消極型」，喜歡總統職務卻沒有投入太多的精力，對權力要求也不高。[52] 歐巴馬與川普屬於同一類型的美國總統，但卻發展出不同的中國政策。拜登上臺後，美國對中國政策有所調整，原因之一是總統的個性所導致。總統個性導致他對於副總統、核心幕僚的挑選，對於戰爭或和平的選擇，也與他如何認知、評價中國領導人有關。與總統個性密切相關的是古典現實主義（classical realism），亦即國家領導人及其對國際關係主觀的評價，若具侵略性的決策者，將造成追求擴張自己利益的外交政策，制訂外交政策若是壞的人，就不會有好的事情發生。

　　歐巴馬不是現實主義總統，而是屬於「自由國際秩序」（liberal

▎表 2-2　美國總統的不同類型

	正面樂觀	負面悲觀
主動積極	調適型（Adaptive）：自信；彈性；為行動創造機會；樂於運用權力；不嚴苛待己；樂觀；合理掌握他的環境；權力使用是為達成有利結果的手段。	強烈衝動型（Compulsive）：權力作為自我實現的手段；在工作上花費大量精力，但很少獲得快樂；專注於他是失敗還是成功；缺乏自信心；傾向於僵化和悲觀；高度驅動力；侵略性管理問題
被動消極	迎合期待型（Compliant）：追求被愛；容易被擺佈；討好性格以克服自卑；被動回應而非主動倡議；超級樂觀。	撤退型（Withdrawn）：基於責任心而回應；避免權力；對他人服務以彌補自信心的缺乏；回應而非主動倡議；避免衝突與不確定性；強調原則、程序，對權力政治反感。

資料來源：James David Barber, *The Presidential Character: Predicting Performance in the White House*, 4th Edition (Englewood, New Jersey: Prentice Hall, 1992), pp. 8-11.

international order）的提倡者，甚至是「新自由機制主義」（neo-liberal institutionalism）者。[53] 歐巴馬總統具有自由主義的傾向，包括他處在美國仍明顯有軍事、經濟與科技明顯優勢之下，提倡多邊主義，揚棄單邊主義的美國外交路線，認為美國的影響力不僅限於軍事力量，而是恢復道德權威地位、必須在氣候變遷、核武裁減等提供公共財（collective goods）。[54] 歐巴馬在 2009 年加入東協《友好合作條約》（Treaty of Amity and Cooperation），在其領導下，完成阻止伊朗核武發展的《聯合全面行動方案》（Joint Comprehensive Plan of Action，JCPOA）最終協定（2015 年 7 月）、說服中國溫家寶總理合作達成因應氣候變遷的《巴黎協定》（Paris Agreement）（2015 年 12 月）、並於 2016 年 2 月簽署《跨太平洋夥伴關係協定》（TPP）。歐巴馬雖與歐洲聯盟展開「跨大西洋貿易與投資夥伴關係」（Transatlantic Trade and Investment Partnership，TTIP）多年談判，

在卸任前卻未能完成。

術語解釋

新自由機制主義：在國際關係理論中，「新自由」與在政治經濟學中所指的意義不同，指的是相信國際組織、多邊機制的協調能力，可以阻緩國際間的衝突。

　　歐巴馬不是對抗型的總統，而是一位具有自信的「調解者」（conciliator），喜好妥協、調停甚於武力或恫嚇，以解決衝突或爭端。歐巴馬在 2009 年獲得諾貝爾和平獎，多次表明打擊恐怖主義但不與伊斯蘭作戰，任期之初宣示自伊拉克撤軍、結束阿富汗戰爭，反對軍方將領駐留阿富汗人數的建議。[55] 即使有利比亞人權受到迫害，西方國家有「保護責任」（responsibility to protect），歐巴馬在第一任期內對是否在利比亞動用武力干涉仍深感猶豫。[56] 歐巴馬視敘利亞阿薩德（Bashar al-Assad）使用化學武器為「紅線」，卻沒有動用武力懲罰 2013 年 8 月古達（Ghouta）的化武攻擊平民事件。這一事件使得俄羅斯總統普丁（Vladimir Putin）、習近平認為歐巴馬「避免武力」傾向，進而鼓勵他們在克里米亞、東海的軍事冒險行動。[57]

　　歐巴馬任內持續大幅刪減國防預算（見圖 2），使他的「亞太再平衡」戰略受到質疑。國防部長哈格爾（Chuck Hagel）指出在「自動減支」機制下，國防部要保持美軍裝備的技術優勢，就必須裁減軍隊、武器載臺數量，但宣示不能影響到戰略嚇阻、國土防衛、「亞太再平衡」。不過，哈格爾承認「若美軍繼續擁有壓倒

性的技術優勢，部隊規模勢將縮小很多，能到的地方、能做的事情將少得多，尤其是當有危機在不同地點同時發生之時」。[58]「自動減支」不僅使美軍訓練時數減少，維修期限也被拉長，使軍方有效執行任務的能力面臨極大的風險。2013 年 3 月初，美軍太平洋司令洛克利爾（Samuel Locklear）在國會聽證時，表示，「自動減支」波及美軍在太平洋地區的訓練、部署及軍演；美國戰略指揮部司令凱勒（Robert Kehler）更指出，如果「自動減支」持續下去，所造成的影響如一場逐漸逼近的「雪崩」（avalanche）。[59]「自動減支」及國防預算不確定，可能影響到「亞太再平衡」的執行，將衝擊到可信度嚇阻、五個條約同盟保證（日、韓、菲、澳、泰）、穩定安全環境。在此一背景之下，限制了歐巴馬總統在南海、東海採取積極軍事行動的能力。

歐巴馬卸任之後，澄清是否對中國過於軟弱的批評，主要是

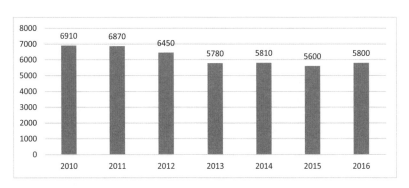

▌圖 2　歐巴馬國防自動減支

單位：億美金

資料來源：美國國防部，<https://dod.defense.gov/News/Special-Reports/0518_budget/>
檢索日期：2021/9/6.

因 2008 年金融危機之後，為了全世界得以脫困，需要依賴中國的經濟成長，何況中國握有 7000 億的美國國債，否則對中國的貿易做法會更為強硬。[60] 歐巴馬任內與中國將近有 100 個對話管道，兩國除年度「戰略與經濟對話」（Strategic and Economic Dialogue），有海事安全合作對話機制，在亞太、中東、全球事務有定期溝通與協調。從兩國的官方文獻可看出，歐巴馬政府歡迎一個強大、繁榮及成功的中國，在世界事務扮演更大的角色，美中雖有競爭但不認為對抗是必然，而是會密切觀察中國的軍事現代化發展。[61] 習近平則歡迎美國作為一個亞太國家，對區域和平穩定與繁榮有所貢獻。中美兩國年度「戰略暨經濟對話」，從未因釣魚臺爭端或中國在南海「填海造陸」而中斷。

歐巴馬雖有「亞太再平衡」戰略，但不強調「中國威脅」，也不陷於「單一議題」取向，或過度相信跨國合作可擊退挑戰的外交政策。歐巴馬總統採取的戰略途徑，是改良版的「雙邊同盟」，同時與中國維持正面積極的關係，在跨國威脅一起合作。[62] 歐巴馬任內中國的領導人有胡錦濤、習近平，沒有因中國領導人的強硬與否，而有硬或軟「圍堵」中國的戰略構想。歐巴馬第一任期向中方提出「戰略再保證」（strategic reassurance），在 2009 年 11 月聯合聲明提到「尊重對方主權與領土完整為美中三個公報的核心」、「尊重對方核心利益（core interests）對確保美中關係穩定進展極為重要」[63] 這種對臺灣、東海、南海島礁主權爭議的聲索方均極為敏感與不利的用詞。北京隨即在 2010 年 3 月中國外交部副部長崔天凱向副國務卿史坦伯格（James Steinberg）與國安會資深主任貝德（Jeffrey Bader）表示，南海問題之重要性等同於西藏與臺灣

問題，既屬中國「核心利益」，就不希望美國不要在「東協區域論壇」提及南海問題。這種戰略取向限制美、中對抗的可能性，也縮小美國與日本聯合在東海對抗中國的空間。歐巴馬對習近平劃設東海「防空識別區」沒有過激反應，對南海造人工島礁也沒有強力阻止。「戰略再保證」思維，依據歐巴馬政府副國務卿史坦伯格的說法，是建立在：克制、互惠、透明、復原韌性（resilience）原則之上。[64] 然而，歐巴馬外交政策被批評為雖有「耐性外交」，卻沒有積極落實「亞太再平衡」戰略。

　　歐巴馬第一任期的國家安全顧問唐尼隆是「亞太再平衡」戰略的規劃者。唐尼隆於 2012 年 11 月在戰略與國際研究中心指出該戰略有五個環節，分別是：強化及現代化美國在區域的安全同盟體系；建立深化與崛起大國之間的夥伴關係；加強參與東協、東亞高峰會的接觸；追求與中國建立穩定與建設性關係；促進區域的經濟建構（economic architecture）。[65] 唐尼隆在 2013 年 3 月於亞洲學會強調與中國建立穩定、豐富與建設性關係的重要性，無意圍堵中國；除美國軍事存在之外，也需運用美國國力的所有要素，並提及對東亞海事安全的憂慮。[66] 歐巴馬「亞太再平衡」戰略的提出，與中日釣魚臺爭端爆發點幾乎同時出現，但沒有因而對中國施以更大的圍堵或牽制。歐巴馬強調美國政府對釣魚臺主權中立，難以不在安保上袒護日本，卻又要維持美中、美日關係穩定發展的目標。歐巴馬總統在處理釣魚臺爭端，似是公正的第三方，期待日中直接協商處理危機，設身處地站在對方立場思考問題，不讓安倍有恃無恐，不將習近平逼到牆角而被迫反擊，主因是美中、日中需要維持溝通的管道。

　　川普總統的個性，屬於強烈衝動的「負面—積極型」，其特徵是：權力作為自我實現的手段；在工作上花費大量精力，但很少獲得快樂；專注於他是失敗還是成功；自我懷疑；傾向於僵化和悲觀；高度驅動力；侵略性管理問題等。

　　川普為人處事是「難以預測」，對其他人經常是出其不易、攻其不備。他具有超級競爭性格、堅持，慣用恫嚇與霸凌，也處於超級戰鬥狀態，認為幕僚若有競爭、怕被解雇，就會有最佳的表現。川普如同其他總統在意幕僚的忠誠度，不會網羅批評他的「絕非川普」（Never Trumpers）人士。川普授權、傾向相信所用的幕僚，給其較大的空間，但不見得追蹤或完全掌控情勢的發展。川普就任初期沒有管理政府的經驗、快速決定、混亂時現。[67] 伍華德（Bob Woodward）對川普的 17 次訪談而成的《盛怒》（Rage）專書，提到川普個性與處事缺陷如下：組織失敗、沒有紀律、破壞機制、缺乏穩定力量、不承認錯誤、輕忽幕僚提醒新冠肺炎疫情的嚴重性，他因而認定川普是總統職位的錯誤人選。[68] 伍華德也舉前眾議院議長萊恩（Paul Ryan；共和黨，威斯康辛州）的觀察，認定川普是「自戀型人格違常」（narcissistic personality disorder），萊恩因無法與川普共事而在 2018 年、才 48 歲時決定不再連任。[69]

　　歐巴馬或拜登政策走向較接近國際關係的「自由機制主義」，亦即相信國際機制、合作共贏，但川普與他們不同。川普在「攻勢現實主義」（offensive realism）推論之下，使美中有走向軍事衝突的高度可能性，這與權力轉移所導致的戰爭或「修習底德陷阱」相類似。川普若繼續執政，美中衝突或許會更為深化，但在

拜登成為美國總統之後，此種可能降低成為「可控性」。過去不管是柯林頓或歐巴馬可以接受一個崛起的和平、繁榮中國，但到了川普政府顯然就不相信此一論調。川普被視為結束美國輸出民主與國際領導「自由霸權」（liberal hegemony）大戰略，轉為只顧美國及忽略國際的「戰略克制」，被視為「不自由霸權」（illiberal hegemony）戰略。[70]

　　2020 年 3 月，拜登在一篇專文提到美國最優先的外交政策是，召集自由世界成員，抵制不斷上升的威權主義，外交重於軍事途徑，不完全支持美國在海外的軍事干預，主張動用武力時，需要有具體的目標。[71] 拜登反對動用軍隊在海外進行「政權更迭」（regime change）的行動。拜登質疑美國單邊軍事行動，強調要有外交與盟邦、全球性機構參與的必要性。只有在防衛美國的重大生存利益，而且目標清楚並可達成，徵得美國人民知情同意，並在必要時，獲得國會批准的情況下，方可考慮使用武力。這種多項前提的設定，可能使他在南海、臺海、東海一旦危機發生時，無法快速因應，但一定會尋求美國盟友一起加入反制中國。

　　對於中國、尤其是在習近平主政之下的中國，同樣可以運用上述「總統個性」或「領導人個性」的分類，來判斷習近平是否也具有類似川普總統的個性，亦即是「強烈衝動型」，其特徵是：權力作為自我實現的手段；專注於他是失敗還是成功；高度驅動力與使命感等。尤其是，習近平透過修改憲法使國家主席任期不受任期限制。中共十九屆中央委員會五中全會公報提及習近平是「核心領航掌舵」，類比毛澤東之於中共黨政軍的地位，對於反貪腐高官的懲治、容忍異議空間的縮小，意味習近平不惜破壞體

制、勇於鬥爭。習近平凸顯自己，沒有明顯的權力繼承者，個性急於有成果，但他打破政治生存的含糊準則，明確講出具體、限期要達到的目標，如「限期脫貧」等。[72] 因此，針對習近平的個性與行事方式的研究，或可探測中國對美國工作的方向。

習近平追求「中國夢」，如同川普追求「美國第一」，就必須取得比對方更多的權力，而這幾乎成為唯一的選項。川普對中國的政策與相關理論，顯然不適用於拜登未來對中國的思考。拜登政策走向較接近國際關係的「自由機制主義」，亦即相信國際機制、合作共贏，但也不能忽略他也是「守勢現實主義」（defensive realism）者，亦即他會追求適當份量的權力，避免無限最大化破壞格局及創造新局，重視安全威脅的去除，而非即使在沒有外在威脅之下，仍不斷地增加國力。中國一再呼籲拜登總統要「走出川普的陷阱」，顯示習近平也想與拜登政府建立較無敵意的關係。

在美中臺關係，中國領導人的角度尤其無法忽略，習近平及其核心幕僚對美國的交涉歷史與經驗，運用「攻勢現實主義」，一直尋求東海、南海與臺海現狀的改變，並勇於與美國總統叫陣，對美國政府指名道姓批判，並取代美國霸權地位。在習近平成為總書記之後，他在國內、國外的所做所為，無一不是與宣稱的「中華民族偉大復興」密切相關。中國國力累積不管是在胡錦濤或習近平，均達到相對崛起的事實，為何胡錦濤是強調和諧世界的「守勢現實主義」者，習近平卻近似「攻勢現實主義」者，顯然與這兩位領導人的個性有關。

中國對美國決策工作主要是由以習近平為主席的中共中央外事工作委員會來推動。2018 年 5 月，中共中央外事工作委員會召

開第一次會議。中央外事工作委員會副主任由國務院總理李克強擔任，而非過去的國家副主席。[73] 出席中央外事工作委員會第一次會議除了成員（李克強、王岐山）之外，政治局常委王滬寧、韓正亦參加會議，楊潔篪為此一委員會辦公室主任，副主任則由外交部副部長樂玉成擔任。副總理劉鶴雖未在成員名單之內，但他是中央財經領導小組辦公室主任，在中美經貿、金融、科技領域，絕對是對美國談判的負責人。2022 年中共二十大之後，李強繼任李克強、王毅接續楊潔篪、何立峰接續劉鶴，加上外交部長秦剛等，成為中國對美國政策的基本團隊，新的組合不若拜登政府對中國政策團隊的默契。然而，習近平與拜登成為中美關係走向的最高領導者，「人治」的比重，遠超過兩國應有的「機制」運作。

習近平在中央外事工作委員會第一次會議，強調要加強黨中央對外事工作的集中統一領導，宣示：「要深化外交布局，落實重大外交活動規劃，增強風險意識，堅定維護國家主權、安全、發展利益」，並宣示「一帶一路」建設是推動構建人類命運共同體的重要實踐平臺，「地方外事工作是黨和國家對外工作的重要組成部分」，中央外事工作委員會須發揮決策議事協調作用，要強化頂層設計和統籌協調，「提高把方向、謀大局、定政策能力，推進對外工作體制機制改革」，並審議通過中共《中央外事工作委員會工作規則》等文件。

2018 年 6 月，習近平召開中共中央外事工作會議，提到新時代外交思想要有 10 個堅持，如戰略謀劃和全球佈局、底線思維和風險意識等。[74] 川普政府對中國的貿易戰與科技戰，成為習近平

最大的一項挑戰。習近平由過去強調中美「新型大國關係」變成強調要運籌好大國關係，推動構建總體穩定、均衡發展的大國關係框架，而大國也不只有美國。中共十九大之後的外交新重點與調整也出現調整，如黨中央更加掌控外交；「周邊命運共同體」調整為更重視「人類命運共同體」的構建；由「國家利益」提升為「全球治理」；從強調「戰略機遇期」進入「歷史交匯期」（社會主義現代化、國防軍隊現代化、強國〔科技、航天、網絡、海洋〕建設）等。2022 年，中共二十大之前習近平先後提出《全球發展倡議》，正視全球永續發展目標問題，另以《全球安全倡議》的聯合國多邊主義，反制美國的單邊霸權作為，隱含中國要有全球的大格局、大戰略，要「平視世界」、「平視美國」，要擔任「非美世界」或「另類世界」的領導人。

中國對美政策有其路徑依賴性，主張與作為有「不變」的原則，例如，兩國關係要有大的框架定位，不管是「戰略性夥伴關係」或「新型大國關係」，均認定中美關係是全球最重要的一組雙邊關係。美國既是最大的對手，也是最重要須爭取的朋友。中國強調原則、根本利益、互不干涉內政、後發制人、不尋求對抗但也不怕對抗等，慣用「核心利益」指涉臺灣、香港、南海、東海等，對美國在這些問題的指指點點，常展示「人不犯我，我不犯人」，或威脅不惜動用武力，保護任何一吋領土。

最值得觀察的是，北京雖常「後發制人」，但常是「加倍奉還」，在釣魚臺、南海就是最好的例子。中國公告南海行政區域的調整，在東海釣魚臺劃設領海基線，凸顯「內國化」的作為。中國戰機多次跨越臺灣海峽中線，也是另一種形式的「內國化」，

更改變了臺海的現狀。

　　中國共產黨不是作法與想法永不改變的政黨，對超級強權美國與對其他國家的立場自有不同。中國對川普、拜登政府的批判，顯然不同於對歐巴馬政府的態度。中國面對主張自由主義、合作消弭誤判的歐巴馬政府，中美兩國達成的協議，從網路安全到海空軍事領域「信心建立措施」，從氣候變遷到能源合作，而且兩國對話管道約有 100 個。若說冷戰期間，中國領導人對美政策的認知是對抗，隨著冷戰結束後調整為合作大於對抗，進入了二十一世紀是不衝突、不對抗。習近平更以經濟做為中美關係的「壓艙石」，以經濟利益贏取美國政府與企業的興趣，但不見得一定有效。歐巴馬卸任後，習近平所面對的中美關係是兩國建交以來最困難的階段。然而，習近平也是美國總統所面對的最強硬、最難以對付的中國領導人。

　　習近平上臺之後，先提出中國的總體國家安全觀，包含：「政治安全、國土安全、軍事安全、經濟安全、文化安全、社會安全、科技安全、信息安全、生態安全、資源安全、核安全」等 11 種層面，成為「一體的國家安全體系」。習近平也提出亞洲新安全觀，包括：共同、綜合、合作、永續安全，而亞洲的安全「歸根結底要靠亞洲人民來維護」。習近平最具有挑戰美國的是他的「一帶一路」倡議。習近平宣稱他與歐巴馬總統「一致同意」，中美要「共同致力於構建新型大國關係」，而且很滿意與歐巴馬在 2013 至 2016 年會晤 9 次，通話 8 次，舉行「莊園會晤」、「瀛臺夜話」、「白宮秋敘」及「西湖長談」。[75] 然而，中國在 2013 至 2014 年宣布東海防空識別區、在南沙島礁建造三條 3000 公尺跑道，而使中

美關係愈發複雜。習近平雖提出提出「親誠惠容」周邊外交理念，卻同時與菲律賓、日本在南海、東海出現重大衝突。

習近平主政之下，中國與 108 國、4 個地區組織建立不同形式的夥伴關係，宣稱全方位、多層次、立體化的「全球夥伴關係」當作是「中國外交理論和實踐的重要創新」。毫無疑問，中國在國際組織擁有的支持票數，經常讓美國外交政策受挫。最重要的「一帶一路」倡議與推動，中國與 141 國、32 個國際組織簽署協議，共有 2000 個項目，使得川普與拜登政府接續提出印太戰略架構下，「藍點網絡」（Blue Dot Network）、「重建更美好世界」（Build Back Better World），「印太經濟架構」（Indo-Pacific Economic Framework）、「藍色太平洋夥伴」（Partners in the Blue Pacific）、「全球基礎設施暨投資夥伴關係」（Partnership for Global Infrastructure and Investment）等倡議，協助發展中國家的基礎建設，與中國「一帶一路」抗衡。

中國一方面宣稱不搞對抗、封閉、零和博奕，另一方面堅決反對美國的「霸權主義和強權政治」、單邊主義和保護主義。習近平慣用「打鐵要靠自身硬」一詞，要對抗美國，就「必須強軍，強軍才能國安」，並經由軍事改革，達成「軍委管總、戰區主戰、軍種主建」的原則分工，規劃 2035 年「基本實現國防與軍隊現代化」，2050 年「世界一流軍隊」的目標。習近平讓解放軍能從「數量規模型」轉化為「質量效能型」，由「人力密集型」銳變為「科技密集型」。以 2021 為例，中國的國防預算 2090 億美金，是印度、俄羅斯三倍以上，約是日本國防預算的四倍。即使中國在 2020 年經濟成長降低，但國防預算繼續成長（見圖 3）。這些發展無一不

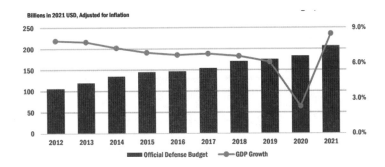

▌圖3　習近平上臺之後中國國防預算的成長（2012-2021）

資料來源：*Military and Security Developments Involving the People's Republic of China, 2022*, A Report to Congress Pursuant to the National Defense Authorization Act for Fiscal Year 2000, pp. 148.

讓美國發現中國在習近平主政下，已經成為美國全面向的對手。

　　中國對特定的議題，隨著國力的成長、領導人認知也做出相適應的調整，例如，對南海由數十年的「遺忘」與忽視，到「念茲在茲」與重視，由被動轉為主動。南海在中國國家利益的地位與角色，若以1990年代前後相比，有很大的落差。南海在特定時段甚至取代臺海，成為川普政府美中關係的最棘手問題。中國航空母艦遼寧號、山東號編隊，美國航空母艦「羅斯福號」、驅逐艦貝瑞號（USS *Barry*）、巡洋艦希羅號（USS *Shiloh*）、兩棲突擊艦美利堅號（USS *America*）、巡洋艦邦克山號（USS *Bunker Hill*），幾乎是定期在南海展示軍事力量，改變了中美在南海的軍事存在對比。拜登延續川普政府「航行自由行動計畫」，強化對「臺灣有事」、日本西南諸島嶼菲律賓呂宋島北部的軍事部署，使臺灣、東海與南海產生連動性的影響。

總統之外：美國國會的角色

美國國會在外交政策上，大多扮演被動反應者，但有時會成為主動者，施壓行政部門促使總統簽署能反映國會意見的美國法律。1979 年《臺灣關係法》即為一例。參、眾議員在總統必須簽署的年度《國防授權法》（National Defense Authorization Act）龐雜文字之內，插入與臺海或南海安全有關的決議案屢見不鮮。國會議員在推動美臺關係的提升，使川普總統簽署《臺灣旅行法》（Taiwan Travel Act，2018 年）、《臺灣盟邦的國際保護與強化倡議，簡稱臺北法》（Taiwan Allies International Protection and Enhancement Initiative [TAIPEI] Act，2020 年）。從這些例子可看到美國國會有積極主張、倡議的一面。國會議員在南海、東海問題上，不似他們對臺海安全有長期的關注，但隨著中國崛起，習近平若在南海、東海進一步改變現狀，國會決議案甚至法律必然成為一個選項。

參議院外交委員會對總統簽訂的條約案，需有三分之二絕對多數方能通過，除對外援助案的授權，對總統海外用兵有限制權，在對外軍售案有建議權，甚至可否決總統同意的軍售案。外委會主席控制議程、召開聽證會，要推動的決議案較容易通過。共和黨部分參議員屬於極端黨派型（extremity pattern），杯葛總統提名的亞太事務助理國務卿或駐中國大使，在川普與拜登政府均出現過。參議院外交委員會尤其具有與南海、東海安全相關的職權。國會議員亦透過 2015 年《國防授權法》，要求國防部長提出一份報告，詳述：中國如何在南海和東海領土主張上改變現狀；中國「反介入和區域拒止」戰略、海軍及海事執法能力；亞太地

區雙邊或區域海軍或海事能力建設倡議；如何降低南海和東海的誤判和緊張局勢的可能性等。[76] 美國商務部在國會議員的要求下，對協助建造南海人工島礁的中國國營企業加以制裁。

> **術語解釋**
>
> 《臺灣旅行法》：法案重點在於允許美國各級官員訪問臺灣，並解禁臺灣高級官員訪問美國。
>
> 《臺北法》：法案重點在於要求美國政府以「經濟、安全和外交」的手段，鼓勵其他國家「升級」與臺灣的關係，呼籲政府支持臺灣成為「不以主權國家為參與資格」的國際組織會員，並增強臺美貿易關係。

在歐巴馬政府升高對南海關注，美國國會及其智庫國會服務處，也大幅度涉入到南海的研究，尤其是智庫專家隨著研究中國崛起的意涵，延伸到觀察與評論中國在南海的政策。2008 年起，國會之下扮演類似中國政策智庫的「美中經濟暨安全評估委員會」對中國擴大在「專屬經濟區」的主權行為，舉行一連串的公聽會。例如，2008 年 2 月探討「中國對主權看法及控制接近使用的方法」（China's Views of Sovereignty and Methods of Access Control），8 月分析「中國能源政策及對環境的影響」（China's Energy Policies and Their Environmental Impacts）；2009 年 6 月，USCC 舉行「中國海軍現代化對美國的影響」（The Implications of China's Naval Modernization for the United States）；2013 年 4 月召開「中國在東海與南海的海事爭端」（China's Maritime Disputes in the East and South China Seas），探討美國解決東海、南海問題的角色。[77]

2012 年美中經濟暨安全評估委員會年度報告指出：中國在國際海洋法與海洋主權的解釋，與美國及國際法的解釋迥異，造成中國與亞洲周邊各國主權糾紛的主要原因，也使美國協助解決危機更為複雜。該委員會警告：中國將其他國家在其專屬經濟海域的活動視為敵意或武力使用，可能導致其他東南亞沿岸國對外國軍艦通過採取更嚴格規定，挑戰美國的航行自由權。隨著中國崛起，中美之間或中國與其他國家海上意外事件可能增加，美國有被捲入中國與菲律賓衝突的風險。[78] 因此，該委員會年度報告，建議：國防部與美國亞太盟友，強化分享南海海上活動資訊的機制；海軍在重大水道經常舉行通過演練，展示美國對航行自由的價值與利益；美國海岸巡防部隊採取行動，依照北太平洋海巡論壇（North Pacific Coast Guard Forum），在東南亞建立類似的區域性海巡論壇。[79]

在參議院部分，2009 年 7 月，外交委員會亞太小組主席韋伯召開「東亞海洋領土爭端與主權議題」（Maritime Disputes and Sovereignty Issues in East Asia）聽證會。歐巴馬政府雖傾向將釣魚臺納入《美日安保條約》範疇，但避談主權歸屬問題。然而，韋伯駁斥中國對東海島礁主張擁有主權，並稱日本第二次大戰之後一直統治釣魚臺列嶼。韋伯指出「南海島礁爭議嚴重影響第三國，只有美國有份量與國力，來對抗中國所帶來的明顯權力的不平衡情勢。美國有義務維持區域的地緣戰略平衡，確保亞洲每一個國家得以公平，且保障他們追求和平解決爭議的聲音。」[80]

2011 年 6 月，參議院通過由韋伯提出的「參議院 217 號決議案」，呼籲和平、多邊解決東南亞海上領土爭端，必要時動用軍

隊，確保在南海的航行自由。2012 年 8 月，參議院通過由凱瑞
（John Kerry；民主黨，麻薩諸塞州）提出的「參議院 524 號決議
案」，重申支持 2002 年東協與中國簽訂的《南海各方行為宣言》，
所有聲索國合作，以外交途徑解決爭端。2012 年 11 月，參議院
無異議通過參議員韋伯提出，針對 2013 會計年度《國防授權法》
的修正案，呼籲各方在東海爭議上避免使用脅迫，表示《美日安
保條約》涵蓋日本行政管轄範圍下的釣魚臺群島，該修正案最後
由歐巴馬簽署成為法律。[81] 2013 年 6 月，參議院提出「參議院 167
號決議案」，鼓勵美國政府與南海相關國家在海洋意識與能量建
立上加強合作，支持美國軍隊與西太平洋國家建立夥伴關係，維
持航行自由、維持區域和平與穩定。[82] 2014 年 5 月，中國在西沙
中建島附近深海鑽井平臺事件，在赤瓜礁及其周邊改變地形與地
貌，受到美國國會的關注與批評，7 月美國「參議院第 412 號決議
案」呼籲中國不要執行東海防空識別區、避免在其他地區採取類
似的挑釁行動、撤離海洋石油 981 鑽井平臺，回復到 2014 年 5 月
之前的南海現狀。[83]

　　在眾議院部分，2011 年 7 月，眾議員羅斯蕾汀蓮（Ileana Ros-
Lehtinen；共和黨，佛羅里達州）提出「眾議院 352 號決議案」，呼
籲和平與合作解決南海、東海的爭端。2012 年 8 月，眾議院美屬
薩摩亞（American Samoa）代表法立歐馬維加（Eni Faleomavaega，
民主黨）提出「眾議院 6313 號決議案」，重申美國支持和平、合
作解決南海、臺海、東海、黃海的領土爭端。[84] 2013 年 2 月「眾
議院 772 號決議案」支持美國軍隊繼續採取行動，維持在南海、東
海、臺海、黃海的海上航行與空中穿越自由權利，也要求國務卿

向兩院外交委員會提出有關《南海行為準則》，與其他和平解決南海領土爭議的措施的進展。[85]

　　2012 年 9 月，眾議院外交委員會舉辦「北京在南海新興崛起強權」（Beijing as an Emerging Power in the South China Sea）聽證會，主席羅斯蕾汀蓮警告中國對海洋的經營，早先由封鎖臺灣而起，一旦控制南海島礁，進一步控制石油輸送的海上交通線，就可影響到日本及東亞地區的經濟發展。[86] 眾議員羅拉巴克（Dana T. Rohrabacher；共和黨，加州）直指中國在南海的軍國主義、擴張主義才是真正的問題，美國若沒有勇氣力爭，就不可能會有和平的世界。2014 年 2 月，外交委員會亞太小組委員會主席查波特（Steve Chabot；共和黨，俄亥俄州）召開「美國在亞洲的未來：從再平衡到管理主權爭端」聽證會，批評歐巴馬政府對中國的海洋作為過於低調處理，致使北京視歐巴馬政府為「軟弱、不夠決斷，將繼續嘗試填補真空，直到美國強化在東亞地區的各種存在作為」；眾議員薩蒙（Matt Salmon；共和黨，亞利桑納州）批評「轉向亞太」戰略只是說說而已。[87]

　　參議院國防委員會主席馬侃在 2016 年 1 月批評歐巴馬總統在南海「航行自由行動」計畫的拖延與消極，若非沒有能力處理國家安全部會之間決策的複雜性，就是想要在維護亞太地區秩序上逃避風險，亦不滿國防部長卡特將美軍在南海的行動列為機密，而不是透明公開。[88] 然而，根據中央研究院歐美所宋燕輝的研究，歐巴馬任內國會在東海與南海提出的決議案或法案，其實「並未要求行政部門改變其既定政策與立場」，反而是「支持，且強化了總統與行政部門的政策」。[89]

隨著中國的海空威脅增加，川普總統雖有印太戰略，但他的主軸是與中國簽訂貿易協定，並以高關稅、科技圍堵牽制中國。川普總統在國會議員推動之下簽署《2018 年亞洲再保證倡議法》（Asia Reassurance Initiative Act of 2018，Public Law 115–409），協助國務院落實美國與印太國家之間的戰略、安全合作。例如，在東海、南海舉行聯合海事訓練、航行自由行動，促使東協國家針對南海仲裁結果形成共同的立場等。[90] 國會議員在 2019 年《國防授權法》，要求國防部長針對中國在南海軍事與高壓活動，提交一份報告，包括「填海造陸」與軍事武器部署，並禁止國防部長邀請中國參加「環太平洋演習」，除非能確定中國在南海停止所有「填海造陸」活動、撤除島上所有武器、連續四年採取穩定區域的行動。[91]

2020 年，美國參議院軍事委員會主席殷霍夫（Jim Inhofe；共和黨，奧克拉荷馬州）和資深議員瑞德（Jack Reed；民主黨，羅德島州）聯合提出「太平洋嚇阻倡議」（Pacific Deterrence Initiative），聚焦運用國防資源，使既有的武器系統發揮聯合作戰的功效（如加強飛彈防禦、機場與港口基礎設施、油彈儲放），嚇阻中國在太平洋對美國及其盟友安全的挑釁。[92] 此一由國會議員主動發起的倡議，促使川普、拜登政府國防部編列預算，使美國部隊面對侵略時可快速、有效因應，執行聯合部隊演習、訓練，協助盟邦與夥伴，共同因應所面對的安全威脅。

2019 年 5 月，參議員魯比歐（Marco Rubio；共和黨，佛羅里達州）更領銜提出《南海與東海制裁法案》（South China Sea and East China Sea Sanctions Act），針對中國個人或其共犯，在爭議海域非法

「填海造陸」、建設與軍事行動，危及日本、南韓管轄區域和平、安全與穩定，予以財產查封、簽證取消等。[93] 該法案雖未在國會通過，但，2020 年，川普仍宣布制裁參與建造南海島礁的中國國營企業。參、眾議員在 2019 年度《國防授權法》停止邀請中國參加環太平洋演習（RIMPAC），在 2020 年度《國防授權法》條文，建議川普政府當菲律賓部隊在南海遭受攻擊，啟動《美菲共同防禦條約》。由此可見，國會在美國的南海政策所推動的法案，使行政部門有執行的依據，而且不得怠惰。2023 年美國眾議院新設立美國與中國共產黨戰略競爭特設委員會，使國會多了一個機制，有更大的空間，深入檢視中國在南海、東海的作為。

本章重點

◆ 美國正在衰退嗎？美國許多評論者認為，美國的影響力仍然不遜於中國，但制衡中國成為重要目標，而且美國的角色與手段也應該有所調整。

◆ 中國已經崛起嗎？中國近年有許多反制美國的動作，希望能「平視」美國。

◆ 領導人性格：拜登上台後，由於性格與歐巴馬和川普不同，而發展出不同的對中外交策略，尋求國際盟邦合作，重視去除對安全的威脅，而非無限擴大國力；習近平則比前任的胡錦濤更為強硬。

◆ 美國國會的角色：總統之外，美國國會也有積極倡議的一面，主動評估甚至反制中國的力量擴張，經常強化總統的決策。

第三章

美國與中國在南海的衝突

在歐巴馬政府之前，美國對南海議題的關注較低，美國與中國軍艦、軍機在南海海域，偶發的事件以 2001 年南海軍機擦撞最為棘手。小布希（George W. Bush）總統以美中外交政策危機來處理此一事件，其他南海島礁聲索國基本上沒有涉入此一事件。小布希政府國家安全政策的主要焦點集中在伊拉克、阿富汗兩場戰爭及全球反恐，南海相對穩定，對美國的亞太安全利益較少造成挑戰。2009 年，由新加坡南洋理工大學兩位教授貝德門（Sam Bateman）與艾姆斯（Ralf Emmers），共同主編的一本南海專書，在 14 章的論文中，竟找不到一篇有關美國南海政策的論文，顯示美國在南海所扮演的角色也被忽略。[1]

歐巴馬結束伊拉克、阿富汗戰爭，推動被中國稱之為「戰略東移」的戰略，開始將戰略重心「轉向亞太」，後來改稱「亞太再平衡」戰略。其中，國務卿希拉蕊在 2010 年「東協區域論壇」公開發表南海談話，使得美國的南海政策跨過一個重要的分水嶺。

美國的戰略「轉向亞太」，加上中國崛起並在南海採取更積極的海上執法行為，導致菲律賓、越南除靠己力之外，也尋求美國的協助，南海遂成為美中關係利益衝突的熱點。

本章首先說明歐巴馬政府之前美國對南海的政策，其次討論歐巴馬起到川普、拜登政府，在「亞太再平衡」、印太戰略之下的南海政策，然後檢視中國對美國南海政策的回應。

歐巴馬政府之前的美國南海政策

冷戰初期，美國與南海島礁其中的三個聲索國（中華民國、菲律賓、南越）雖同為盟邦，但對主權歸屬保持中立的立場，不願偏袒任何一方。第二次世界大戰之後，蔣介石總統在 1946 年 11 至 12 月，正式派兵駐守西沙永興島、南沙太平島，[2] 直至中共佔領海南島，1950 年 5 月才自該兩島撤守。之後，中共與南越分佔西沙群島宣德環礁與永樂環礁。[3] 1956 年 6 至 7 月，蔣介石再度派兵駐防太平島，引起友邦菲律賓、南越的關注，但他思考的是「中美菲聯防該群島之形勢，方能阻止共匪南下挑戰」。[4] 同月，外交部長葉公超召見美國駐華大使藍欽（Karl Rankin），希望美國政府「能居中斡旋」，促使菲律賓政府「提供保證，申述其對於中華民國所轄南沙群島，並無提出任何主張之意圖」；藍欽卻表示「美國政府決無意在任何情況下捲入目前此項爭執之中」，更詢問中華民國政府可否「暫緩派艦前往南沙群島」。[5] 中華民國政府駐菲律賓大使陳之邁亦要求美國駐菲律賓代辦，勿告知菲方有關美國政府「從未承認任何一國對南沙群島之主權」。[6]

　　美軍為勘測南海海域、氣象調查及研設導航設施，藍欽大使曾正式提出申請，中華民國政府同意，駐菲律賓美國空軍平均每月一至二架次飛臨太平島上空。[7] 1958 年 7 月，美軍駐臺軍事顧問團卻不同意協助臺灣在東沙、南沙各外島設置氣象臺；1959 年 6 月，南越對於臺灣計畫開發太平島一事，要求美方居間斡旋，告知中華民國政府「尊重越南主權，撤離南沙群島」。[8] 1960 年 2 月、11 月，蔣介石分別要求國軍研究太平島、東沙島構建機場，空軍總部呈復太平島「每年除二至五月份可供使用外，其餘時間不利飛機起降」，在東沙島機場則因經費困難先就「海軍部分之航道清除、灘頭設施及導航設施等工作，先著手進行」，[9] 美國的因素並沒有成為干擾的考量。

　　在 1972 年尼克森（Richard M. Nixon）總統訪問中國之後，北京針對美國軍艦進入西沙群島宣德環礁 12 海里曾私下向美方抗議，後經美方查證之後，為維護美中關係的發展，不再進入在 12 海里之內。[10] 1974 年 1 月，美國在中國與南越的西沙群島海戰之中，保持不介入的中立立場，儘管南越是美國的盟邦，實際是「允許甚至是鼓勵」中國人民解放軍在南海遂行其所願。[11] 在海戰結束之後，國務卿季辛吉（Henry Kissinger）對中國駐美國聯絡辦事處主任韓敍，提到南越透過聯合國、東南亞公約組織（South East Asia Treaty Organization,，SEATO）控訴中國的軍事行動，但美國與此一外交行動沒有關連；美國關心的是在海戰之中，被中國俘虜的美國國防部雇員柯許（Emil Kosh）能早日釋放。[12] 隨後，國務卿季辛吉指示國務院，美國政府不希望讓中國認為此後可放心採取軍事行動，也不希望盟友認為美國對南海的前景過於緊張。[13]

　　1975 年 4 月，美 國 海 軍 情 報 指 揮 部（Naval Intelligence Command）一份資料顯示，若沒有海上的加油能力，在兩棲登陸的兵力上，中國至少可從北海艦隊、東海艦隊與南海艦隊，具有可投入 31,000 名部隊的能力。[14] 1975 年 9 月，美國中央情報局備忘錄判斷，除非南沙群島證實有大量油源蘊藏，否則北京情願讓時間來解決此一問題，更何況北京不希望與甫建交的菲律賓關係惡化，中華民國守軍在太平島已足夠守住「中國」的主權宣稱。該備忘錄提到東沙島沒有戰略重要性或軍事、經濟重要性，中國可輕易封鎖東沙島，但擔心一旦採取軍事行動，對降低美臺的軍事合作，會有反效果。[15] 相反地，中華民國國軍認為東沙島有重大價值，包含：南海情報蒐集的據點；對華南的特戰基地；反攻作戰時用為南海空中作戰時緊急降落場及空運中繼加油站；南海空中搜救基點。[16] 1975 年 12 月，美國跨部會的情報研析，針對中國對東海、臺海、南海島嶼的軍事能力與選項進行評估，指出一旦中國佔領東沙島，可對越南在南沙群島的行動予以警告，再度提到封鎖東沙島是可能的，雖然費時但死傷會較少。[17]

　　1977 年 1 月就職的美國總統卡特（Jimmy Carter），重視聯合國海洋法會議的談判，自 1979 年 3 月開啟「航海自由計畫」（Freedom of Navigation Program），呼籲各國基於 1958 年通過的四大海洋法公約（《領海及鄰接區公約》、《公海公約》、《捕魚及養護公海生物資源公約》、《大陸礁層公約》），承認及遵守在領海、國際海域及之上空域的應有的司法權利，降低其他國家擴大其海洋主張，所帶來的不利影響。[18] 隨後的美國總統依據此一計畫，要求美國的軍艦與軍機，在面對美國反對的海洋權利主張時，如未被

承認的歷史水域主張、超過 12 海里領海主張、不允許無害通過等，亦必須行使航海及飛越的自由與權利。[19]

1979 年 4 月，中央情報局的評估指出，中國在 1974 年雖可投射兵力到西沙群島（距離中國沿岸 200 至 250 海里），但難以到達南沙群島，而北京除了石油考量之外，南沙群島位居戰略重要航道，可改善中國在此一地區活動的能力。[20] 1988 年 3 月，針對中國與越南在南沙赤瓜礁的海戰，雷根（Ronald Reagan）總統雖開始與越南針對失蹤美軍等人道問題協商，但軍事上採取不介入的立場，外交上不支持任何國家對南沙群島島礁特定領土的要求。這使得中國學者觀察到由於美國「採取袖手旁觀的中立態度，使得南海軍事衝突的餘波僅侷限在區域層面內，國際影響十分有限」。[21] 1992 年 5 月，美國石油公司克瑞斯東（Creston Oil Corporation）在南海萬安灘盆地北 -21 區塊與「中國海洋石油總公司」簽署勘探契約，若再加上之前與菲律賓在禮樂灘（Reed Bank）、之後與印尼在納土納（Natuna Islands）進行油氣勘探，美國可說是此時「唯一獲利的國家」。[22]

美國國務院在中國佔領菲律賓所宣稱擁有的美濟礁之後，於 1995 年 5 月發表較為全面的南海政策聲明，擔憂中國採取片面行動，引來其他國家反應，增加區域的緊張，強烈反對使用武力或威脅使用武力，來解決爭議，呼籲各聲索國行事克制。聲明提到，美國對南海和平與穩定的維持，有持久之利益（abiding interest），要求聲索國在考量各方的利益，在促進區域內的和平與繁榮方向上，加緊外交的努力；聲索國認為有助益的任何方式，美國願意提供協助。美國重申支持 1992 年《東協南海宣言》，維

持航行自由是美國的根本利益。所有船舶與飛機在南海不受阻礙的航行，對整個亞太地區包括美國的和平與繁榮至為基本。美國對南海不同島、礁、暗灘等主權宣稱及其法律論點，不採取任何特定立場。但是，美國對南海內任何不符合國際法，包括 1982 年《聯合國海洋法公約》的海洋主張，或對海洋活動的限制，予以嚴重關切。[23] 1995 年 6 月，美國助理國防部長奈伊（Joseph Nye）進一步表示，若航行自由原則受到破壞，美國會考慮軍事護航，以維持航道暢通。[24] 助理國務卿陸士達（Stanley Roth）在其任內（1997 年 8 月至 2001 年 1 月），希望在「東協區域論壇」之下設立每年「會期間的南海工作小組」（Inter-Sessional Group on the South China Sea），雖獲得菲律賓的支持，但未能獲得其他更多東協成員的支持，而無疾而終。[25]

2001 年 4 月，美國偵察機 EP-3 偵察機在海南島附近上空與中國殲八甲型戰機相撞，造成中國戰機飛行員王偉失蹤，美國偵察機、24 名機組人員迫降海南島陵水機場，成為小布希總統上任之後第一場外交政策危機。在小布希總統致函表達遺憾之前，江澤民由於被批評在 1999 年美國炸毀中國駐南斯拉夫大使館的對美交涉過於軟弱，拒接小布希電話、態度強硬，之後北京堅持 EP-3 需拆卸，不能直接飛離海南島，並要求美方支付一百萬美金。[26]

中美兩國主要的爭議點是，美國是否有權在中國所宣稱的專屬經濟區之內的南海海域及其之上的空域，進行對中國的軍事偵察活動。美國堅持美國海空軍有權利在他國專屬經濟海域蒐集情報、監測數據，或在專屬經濟海空域執行任務，與在遠洋海域所享的權利相同。但是，中國認為《聯合國海洋法公約》禁止他

國在專屬經濟海域,進行對沿岸國的軍事及情報蒐集活動。中美兩國對海洋法不同的見解,隨著中國崛起及愈加重視海洋權益,致使類似的衝突一再發生。小布希總統因南海上空軍機擦撞,出現第一次外交政策危機,但隨即陷入九一一事件所帶來的兩場戰爭,加上中國與東協國家在 2002 年達成《南海各方行為宣言》(Declaration on Conduct of Parties in South China Sea),美國對南海的關注也逐漸下降。從柯林頓到小布希總統,美國政府因應 1995-1996 年臺海危機及 2000 年之後陳水扁政府的挑戰,遠遠高過對南海的關注。

轉捩點:歐巴馬時期

　　歐巴馬總統就任之初,在南海問題上,面臨中國在海上挑戰在先,他的「轉向亞太」戰略發展在後,因此逐漸提高南海政策的位階,之後東南亞、南海成為「亞太再平衡」戰略適用的重點地區。

　　歐巴馬第一任國家安全顧問唐尼隆創造了一個實現重大「轉向亞太」的機會,使戰略焦點從中東和南亞,轉向了亞洲核心地區,而歐巴馬真正的戰略指向為東南亞,尤其是東協為其核心(ASEAN at its core)。唐尼隆提到歐巴馬總統在南海問題上,主張「和平解決爭端、合法商務不受干擾、航行自由、拒絕威脅或武力使用及經濟高壓行動來解決分歧」,支持東協透過《南海行為準則》,來確立以規則為基礎解決與預防爭端的架構。[27] 2013 年 6 月,亞太助理國務卿羅素(Daniel Russel)在參議院任命同意聽證會上,

針對美國「亞太再平衡」戰略，提到東南亞構成「再平衡中的再平衡」（a rebalance within the rebalance），領土與海事爭議已成為區域和平與穩定的主要挑戰，美國雖非主權爭議的一方，但在南海有極大的利益，希望見到爭議可以管理及和平解決，依照國際法，航行自由與商業貿易得到確保。羅素的證詞也意味東南亞在美國「亞太再平衡」戰略中居於最核心的地位。[28]

美國在戰略「轉向亞太」，卻面臨國防預算必須持續刪減，在 2012 年的「國防戰略指導」（Defense Strategic Guidance）提出 2020 年美國國防改革與轉型，國防部需在人力費用、軍人退撫、醫療照應降低支出，10 年之內預計減少 4870 億美金。[29] 2013 年 6 月，國防部長哈格爾在新加坡香格里拉會議上，宣示即使國防預算刪減，繼續實施「亞太再平衡」戰略，包括：一，增加美國駐太平洋地區地面部隊的能力，到 2020 年將 60% 的海軍艦艇部署在太平洋前沿基地，美國空軍也將 60% 的駐海外力量調往此一地區；二，美國將推動更有創意的部署輪調計畫，將有四艘瀕海戰鬥艦（littoral combat ships）輪換部署在新加坡，海軍陸戰隊在澳洲達爾文（Darwin）、特種作戰部隊在菲律賓南部的駐防，靈活運用在蘇比克灣的後勤支援設施；三、美國潛艦、長程轟炸機和航空母艦戰鬥群，優先部署到太平洋，包括將 F-22 猛禽、F-35 聯合攻擊戰鬥機部署到日本，四艘「維吉尼亞」級（Virginia- class）攻擊潛艦部署關島。[30] 歐巴馬政府亦以「海空整體戰」（Air/Sea Battle）概念，因應中國持續發展的「反介入與區域拒止」戰略。[31]

2013 年 11 月，美國國家安全顧問萊斯強調美國的「亞洲朋友值得也會繼續獲得美國最高規格的關注（highest level attention）」。

萊斯演講提及「亞太再平衡」戰略有四個關鍵領域：強化安全、擴大繁榮、厚植民主價值、提升人類尊嚴。萊斯指出美國與中國透過反制海盜與海事安全問題的戰略全對話，改進兩軍關係的品質，可降低兩國互疑與競爭的問題。[32] 美國與中國針對南海爭議，不是特定島礁的歸屬，而是航行自由權的詮釋，及在南海重疊的專屬經濟區內石油天然氣開發的問題。

歐巴馬政府在勾勒「亞太再平衡」戰略之前，美國軍艦在中國專屬經濟區航行時，遭受中國海空一連串的干擾，其中以在南海海域最嚴重（請見表 3-1）。2009 年 3 月 4 日，美國海軍偵測艦凱旋號（USNS *Victorious*）在黃海（距離中國大陸沿岸 120 哩），受到中國漁船及海監偵察機 Y-12 的干擾。3 月 10 日，北京抨擊美

▍表 3-1　歐巴馬政府以來美中機艦在南海的近接風險

時間	事件
2009/3	中國漁船干擾美軍偵察艦無瑕號（USS *Impeccable*）
2009/6	美軍驅逐艦馬侃號（USS *McCain*）拖曳聲納陣列，遭中國潛艦撞毀
2013/12	考本司巡洋艦（USS *Cowpens*）遭遼寧航空母艦的護衛艦逼近
2014/8	美國海軍偵察機 P-8 海神（*Poseidon*）偵察機與中國殲 11 戰機近接
2018/9	美軍驅逐艦狄卡特號（USS *Decatur*）在南沙南薰礁，險遭中國驅逐艦蘭州號軍艦撞上
2022/12	中國戰機 J-11 逼近美國 RC-135 偵察機
2023/2	中國戰機 J-11 逼近美國 P-8 偵察機

資料來源：作者整理自公開資訊。另，2014 年 4 月，美國國防部長哈格爾在青島參觀遼寧艦；同年 7 月，美國海軍軍令部長葛林納登上遼寧艦參觀。

軍偵察艦無瑕號（USS *Impeccable*）違反國際海洋法，在「南海中
國專屬經濟海域內，未經中國許可即進行活動」。美國國防部則
表示，大部分南海領域屬公海範圍，無瑕號曾以無線電向中方通
報有權安全通過國際水域，隨後派遣神盾艦鍾雲號（USS *Chung-
Hoon*）赴南海馳援。[33] 中美兩國不希望此一事件影響到胡錦濤與
歐巴馬在倫敦 G-20 高峰會。6 月 10 日，美國驅逐艦馬侃號（*USS
McCain*）拖曳聲納陣列，於菲律賓外海遭中國潛艦撞毀。2010 年，
美國國防部指出，雖然中國停止類似 2009 年騷擾美國軍艦的行
為，但未來「可能再度成為一個問題」。[34]

　　2009 年 7 月，美國副助理國務卿馬錫爾（Scot Marciel）指出：
自 2007 年夏天起，美方一再抗議中國威脅美國及其他非聲索國
的石油公司，停止在越南外海與勘探合作。馬錫爾提到：中國在
南海無論是明確邊界的聲稱（exact boundaries of its claim）或整個
南海水域的領海主張，或只有島礁本身主權的主張，有相當模糊
之處（considerable ambiguity）。他希望中國政府能在實質上提供更
清楚的宣稱（greater clarity on the substance of its claim）。馬錫爾亦抗
議中方在南海干擾美國軍艦的自由航行。[35] 副助理國防部長謝爾
（Robert Scher）則指責中國在南海的「挑釁、魯莽、不安全的行
為」（provocative, reckless, and unsafe behavior），宣示：美國在南海地
區將繼續展示最強大的軍力，確保航行自由權利；與區域內夥伴
國家建立堅強的安全關係，特別是在海事安全領域；強化與中國
的軍事外交機制，改善聯繫以降低誤判。美國亦積極加強與東南
亞國家的軍事合作，例如，與越南、馬來西亞在 2009 年建立高層
國防對話，加上原有與印尼、菲律賓、泰國的對話安排，以確保

南海的安全。[36]

　　美國一向不對特定南海島礁的主權認定採取立場，無論是在尼克森、雷根、柯林頓政府對於中越軍事衝突或中菲美濟礁衝突，均採取低調的立場。2010 年 7 月，「東協區域論壇」算是一個轉捩點。此一轉捩點反映出歐巴馬政府「轉向亞太」或「亞太再平衡」的戰略思考。美國在南海事務也開始從它所宣稱中立，轉向偏向菲律賓和越南。在南海爭議上，美國與中國也開始針鋒相對。

　　2010 年，歐巴馬政府國家安全顧問多尼隆主持跨部會南海小組會議，委由助理國務卿坎博起草南海聲明，交由美國國務卿希拉蕊在 7 月「東協區域論壇」越南河內年會宣讀，並聯絡其他成員表達它們對南海的看法。[37] 她在會議上表示，美國關注南沙群島和西沙群島的爭端，因為此一爭端妨礙海上貿易的往來，阻礙其他國家進入南海的國際性水域，影響到航行自由原則。她強調美國關注南海爭端的和平解決，而且協助解決相關爭議「是美國國家利益所在」。她暗示：不同意中國對所有南海海域與島礁主權的宣稱，認為應以衍生於所佔領陸地領土主權為依據。美國一向不對特定南海島礁的主權認定採取立場，希拉蕊的談話被解讀為美國政策的調整，也大大出乎中國外長楊潔篪意料之外，要求休會一小時。[38] 2010 年 9 月，歐巴馬與東協領導人在紐約會晤時，發表聯合聲明，在南海爭議上，重申航行自由、區域穩定、尊重國際法和不受阻礙地在南海進行商業活動的重要性。該聲明亦強調和平解決主權爭端。[39]

　　美國國務卿希拉蕊在 2011 年美國《外交政策》（*Foreign*

Policy）撰文，指出美中兩國必須誠實面對分歧，在處理南海問題上，美國將發展一套有結果導向的議程（results-oriented agenda），保護南海所涉及航行自由與穩定的重大生存利益（vital interests），美國將協助建立一個持續的多邊外交（sustained multilateral diplomacy），依據國際法原則，和平解決爭端。[40] 這也回應中國是否將南海視為「核心利益」（core interest）的爭議。[41] 2011 年 7 月印尼峇里島「東協區域論壇」，中國與東協達成落實「南海各方行為宣言」後續指針之後，希拉蕊立即表示讚賞，美國國務院發表南海政策聲明，提到美國是太平洋的強權國家，南海航行自由、亞洲海洋空間的通暢、和平與穩定的維持，為國家利益所在。聲明亦提到下列重點：

一、美國反對任何聲索國威脅或使用武力追求它們的主權宣稱，或干涉合法的經濟活動。美國不僅與東協成員、東協區域論壇參與者，也與其他海洋國國及更廣大國際社會，對此持有共同的利益。

二、美國支持所有聲索國採取合作外交過程解決南海各種爭端。美國支持 2002 年中國與東協的「南海各方行為宣言」，但對特定島礁領土不同主權的聲稱，不採取特定立場。美國相信所有各方應該依據國際法包括 1982 年海洋法公約追求它們的領土主張及海洋空間的權利。

三、美國呼籲南海各方依據國際法遵守航行自由，以和平手段解決爭端，在可能加劇複雜化爭議的行為上採取自制，避免佔領無人島礁暗沙等，以建設性立場處理

分歧。

四、美國鼓勵各方加速達成南海行為準則的努力。

五、美國呼籲各方澄清在南海主權的宣稱，需與習慣國際法一致，包括依《聯合國海洋法公約》解決爭議。任何對南海海上領土的主張，應該完全根據佔領島礁地形地貌所衍生的合法宣稱（derived solely from legitimate claims to land features）。[42]

2011 年 11 月，希拉蕊在馬尼拉三度以「西菲律賓海」（West Philippine Sea）取代「南中國海」，提到「在西菲律賓海，一個更堅強、可靠的菲律賓國防」，可確保美菲在「航行自由、通暢的商貿往來、對國際法的尊重等利益的共同分享」。[43] 同月稍後，歐巴馬總統在印尼舉行的「東亞高峰會」，特別針對南海問題促成各方熱烈討論，引起北京的不悅，認為此一高峰會不適合討論此一議題。[44] 歐巴馬在美國與東協領袖高峰會上，提出「東南亞海事夥伴關係」（Southeast Asia Maritime Partnership，SAMP），承諾協助東亞的盟邦確保海事安全，透過各種海事論壇如「東協擴大海員訓練計畫」（Expanded ASEAN Seafarers Training Program），加強執法能量、資訊分享、科技合作。[45] 2013 年 9 月，美國與菲律賓聯合召開第一屆「東協擴大海員訓練研討會」年度會議，以反海盜為題，未來將延伸探討航行安全、能量建立與環境意識等議題。[46]

2012 年 4 月，中國與菲律賓在黃岩島發生對峙、緊張事件。[47] 8 月，美國國務院再度針對南海形勢發表聲明，指出：美國關切南海緊張的升高，密切觀察局勢的發展，包括：對抗性言詞的增

加;資源開發的歧異;強制性的經濟行動;黃岩島周邊的意外;設置障礙阻擾通行。特別是,中國提高三沙市的行政層級及設立新的軍事警備區,違反以外交解決分歧的合作精神,增高區域緊張的風險。美國在聲明中呼籲各方採取行動降低緊張,以符合1992 年《東協南海宣言》、2002 年東協與中國《南海各方行為宣言》精神。美國強烈支持東協為解決及避免爭端所建立的共識,尋求一個規則導向的機制(a principles-based mechanism),鼓勵東協、中國在最終達成全面性行為準則上,以建立路線規則、清楚程序,和平處理爭端,美國支持東協與中國在南海問題上,所發表的六點原則。[48] 美國國務院亦重申,各方澄清與提出他們領土、海域主張時,遵守國際法,包括《聯合國海洋法公約》。各聲索國應利用各種外交及其他和平途徑,包括仲裁(arbitration)或使用其他國際法律機制,鼓勵相關各方尋求新的合作安排,在南海進行負責任的資源開採。美國積極支持東協在「東協區域論壇」的領導地位,美國也與東協成員、區域內其他國家,進行一連串的諮商,促使外交解決,及協助強化規則制度、責任與規範,維持亞太地區穩定、安全與經濟活力。[49]

在歐巴馬政府的「亞太再平衡」戰略之下,強化美日安保合作及在南海兩國聯合行動能力,成為自然的發展。2014 年 5 月 30日,日本首相安倍晉三在新加坡香格里拉安全對話會議(Shangarila Dialogue)致詞,強調國際海洋法、協助東協國家確保海空安全、航行自由原則、國家主權宣稱必須根據國際法,不能使用武力或威脅來追求目標,需以和平手段解決爭端;美日安保是區域和平安全基石,期待發展三邊如「美、日、澳洲」和「美、日、印度」

的安全合作。而這也影響了日方對南海的政策，日本一如歐巴馬政府，支持印尼與菲律賓的專屬經濟區協議、菲律賓尋求國際仲裁中國九段線的合法性，希望中國與東協早日建立有法律效力的「南海行為準則」，同意提供海岸巡防艦給菲律賓（10 艘）、印尼（3 艘），也將提供給越南。[50] 10 月下旬，日本海上護衛艦漣、美國航空母艦華盛頓號，更首度與菲律賓在南海海域聯合演習。2015 年 1 月，美國第七艦隊指揮官湯姆斯上將（Admiral Robert Thomas）表示歡迎日本空中巡邏由東海延伸至南海。[51]

在 2012 年 4 月菲律賓與中國因黃岩島而陷入緊張，美國與菲律賓的「肩併肩」（Shoulder-to-Shoulder、Balikatan）軍事演習如常舉行。歐巴馬政府增加對菲律賓的軍事援助，出售 3 艘美國海岸巡防部隊使用的「漢米爾頓級巡防艦」（Hamilton-class cutter）給菲律賓，協助菲律賓建立國家海岸監視中心（National Coast Watch Center），讓海岸警衛隊得以擁有更多即時資訊、海事安全部門有效協調。[52] 美菲的軍事合作也隨著 2014 年 4 月簽署的《強化國防合作協議》（Enhanced Defense Cooperation Agreement）強化，集中在：讓美軍更能順利使用港口、機場加油與後勤，美國海軍軍艦經常到訪與定期輪調巡邏，加大聯合軍演、訓練的頻密度，增多美軍短期在菲律賓的人數，提供或租借美國武器給菲律賓政府。[53]

2013 年 1 月，菲律賓艾奎諾三世（Benigno Acquino III）政府認為中國在南海的九段線是南海的真正問題所在，提出國際仲裁。2013 年 3、4 月，國務卿凱瑞（John Kerry）、歐巴馬總統公開支持菲律賓透過國際仲裁，裁決中國九段線是否符合《聯合國海洋法公約》，認為仲裁是「公開、友善與和平取的公平與持久性解決的

途徑」。[54] 美國籍律師賴克勒（Paul Reichler）代表菲律賓政府，在聯合國在海牙的國際仲裁法庭，對抗缺席的中國。[55]

歐巴馬政府不僅與盟邦菲律賓強化軍事合作，也強化與越南的軍事交流。美國在 2010 年越南輪值擔任東協主席國期間，隨著加入「東協國防部長擴大會議（10+8）」、「東亞高峰會」的召開，美國部長級閣員密集訪問越南。該年 8 月，美國航空母艦華盛頓號（USS Washington）、馬侃號驅逐艦造訪峴港；10 月初，美國國防部長蓋茲（Robert Gates）出席在河內舉行的東協加八國防部長會議；10 月底，希拉蕊再度到訪越南河內出席東亞高峰會，表達希望該高峰會討論：核武擴散、傳統武器增加、海事安全、氣候變遷、民間社會建立等議題，並研商如何與其他現有的亞太各種論壇接軌。

2011 年 5、6 月，中國海監、漁政船兩度在南沙海域剪斷越南石油公司的探勘電纜，引起兩國關係緊張。2011 年 7 月，美國驅逐艦鍾雲號與普雷布爾號（USS Preble）到訪峴港。2013 年時，歐巴馬總統與越南國家主席張晉創（Truong Tan Sang）建立「全面夥伴」關係，並在國防與能源等議題上合作。2014 年 5 月，中國海洋石油鑽井平臺 HD-981 在西沙中建島附近，展開相關勘探工作，引起越南船艦衝撞抗議、中國海警噴水砲驅離。美國國務院發言人帕莎琪（Jen Psaki）批評中國在有爭議海域片面引進鑽油平臺是「挑釁與沒有幫助的」決定。[56] 2014 年 8 月，鄧普熙（Martin Dempsey）成為越戰結束後首訪越南的美軍參謀首長聯席會議主席，美國海軍除保持一年一次造訪越南港口，考慮使用金蘭灣（Cam Ranh Bay）的可能性，歐巴馬為協助越南改善防禦能力，修

改武器禁運規定,可能提供越南新的巡邏艦艇,並同意將民用核能計畫技術出售給越南。[57]

2010 年,歐巴馬政府藉由越南舉辦「東協區域論壇」年會首度公開挑戰中國的南海九段線主張,2013 年,支持菲律賓對九段線訴諸國際仲裁,卻凸顯美國參議院遲遲未能批准《聯合國海洋法公約》的困境。[58] 2012 年,歐巴馬政府遊說國會加入《聯合國海洋法公約》的理由上,強調此舉可提升美國在南海爭議的談判地位,但未能成功說服共和黨籍參議員。[59] 美國未能加入此一公約,對美國在南海的海洋權益,有不利的效應。例如,未出任國務卿之前,參議員凱瑞認為中國在南海、俄羅斯在北冰洋的積極權利主張,造成美國重大利益損失;他與參議員魯嘉(Richard Lugar;共和黨,印第安那州)在 2012 年 5、6 月,兩度召開「海洋法公約:美國國家安全與批准的戰略需要」(The Law of the Sea Convention: The U.S. National Security and Strategic Imperatives for Ratification)聽證會,邀請國務卿、國防部長、參謀首長聯席會議主席及企業界代表等出席作證。

在 2012 年 5 月聽證會上,國防部長潘內達(Leon E. Panetta)指出美國加入《聯合國海洋法公約》,才可參與解釋、爭取權益,確保航行自由,美軍軍艦、商船可在全球各地自由行動,海底電纜鋪設與使用,可增加美國商業利益,更可名正言順要求其他國家遵守國際規則。潘內達表示,美國海上攔截行動、海上蒐集情報能力不會因加入《聯合國海洋法公約》而受到限制,也可確保空中飛越權(over-flight rights),美國軍事活動也可以像其他 20 個締約國,排除「國際海洋法法庭」(International Tribunal for the Law of the Sea）介入爭端解決程序。參謀首長聯席會議主席鄧普熙，認為美國加入此一公約可給海軍執法上，有更堅實的法律基礎，對那些挑戰國際海洋秩序的國家，更有效反擊，使美國在太平洋、北冰洋，更順利扮演全球安全領導者的角色。[60]

2012 年 6 月，參議院在同一議題的聽證會，美軍太平洋司令海軍上將洛克里爾（Admiral Samuel J. Locklear III）指出，美國政府一再鼓勵所有南海島礁聲索國，以規則為基礎的途徑和平解決爭端，《聯合國海洋法公約》就是和平解決海洋爭端，但美國沒有加入該公約，使美國的訴求少了可信度。[61] 小布希政府國防部長倫斯斐（Donald Rumsfeld）成為唯一反對的作證者，認為美國海軍依據習慣國際法即可維持航道通行自由，美國的海權力量，才是保障航行自由的依據。[62]

歐巴馬總統無法掌握足夠的參議院同意票數，是美國遲遲無法加入此一公約的主因。美國《基督教科學箴言報》（*Christian Science Monitor*）社論支持加入《聯合國海洋法公約》，指出：「假如美國有堅強的法律基礎，能以法律途徑解決紛爭，那就更能抗衡中國在其周邊海域主張海洋權益與主權的侵略性策略。這可能有助促成中國遵守國際海洋規範。若美國不正式支持這些規則與原則，像南海這類的爭端都有可能升高為戰爭」。[63] 美國與中國對於《聯合國海洋法公約》針對專屬經濟區權利的規定，看法分歧而導致多次兩國戰機或戰艦有多次危險的近接遭遇。美國政府認為在其他國家的專屬經濟區，美國海空航行權利與自由，無論是質或量上，與公海航行自由無異。這種看法是建立在全球 40% 海洋是在專屬經濟海域，因此每一個國家的航行權利與自由需要予

以確保。美國政府引用《聯合國海洋法公約》第 58 條、87 條，說明在專屬經濟區、公海航行與飛越的自由，及與該自由相關的傳統上對海洋的使用。

歐巴馬政府挑戰中國主張的九段線，一再提及《聯合國海洋法公約》解決爭端，一旦批准此一公約之後，更可藉此要求中國遵守該公約的精神。2014 年 2 月，美國助理國務卿羅素在眾議院外交委員會亞太小組委員會上，針對中國的九段線，並非依照所佔島礁地形地貌（land features）的法律宣稱，認為不符合國際法。羅素進一步指出中國沒有國際法明顯基礎、未明確解釋的九段線主張，已經造成區域的「不確定、不安全與不穩定」，限制聲索國之間達成可接受的解決方案或公平共同開發安排的前景。[64]

2014 年 5 月，西沙鑽井平臺問題引起中、越海上對峙，越南暴動之後，歐巴馬總統在西點軍校的演講，將南烏克蘭（克里米亞）與南海並列，提到若區域侵略沒有受到制衡，將對美國盟邦造成衝擊，最終動用美國軍隊。歐巴馬提到美國支持東協與中國協商《南海行為準則》，以國際法解決爭端。歐巴馬批評美國參議院未能批准《聯合國海洋法公約》，就難以解決南海的問題，反省這種作法不是領導，而是退卻，不是力量，而是軟弱。[65]

2014 年 5 月底、6 月初，在新加坡舉行的香格里拉亞太安全對話，中美之間再度進行一場南海論戰。美國國防部長哈格爾演講，提到：一、美國在亞太地區的四大優先安全順序是：和平解決、航行自由；建立合作區域架構；加強美國盟友能力；加強美國本身的區域國防能力。二、公開指責中國宣稱要讓南海成為和平友誼與合作之海，但實際上採取危及穩定、片面行動，阻止接

近黃岩島及仁愛礁，並在所佔的島礁擴大土地開墾活動，派出深海鑽井平臺。中國有兩個選擇，一是團結一起為區域穩定秩序，二是違背過去承諾，適合平安全出現風險。三、美國反對中國的武力、高壓威脅行動，也反對限制南海航行自由，不接受中國片面宣布的東海防空識別區。四、美國會支持任何降低緊張的國家，依循國際法和平解決，支持菲律賓與印尼達成海上劃界、臺灣與菲律賓達成漁業協議。

美國國務院於 2014 年 12 月在《海洋界限》（Limits in the Seas）報告，比對臺灣的 U 形線與中國的九段線之差異，指出就合法性（legality）而言，「海域國界線」（dashed line as a national boundary）、「歷史性權利主張線」（dashed line as a historic claim）及「島嶼聲索線」（dashed line as a claim to islands）三種主張，僅「島嶼聲索線」合乎《聯合國海洋法公約》，否定其他兩種主張。[66] 美國支持菲律賓透過國際仲裁，判明中國九段線是否符合《國際海洋法公約》，並在實際上，認為中國的九段線不符合國際海洋法。

美國與中國針對上述的爭議，可透過多項雙邊協商機制加以溝通，也可以在亞太多邊安全機制上表達各自立場。2009 年 6 月，美國與中國的第 10 次「國防諮商會談」（Defense Consultative Talks）在北京召開，美方抗議中國船隻在專屬經濟區內危險的近距離接觸美艦。美中兩國也可透過年度的「戰略暨經濟對話」，表達對於南海情勢的看法，避免出現軍事意外。中美兩國亦可在《海上軍事磋商協議》（Maritime Military Consultation Agreement）架構之下，展開協商，並提升主談代表的層級。中美雙方在 2011 年另外開啟「亞太事務對話」機制，建立中國副外長與美國主管亞

▌表 3-2　歐巴馬政府國安首長對南海議題的發言

時間	發言
2010/6	國防部長蓋茲（Robert Gates）在新加坡「香格里拉對話」上表示，南海是美國逐漸增加關切的地區，對於相互衝突的主權要求，美國不會表態支持那一方，但反對使用武力，反對妨礙航行自由的行為，也反對脅迫美國或任何國家石油公司的合法經濟行動，所有各造必須符合慣例國際法，透過和平、多邊努力解決分歧。
2010/7	美國國務卿希拉蕊在「東協區域論壇」中，表示，關注南沙群島和西沙群島的爭端，因此一爭端妨礙海上貿易的開展，阻礙其他國家進入南海的國際性水域，強調美國深切關注南海爭端的和平解決，協助解決相關爭議「是美國國家利益所在」。
2011/6	國防部長蓋茲在新加坡「香格里拉對話」上表示，航行自由、未被脅迫的經濟發展與商務往來、尊重國際法是美國國家利益所在。美國也相信《聯合國海洋法公約》等慣例國際法，提供適當海洋使用、接近權利的清楚指導。經由適當的區域與多邊論壇，遵守對各方有利的原則，將可確保各方平等分享與無阻礙地使用國際航道。
2012/6	國防部長潘內達（Leon Panetta）在新加坡「香格里拉對話」上表示，美國相信區域機構發展彼此可接受的規則，將可保障所有國家自由使用海洋的權利。美國支持東協與中國發展有拘束力的行為準則，創造規則為基礎的架構，規範南海各方行為，包括預防與管理爭端。美國關注南海黃岩島的情勢，美國立場明確且一致，呼籲克制與外交解決，反對挑釁與高壓及使用武力。美國對於衝突的領土宣稱不偏向任何一方，但需要依照國際法和平解決。美國清楚讓菲律賓與中國、其他地區國家，了解美國的觀點。
2012/11/15	美國國家安全顧問多尼隆在 CSIS 智庫指出，美國在南海主權爭端不偏向任何一方，但美國總統歐巴馬強調美國有極強的利益（very strong interest），見到爭端以符合區域和平、穩定繁榮的方式予以處理，此一地區及商業往來，對全球經濟與美國而言，極為重要，在這些原則上需有所進展。

時間	發言
2013/3/11	美國國家安全顧問多尼隆在「亞洲協會」（Asia Society）表示，資源豐富的南海、東海領土爭端，試探區域政治與安全架構成效。這些緊張也挑戰亞洲繁榮的和平基礎，已對全球經濟造成傷害。美國在那裡雖然沒有領土聲稱，對其他方的主權宣稱也無特定立場，但堅決反對以高壓及武力威脅，來追求領土主張。只有符合國際法、和平、合作及外交的努力，方能帶來持久的解決，符合所有聲索國、所有區域國家的利益。這包括中國，因其對全球經濟愈來愈重要，更需要海事安全公共財及未受干擾的商業往來。
2013/6	國防部長哈格爾（Chuck Hagel）在新加坡「香格里拉對話」上，提到美國在南海繼續呼籲聲索國，依照2002年「南海各方行為宣言」採取克制行為，和平解決爭議事件。美國支持中國與東協建立危機熱線解決海上事件，歡迎雙方開始討論南海行為準則，也鼓勵聲索國尋求所有和平手段解決領土爭端，及使用《聯合國海洋法公約》提供的爭端仲裁解決機制。這些努力不應阻撓一套有拘束力行為準則的進展。
2013/11/20	美國國家安全顧問萊斯（Susan Rice）在喬治城大學，提到東海與南海日熾的海事爭端，形成區域和平安全、美國利益的威脅。美國努力協助區域國家政府之間的溝通更佳，海上意外不會釀成更大的衝突。美國鼓勵各方不以高壓或侵略行動，而是依照國際法、規範，建立和平、外交程序，避免海事衝突。好的第一步是南海行為準則。亞太國家及組織如何處理這些爭端，將檢測它們是否有能力，形塑共同的未來安全。

資料來源：整理自美國國家安全顧問、國務卿、國防部長不同演講資料。

太事務助理國務卿之間的溝通渠道。然而，在這些定期的對話機制舉行之前，美國政府對於中方的片面行動，經常是立即反映及加以批評。

在中國積極在其所佔領的南沙群島島礁「填海造陸」之後，歐巴馬政府一再呼籲中國自我克制，也呼籲各聲索國能凍結一些

危險的行動。2014 年 7 月，美國負責東亞事務的副助理國務卿富克斯（Michael Fuchs）在 CSIS 智庫的研討會上，呼籲南海爭端方「自願凍結」（voluntarily freeze）加劇南海爭端及製造不穩定的行動，例如不再建立新的據點、不奪取其他聲索國所佔領島礁、不根本改變（fundamentally change）南沙島礁的地形地貌、不採取片面執法措施其他聲索國行之多年的經濟活動。歐巴馬政府認為在此一凍結之下，不會影響各聲索國的主張，聲索國可在其據點上進行正常的維修活動（routine maintenance operations）。[67] 8 月，國務卿凱瑞在緬甸內比都（Naypyidaw）舉行的「東協區域論壇」，提議各爭議方，凍結改變現狀的行動，包括佔領新島礁，或改變地形地貌如「填海造陸」。[68]

2015 年 4 月，美國新任國防部長卡特（Ashton Carter）對於中國的「填海造陸」行動，表示將「嚴重升高緊張及降低外交解決的前景」。[69] 9 月，美國海軍軍令部長葛林納對訪美的中國海軍司令員吳勝利，提及對「填海造陸」的關切，吳勝利表示驚訝，原以為美國更早就會挑戰中方的行動。[70] 2015 年 5 月，卡特宣布「東南亞海事安全倡議」（Southeast Asia Maritime Security Initiative），國會亦通過五年 4 億 2,500 萬美元的撥款，使用於此一強化東南亞國家海上能力的計畫，但絕大部分在川普任內執行。[71] 此一倡議之後擴大為「印太海事安全倡議」（Indo-Pacific Maritime Security Initiative），除菲律賓、越南、馬來西亞、印尼、泰國之外，納入南亞的孟加拉、斯里蘭卡。依美國《國防授權法》規定，台灣、新加坡、汶萊可被納入訓練計畫。

國防部長卡特、國務卿凱瑞多次呼籲中國停止「填海造陸」，並宣稱美軍艦機將依據《聯合國海洋法公約》，繼續對南海海域、空域實施巡邏，並譴責中國大陸在南海的活動影響航行和飛越自由（請見表 3-3）。2014 年 11 月，歐巴馬總統與習近平在北京的高峰會上，達成討論多年的《建立重大軍事行動相互通報機制》和

▌表 3-3　歐巴馬政府在南海政策的負面與正面表述

負面表述	正面表述
反對武力使用或威脅	美國支持所有聲索國採取合作外交程序（collaborative diplomatic process）解決南海爭端，鼓勵相關各方尋求新的合作安排，在南海進行負責任的資源開採。
反對九段線	支持以國際海洋法提出對南海的主張、以佔領島礁的地形地貌聲稱主權權利。
反對干擾專屬經濟區自由航行	美國海軍有權利在他國專屬經濟海域蒐集情報、監測數據，或在專屬經濟海域執行任務，與在遠洋所享權利相同。
反對拖延《南海行為準則》進程	讚賞中國和東協達成落實《南海各方行為宣言》後續指針，支持早日達成《南海行為準則》，建立以規則為導向的機制。
反對威脅跨國石油公司	支持貿易與商業自由不受到威脅
反對中方堅持南海事務只能由區域內國家解決	提出美國東協「東南亞海事夥伴關係」，協助訓練東協海上執法能力。美國需早日加入《聯合國海洋法公約》。
反對霸凌美國盟邦菲律賓	美國與菲律賓有共同防禦條約，支持以國際仲裁解決爭端
反對三沙市、三沙警備區	凍結引起更大爭端的行動

資料來源：作者整理自公開資訊。

《公海海域海空軍事安全行為準則》諒解備忘錄。[72] 中美兩國在空中戰機接近彼此所造成的危險等，仍有待雙方商議與克服。這兩個協議對中美在南海的戰機與戰艦，原可降低短兵相接所造成的危險意外，但實際發展卻非如此樂觀。

2016 年 7 月，歐巴馬政府低調回應荷蘭海牙國際仲裁的結果。美國國務院發表原則聲明，沒有具體評論的內容。歐巴馬政府的看法是，仲裁法院的決定有助於和平解決南海爭端；美國支持法治，以和平解決南海領土和海洋爭端的各項作為，如透過仲裁的途徑；根據《聯合國海洋法公約》的規定，仲裁法院對本案的判決為最終判決，對中國和菲律賓都具有法律約束力，期待中菲雙方能遵守他們的法律義務；敦促各聲索方避免任何挑釁的聲明或行動；鼓勵各聲索方應該要根據國際法，釐清各自的海洋權利主張，並且要相互合作，處理並解決彼此的爭端。同日稍後，在不具名的國務院資深官員的特別簡報中，認為仲裁決定有四點主要意涵，九段線宣稱是無效的（invalidation）、部分南沙島礁至多有 12 海里海洋空間（maritime space）、中國建造人工島礁及漁船船隊的行為違反菲律賓的權利、大規模填海造陸危及海洋環境。[73]

川普、拜登南海政策更為積極

川普任內，南海議題並非美中最嚴重的問題，歐巴馬任內打下美國南海政策的基礎，包括與中國簽訂海空預防危機的機制、荷蘭國際仲裁的結果也對中國不利，北京與東協也在 2018 年 8 月

達成《南海行為準則》的單一版本的草案。相較於歐巴馬政府的消極作為，川普總統主政下，美國的南海政策有很大的調整。2017 年 12 月，川普政府公布的《國家安全戰略》，「提到中國在南海建設島礁與軍事化，危及貿易自由暢通、威脅其他國家主權與破壞區域穩定」。

川普政府除了密集交叉在西沙、南沙島礁行使航行自由行動，與菲律賓重新檢視《美菲共同防禦條約》，一旦菲律賓武裝部隊（戰機、公務船隻）在南海遭到攻擊，考慮啟動條約第四條的必要性。[74] 美國針對《南海行為準則》草案限制各方，在沒有知會其他國家及取得同意，即不能與區域外國家舉行聯合演習，評估對美國現有的政策將會受到衝擊。一旦美國與所有東協國家定期進行海上聯合軍演，顯然將使此一草案規定形同具文。另一種可能的發展是，東協知會中方，北京不明確表達反對，卻無法有效阻止。

南海在川普政府印太戰略佔有重要位置。川普政府對中國大陸的南海作為較過去政府強硬，針對中共對菲律賓佔有中業島的騷擾，對越南萬安灘石油天然氣開採的干擾，認為有違中共國防部長魏鳳和在新加坡香格里拉的「和平發展」的承諾，也與自由、開放印太區域理念背道而馳。川普政府鼓勵其他理念相近國家如英國、法國、澳洲等一起加入南海「航行自由行動」行列。川普也資助東協國家設置確保資訊分享網絡、現場資訊支援工具（Field Information Support Tool）通訊系統的「海事指揮、管制中心」，更提供資金給菲律賓、越南等設立蒐集情報、監測與偵察的平臺，如衛星、無人機、海巡船隻等，使東協海軍、海巡提升共同操作

能力（interoperability）。雖然北京批評美國在南海攪亂，但更多美國盟邦、歐洲國家提升在南海的軍事存在，卻是北京難以漠視的發展。

對臺灣而言，在針對南海仲裁結果與北京一樣不予以接受，對九段線或「十一段線」也被其他國家視之為相同立場，但兩岸南海政策也有許多的不同。中共、美國各自與東協所有國家進行海上聯演，反映東協不希望南海情勢受到單一強權，尤其是中國的宰制。微妙的牽制、平衡政策，將使東協對臺灣的南海政策產生變化，雖然臺灣不可能被納入「南海行為準則」談判，但臺灣在美國、中國大陸之間的南海立場，也是各方需要重視的一環。臺灣在南海的單方任何作為，均可能被其他相關方產生許多的想像與評估。北京反對臺灣與美國、東協國家個別發展海上聯演，但臺灣與美國、中國大陸、部分東協國家，分別有海巡人員的交流甚至演習，已有前例。臺灣持續創造更多的經驗是未來可能的發展。

2018 年 9 月 30 日，美國軍艦狄卡特號（USS *Decatur*）在南沙南薰礁險遭中國蘭州號軍艦撞上。[75] 美國政府沒有批准《聯合國海洋法公約》，對於在其他國家的專屬經濟區內的軍事偵察行動認為是合法的，有多次與中國在南海發生海、空近距離接觸，甚至是擦撞事件。2019 年 3 月，國務卿龐培歐在會見菲律賓總統杜特蒂（Rodrigo Duterte）之後不久，首度針對《美菲共同防禦條約》，協助菲律賓防衛其所宣稱的南海島礁做出表態，因南海是太平洋的一部分，對菲律賓部隊、戰機、公務船在南海的攻擊，將啟動條約第四條協防的義務。

　　川普政府代理國防部長夏納漢（Patrick M. Shanahan）亦表明尋求與東協建立統一戰線的戰略。美國鼓勵更多建立第三夥伴能量（third-partner capacity），擴大東協和非東協成員國之間的合作網絡規模。美國在維護以規則為基礎的國際秩序的同時，將為因應突發事件提供更多援助，加強美國與南海聲索國之間的戰術操作互通性，以因應中國的軍事壓力。美國在擴大與志同道合的國家的資訊共享，並為共同目標集中資源。美國歡迎澳洲、日本、印度、英國的海軍經常出現在南海，或加入南海「航行自由行動計畫」行列，以挫敗中國過度海洋權利（excessive maritime claims）主張。[76]

　　美國和其他聲索國擔心的是，中國在南海執行海上執法任務的次數越來越多，使用軍艦、海警執法的武力強度也升高。2020 年 4 月初，中國海警船在西沙群島永興島附近擊沉一艘越南漁船。隨後，中國海警和 8 號海洋調查船（海洋地質 8 號）在南沙海域針對馬來西亞的石油鑽探的干擾。在越南控制的萬安灘（Vanguard Bank）和馬來西亞聲稱的瓊臺礁（Luconia Shoals）附近。北京拒絕承認 2016 年仲裁庭裁決，或 2009 年越南—馬來西亞向聯合國大陸礁層界限委員會（Commission on the Limits of Contiental Shelf，CLCS），在中國九段線之內提交的重疊延伸大陸礁層的主張。最令印尼和美國感到震驚的是，北京越來越多的巡邏任務，到達「中國最南端領土」的曾母暗沙海域。

　　美國國務卿龐培歐於 2020 年 7 月 13 日就南海問題發表新聞聲明，是對中國自 2020 年 4 月以來在南海的強硬活動的直接回應。2020 年 4 月，遼寧艦戰鬥群進入南海進行為期十天的培訓活動。

2020 年 4 月 19 日，中華人民共和國公佈了南海 25 個未知島礁、淺灘等 55 個水下地理特徵的標準名稱。中國將永暑礁升級為一個新的行政區，當作南沙群島的指揮中心。龐培歐就南海問題發表聲明，意在提醒中國和其他聲索國，仲裁庭的裁決是終局的，「對中國和菲律賓都具有法律約束力」。有別於過去的國務卿，龐培歐不再只是「傾向」認為、而是明確「認定」中國的九段線及其海洋主張「沒有國際法依據」，主張「北京對南海大部分海域的離岸資源（offshore resources）主張完全不合法」。[77] 歐巴馬政府只是「認知」國際仲裁庭決定九段線無法律根據，但龐陪歐的聲明，卻明確表示川普政府「認定」九段線不合法，具體涵蓋了最有爭議的珊瑚礁或淺灘，包括黃岩島、美濟礁、仁愛礁、萬安灘、瓊臺礁和曾母暗沙。川普政府比歐巴馬更加強勢，不像歐巴馬坐視中國改變南沙島礁地貌，而是會採取具體的反制措施。之後，拜登政府延續在每年南海仲裁出爐週年，向例由國務卿布林肯發表類似談話。

　　2019 年 12 月，馬來西亞向大陸礁層界限委員會提交了一項新請求，主張其在南海北部的大陸礁層延伸至 200 海里以外。馬來西亞的聲索不僅遭到中國的反對，也引起菲律賓、越南、印尼、美國、英國、法國、德國、澳洲、日本、紐西蘭等，公開支持 2016 年南海仲裁的判斷，反對中國九段線的立場。[78] 菲律賓、越南針對馬來西亞在南海延伸大陸礁層的聲索，提出保留或未來聲索的意見。川普政府駐聯合國大使柯芙特（Kelly Craft）2020 年 6 月致函聯合國秘書長表達美國的立場，提出：一、反對中國主張在南海的「歷史性權利」；二、認為 2016 年 7 月仲裁庭的裁決

是終局的，並對中國和菲律賓具有約束力；三、反對中國在南海主張擁有的分散島嶼之間的任何內水主張，及將南海各島嶼群視為一個集體而衍生的任何海洋區（maritime zone）主張；四、認為中國不能對中沙群島、曾母暗沙等完全被淹沒的地物，或對美濟礁及仁愛礁等低潮高地，擁有主權或可主張從中衍生的海洋區；五、反對中國在南海提出廣泛的海洋主張，因其意在限制各國享有的權利和自由，包括航行權利和自由。[79]

川普政府不僅支持東協考慮的法律途徑，更傾向於採取具體軍事展示行動，來駁斥中國的主權主張和行動。在新冠疫情肆虐期間，川普政府針對中國過度海洋主張和霸凌策略，持續透過在南海的「航行自由行動」計畫，增加海空力量展示的頻密度，以維持「自由和開放印太地區」（Free and Open Indo-Pacific）目標。川普政府在「自由開放印太」戰略之下，透過「航行自由行動」與「持續轟炸機存在」（Continuous Bomber Presence）戰術之下，密集派遣美國軍艦或轟炸機進入南海的海、空域。2020 年 4 月，川普政府停止以關島為固定基地的「持續轟炸機存在」計畫，改由美國本土起飛前往南海、東海，次數均較歐巴馬任內來得多。[80]歐巴馬在 2012 年黃岩島事件引起菲律賓尋求國際仲裁，至 2016年底「航行自由行動」有 15 次，川普在四年任內有 26 次。2012-2016 年，歐巴馬在馬英九執政兩岸緩和之際，派遣軍艦穿越臺海有 38 次，卻超過川普派艦臺海的次數（請見表 3-4）。拜登雖然延續美國的「開放與自由印太」理念，卻在中國大幅增加臺海周邊軍事活動之下，減少軍艦例行穿越臺灣海峽、在南海「航行自由行動」的次數。例如，2022 年派遣 9 艘軍艦穿越臺海，在南海更

┃表 3-4　美國海軍南海航行自由行動、穿越臺灣海峽次數

年份	南海	臺海
2012	5	9
2013	2	12
2014	3	4
2015	2	1
2016	3	12
2017	6	3
2018	5	3
2019	7	9
2020	8	13

資料來源：Ronald O'Rourke, *U.S.-China Strategic Competition in South and East China Seas: Background and Issues for Congress*, Congressional Research Service, Janury 26, 2022, p. 41.

只有四次的「航行自由行動」（六年來最少的一次）。[81] 2020 年 7 月，在新冠肺炎肆虐之際，川普政府在南海舉行「不常有」的兩艘航空母艦演習，展示美國的能力與能量。[82] 2021 年 2 月、2022 年 1 月，拜登政府則在南海兩度舉行雙航母的軍事演習。2020 年 3 月初，美國航空母艦羅斯福號（USS *Theodore Roosevelt*）訪問越南峴港。3 月下旬，美國驅逐艦貝瑞號（USS *Barry*）、巡洋艦希羅號（USS *Shiloh*）在菲律賓海域試射中程標準飛彈 -2（SM-2）。4 月 28 日，貝瑞號進入西沙海域，美國兩棲突擊艦美利堅號（USS *America*）、巡洋艦邦克山號（USS *Bunker Hill*），與澳洲巡防艦帕拉曼塔號（HMAS *Parramatta*, FFH 154），在南沙海域巡弋。美國的空中軍力 B-1B 轟炸機到南海進行遠航訓練。2020 年 7 月初，中國海

軍在南海進行軍事演習，尼米茲號（USS *Nimitz*）和雷根號（USS *Reagan*）兩個航空母艦作戰群亦在南海軍演，「以保持戰鬥準備和熟練度」和「透過武力投射確保對任何突發事件的反應能力」。

　　川普政府在 2017 年「東協擴大國防部長會議」向東協提議舉行聯合軍演。東協在 2018 年 10 月中國和東協進行軍演時，於第 12 屆「東協國防部長會議」確認同意和美國的軍演。美國雖然與部分東協國家有雙邊或多邊軍事演習，但與所有東協國家海上聯合演習卻是一項進展。東協國家不願意集體挑戰中國大陸在東南亞區域的軍事和經濟力量，也不願公開明確加入美國行列抗衡中國，但是在 2018 年所有東協國家與中國大陸海上聯合演習之後，2019 年也與美國進行類似的演習，顯然是東協內部集體的共識決策，反映對於 2019 年 6 月《東協印太前景》（ASEAN Indo-Pacific Outlook）在海洋、海事安全的重視，也凸顯東協在中、美之間的平衡角色，不想得罪任何一方，也想經由東協集體力量讓中、美必須爭取東協的支持。

　　2019 年 9 月，美國和東協 10 國首次進行海上聯合軍演（ASEAN-U.S. Maritime Exercise，AUMX），7 個國家派出 8 艘軍艦、4 架軍機與約 1,250 人參與 5 天的演習，其中主要演習在瀕近越南最南端的南海海域進行，引起國際媒體的注意。此一海上軍事演習由美國太平洋艦隊副指揮官懷賽爾（Kenneth Whitesell）與泰國皇家艦隊參謀長查羅恩伯爾（Charoenpol Kumrasee）共同主持開幕，整個演習從泰國梭桃邑海軍基地（Sattahip Naval Base）開始，隨後進入東南亞國際海域，包括泰國暹羅灣及南海，之後再進入新加坡結束。[83]

　　美軍與東協海上聯合演習有數項目的。一、東協與中國正在協商《南海行為準則》，其中條文涉及到是否可以與區域外國家進行軍事演習的通報或同意討論。美國與東協的軍演，意味不管是否有《南海行為準則》，美國不會受到任何軍事上的拘束。二、美國與東協海上演習有與中國海上競賽的意涵。2018 年 10 月、2019 年 4 月，中國兩度與東協舉行海上軍事演習，美國隨之在後舉行與東協的海上軍演，而且性質相近，顯然是中美兩國競爭贏得東協的支持。三、泰國皇家海軍艦隊參謀長查羅恩伯爾表示，此次演習旨在提高東協海軍在應對海上威脅和自然災害方面的能力，如毒品販賣、非法武器貿易和人口販運等。而美國太平洋艦隊副指揮官懷賽爾表示，此次演習將加強東協與美國之間的合作，確保印太自由開放地區的穩定。四、美國川普政府上任以來，協助東協國家強化海事能力，部分國家軍艦少有遠航的經驗與能力，遑論與其他國家的聯合海上訓練。越南表示派艦參與，有助於遠航訓練、夜航能力、裝備檢查、改進指揮能力，與其他各國海軍的協調，反映其支持東協與美國的「2016-2020 戰略夥伴關係行動方案」（Plan of Action to Implement the ASEAN-US Strategic Partnership 2016-20）。[84]

　　美軍印太司令部表示此次海上聯演，海上實況想定演習（realistic scenarios）項目，包括：到達、登船、搜索與攔截（visit, board, search and seizure, VBSS）、海域意識覺醒（maritime domain awareness）、戰術訓練、海上追蹤目標、反制海上威脅等。指揮艦設在泰國海軍巡邏艦（HTMS *Krabi*, OPV 551）上，聚集美國與東協軍方代表，除 8 艘軍艦、4 架軍機之外，美國也商借民船為假想目

標，如登上目標船隻模擬搜查和扣押。美軍參與軍力有一艘瀕海戰鬥艦蒙哥馬利號（littoral combat ship USS *Montgomery*, LCS 8）、一艘阿利伯克級飛彈驅逐艦麥爾號（USS *Wayne E. Meyer*, DDG 108）、三架 MH-60 直升機和一架 P-8 海神偵察機（Poseidon aircraft），隸屬第七艦隊的驅逐艦戰隊（DESRON 7）、編遣隊（Task Force 73/Commander, Logistics Group Western Pacific, CTF 73/CLWP）等人員參與演習。[85] 美國在南海與東協國家進行海上聯演，勢將持續下去。川普政府鼓勵受到中共霸凌的南海相關國家增加國防投資、建立第三方夥伴能量（build third-partner capacity）擴大合作網絡、針對緊急事態及時反應、強化國家間的戰術互通性等。這些也是臺灣可參考之處。

南海是中、美、東南亞國家主要的爭議海域。美國與東協海上聯合軍演選擇大範圍海域並以南海為主，顯示川普政府除原先行之多年的軍演、「航行自由行動」之外，採取加強介入南海的行動，讓非南海島礁聲索的東協國家，更加重視海域安全的重要性，讓聲索國有尋求與美國進一步合作意涵，更是美國積極與中國大陸競逐影響力的展示。美國與東協海上聯合軍演在南海國際水域舉行，但選擇在中國九段線以外，顯然有所節制，避免緊張局勢升級。即使如此，此次海上聯合演習的主要地點是越南最南端的金甌省（Ca Mau province），意味美國支持越南制衡中國大陸屢屢派船干擾越南控制的萬安灘作業。中國近期持續恫嚇或騷擾其他南海領土聲索國、干預越南在其專屬經濟區長期以來的石油與天然氣活動，並在武裝海警船護衛下，於越南外海重新部署探勘船海洋地質 8 號等，不僅引發東協國家抗議，美國更公開嚴厲

譴責。

川普除指責北京掩蓋新冠疫情外，開始採取圍堵遏制戰略，因應對中國共產黨領導下的現代數位威權主義，香港《國家安全法》的立法與執行，及在南海軍事化與加強執法問題。南海也可能成為中國、東協、美國和臺灣，尤其是美中大國博弈的戰場。川普政府除了在南沙群島與東協聲索國提升關係之外，國防部長艾斯伯（Mark Esper）於 2020 年 7 月 21 日警告北京，中國「刺激奪取臺灣控制的東沙島的大規模演習是一項破壞穩定的活動，顯著增加誤算的可能性」。[86] 龐培歐國務卿給北京的信息非常明確，中國在南海一切照舊將不再是美國南海政策的常態。

2020 年 8 月，美國商務部的工業與安全局（Bureau of Industry and Security）將協助建造南海人工島礁的 24 家中國國營企業納入實體名單，依照《出口管制法規》（Export Administration Regulations），限制美國及非美國的供應商出口或移轉任何貨物、軟體或科技給該等公司（請見表 3-5）。川普政府依照 1970 年代通過的《國家緊急法》（National Emergencies Act）、《國際緊急經濟權力法》（International Emergency Economic Powers Act）法源，對中國的華為及其子公司納入《出口管制法規》管制名單。參議員魯比歐提出《南海與東海制裁法案》，儘管尚未成為法律，但從川普在 2020 年對中國國營企業的財產封鎖與個人簽證取消的制裁，未來也可能適用於參與「一帶一路」或危及東海和平與穩定的企業，限制美國公司不能投資該等中國企業。魯比歐法案亦提及一旦中國宣布南海「防空識別區」，要求美國總統採取禁止、限制與受制裁實體相關的帳戶往來。[87]

▍表 3-5　美國商務部制裁參與建造南海島礁的中國國營企業

中國交通建設疏浚集團（China Communications Construction Company Dredging Group Co., Ltd.）

中交天津航道局有限公司（China Communications Construction Company Tianjin Waterway Bureau）

中交上海航道局有限公司（China Communications Construction Company Shanghai Waterway Bureau）

中交廣州航道局有限公司（China Communications Construction Company Guangzhou Waterway Bureau）

中國交通建設總公司第二導航工程局（China Communications Construction Company Second Navigation Engineering Bureau）

北京環佳電信有限公司（Beijing Huanjia Telecommunication Co., Ltd.）

常州國光數據通信有限公司（Changzhou Guoguang Data Communications Co., Ltd.

中國電子科技集團公司第七研究所（China Electronics Technology Group Corporation, 7th Research Institute （CETC-7））

廣州宏宇科技有限公司（Guangzhou Hongyu Technology Co., Ltd.）

廣州通光通信技術有限公司（下屬研究所 CETC-7）（Guangzhou Tongguang Communication Technology Co., Ltd. a subordinate institute of CETC-7）

廣州通光通信技術有限公司（下屬研究所 CETC-7）（Guangzhou Tongguang Communication Technology Co., Ltd. a subordinate institute of CETC-7）

中國電子科技集團公司第三十研究所（CETC-30）（China Electronics Technology Group Corporation, 30th Research Institute CETC-30）

中國船舶工業集團第 722 研究所（China Shipbuilding Group, 722nd Research Institute）

崇信八大科技發展有限公司（Chongxin Bada Technology Development Co., Ltd.）

廣州市廣友通訊器材有限公司（Guangzhou Guangyou Communications Equipment Co., Ltd.）

廣州海格傳播集團有限公司（Guangzhou Haige Communication Group Co., Ltd.）
桂林長海發展有限公司（Guilin Changhai Development Co., Ltd.）
湖北廣興通信技術有限公司（Hubei Guangxing Communications Technology Co., Ltd.）
陝西長嶺電子科技有限公司（Shaanxi Changling Electronic Technology Co., Ltd.）
上海電纜海洋工程有限公司（Shanghai Cable Offshore Engineering Co., Ltd.）
泰利信電子科技有限公司（Telixin Electronics Technology Co., Ltd.）
天津廣播設備有限公司（Tianjin Broadcasting Equipment Co., Ltd.）
天津 764 航空電子技術有限公司（Tianjin 764 Avionics Technology Co., Ltd.）
武漢麥瑞特通訊有限公司（Wuhan Mailite Communication Co., Ltd.）

資料來源：〈美國宣佈制裁參與南中國海軍事化的中國公司和個人〉，《美國之音》，2020 年 8 月 26 日，https://www.voacantonese.com/a/us-sanctions-chinese-companies-and-individuals-over-south-china-sea-militarization-20200826/5559763.html

　　拜登政府國務卿布林肯在 2021 年 7 月發表《仲裁法庭就南中國海裁決五週年》聲明，延續川普前政府在南海的立場，拒絕中國對南海、尤其是南沙群島及周圍海域的主權主張。布林肯表示：「五年前，根據 1982 年《聯合國海洋法公約》成立的仲裁庭作出一致和持久的裁決，堅決駁回中國對南海廣泛海洋的主張，因為其主張沒有國際法依據。仲裁庭表示，中國對仲裁庭確定為菲律賓專屬經濟區和大陸礁層一部分的區域沒有合法主張。中國和菲律賓根據其在《海洋法公約》下的條約義務，在法律上有義務遵守這一決定」。[88] 基本上，布林肯重申了川普時期的國務卿龐培歐在 2020 年 7 月仲裁四週年時所提出的立場，每年七月援例發

表對南海情勢的關切。

布林肯在上述聲明中呼籲中國「採取措施，向國際社會保證它會致力於維護以規則為基準的海洋秩序，尊重所有國家（不論大國或小國）的權利」。布林肯說：「以規則為基礎的海洋秩序最受威脅的地區莫過於南海。中華人民共和國繼續脅迫和恐嚇東南亞沿海國家，威脅到這條關鍵的全球通道的航行自由」。布林肯表示當菲律賓部隊、公務船隻或飛機在南海受到攻擊，美國將啟動《美菲共同防禦條約》的承諾。拜登政府的表態被視為因應中國在南沙九章群礁（Union Banks）東北端的牛軛礁（Whitsun Reef），集結 200 多艘海上民兵船隻數月不去，而不得不給予警告。[89] 拜登政府對南海安全的關切，也將其他區域外國家如印度、歐盟、日本、韓國等納入，並透過多邊組織如「四方安全對話」、「澳英美三邊同盟」的聯合聲明，希望集體對中國施加外交壓力。拜登政府在南海的「航行自由行動」計畫的次數，少於川普政府，例如，2021 年 2 至 9 月只有五次。[90] 拜登一如前兩任美國總統，在南海遭遇中國海、空軍的接近攔截，即使在 2022 年 11 月美中兩國領袖在印尼峇里島 G20 場邊高峰會之後，接連在南海有兩次危險接近遭遇，如中國軍方指責美國巡洋艦錢斯勒斯維爾號（USS *Chancellorsville*）侵入中國南沙島礁 12 海里，12 月下旬中國殲 11 接近美國偵察機 RC-135 只有 20 英尺的距離，顯然危及航行的安全性。[91]

拜登上臺後，以 2021 下半年在西太平洋為例，8 月先有美日英澳「大規模全球演習」（Large Scale Global Exercise 2021）、美日澳印「馬拉巴爾海洋合作演習」（Malabar Cooperative Maritime

Exercise）、9 月有美日澳韓「太平洋先鋒演習」（Pacific Vanguard Exercise）、10 月美國航艦雷根號（USS *Ronald Reagan*, CVN 76）、卡爾文森號（USS *Carl Vinson*, CVN 70）與英國航艦伊麗莎白女王號（HMS *Queen Elizabeth*, R08），與日本、加拿大、紐西蘭、荷蘭六國在沖繩海域舉行演習、11 月有美澳、日、加、德國五國參與的年度聯合軍演（ANNUALEX 2021）在菲律賓海舉行，也是德國 20 年來首次參與印太地區海上演習。[92] 2022 年 10 月，美、日、加拿大協同澳洲首度在南海舉行四方聯合海上巡邏偵察演習（17 日），同月之前，美國與加拿大協同日本海上自衛隊在南海舉行反潛、空中作戰與試射飛彈模擬演練（1 日）。

拜登政府在推動印太戰略上也比川普政府更為積極，尤其是加強與東南亞國家的安全關係。國防部長奧斯汀（Lloyd Austin）在 2021 年 7 月、2023 年 2 月訪問菲律賓。美國在菲律賓 2014 年之後原有五個基地（菲律賓稱《強化國防合作協議》地點，EDCA sites），在奧斯汀訪問之後增加四個，一共有九個基地。美國在菲律賓的軍事基地，均非永久性，一旦美國可在呂宋島北邊取得多的基地，將可對中國軍事行動造成牽制。位居巴士海峽的伊巴雅特島（Itbayat）人口約有 2,900 人，是菲律賓最北方的市，與臺灣僅距離約 200 公里。[93] 美國在菲律賓九個基地部署軍事裝備和建設設施，是 30 年以來第一次在菲律賓有如此大的軍事存在。拜登的軍事部署主要是因應巴士海峽在臺海危機時是否為中國所控制。最關鍵的是，美國可使用菲律賓北部地方的軍事基地，防護臺灣海峽及巴士海峽的安全。美國副總統賀錦麗（Kamala Devi Harris）2022 年 11 月訪問菲律賓面向南海的巴拉望島，顯然拜登政府關注

中國在菲律賓北部、西部海域的活動，尤其是 2022 年 8 月中國實彈軍演巴士海峽被劃入演習區。中國外交部發言人指責美國危害地區和平與穩定，敦促地區國家「避免被美裹挾利用」。中國的南海學者認為拜登與川普相比較，「更加重視借重盟友和夥伴聯手對華施壓，使南海問題成為持續干擾中國周邊環境的重要因素」。[94]

中國的強勢進取

在習近平之前的中國領導人，已透過強勢進取的行動，來強化中國的南海政策實力，分別是：政策宣示、展現行政措施、高壓脅迫或使用武力，認定即使是其他中共領導人，也同樣會採取類似習近平的政策。[95] 然而，中國改變南海所佔島礁地形面貌，強化軍事部署、投射武器能量、電子資訊能力，抵近其他聲索國島礁執法、拒止美國接近中國控制島礁，無一不在習近平任內到位。不可否認，習近平上臺之前，南海問題中國與東協關係難題，已轉變成中美的安全對峙。

中國認為 2010 年 7 月希拉蕊在「東協區域論壇」的南海談話，是「美國南海政策轉向的重要拐點，也是美國南海政策變遷自 1995 年以來保持介入態勢的一個新的分水嶺」。[96] 中國認為南海問題實質上是中美關係，美國選擇將南海問題當作遏制中國的手段之一，一旦「中美關係問題解決了，南海問題也就容易解決了」。[97] 南海問題變得緊張的源，北京認為在於美國採取偏袒菲律賓、越南的立場，因此，研究美國因素在南海的作用，也成為中國南海問題的重要課題。[98] 中美屢在南海發生海空近接事件，中

國南海研究院建議「探討建立中美南海海上軍事安全互信機制的可能性」。[99]

　　然而，中國外交部又主張南海不是中美之間的問題，因為美國不是聲索方。中國副外長崔天凱在 2011 年中美「亞太事務對話」機制，對美國助理國務卿坎博（Kurt Campbell）表示，南海問題不是中美間的問題，美國不是南海島礁和海洋權益聲索方。若美方要了解中方立場，中方願意介紹，並以「司馬昭之心路人皆知」，暗示美國想要將南海國際化。[100] 中方的立場是，要解決中美海上的衝突，美國必須改變海空偵察中國軍事活動的政策，並逐漸減少，最後停止此項工作。此外，歐巴馬的戰略東移政策，以中國為對象，致使中國的學者專家普遍認為這是美國改變南海政策，由過去的中立立場，轉向實際上「選邊站」的動因。[101] 歐巴馬政府的「亞太再平衡」戰略與積極介入南海政策，對中國形成諸多的挑戰，包括：中國周邊安全形勢惡化；能源運輸航道安全風險增加；解決南海問題難度加大等，中方必須做好「持久戰」、「消耗戰」的準備，因為「中美之間圍繞南海問題的遏制和反遏制較量必將常態化」。[102]

　　2010 年 7 月，美國國務卿希拉蕊在「東協區域論壇」在清楚表達美國南海政策立場，中國外交部長楊潔篪隨後在中國外交部網站完整回應。楊潔篪批評「美國國務卿克林頓根據事先準備好的稿子，大談南海與美國國家利益關係，大談維護南海航行自由的重要性和緊迫性，大談在南海問題上反對『脅迫』，反對使用武力或以武力相威脅云云。這種貌似公允的講話實際上是在攻擊中國，是在給國際社會造成一種南海局勢十分堪憂的迷象」。楊潔

簧表示：南海的國際航行自由和安全沒有出現問題；中國沒有在南海問題上採取脅迫的行動，但中國有自己的合理關切；將南海問題國際化、多邊化，只能使事情更糟，解決難度更大；最佳解決南海的途徑是，爭端當事國之間的直接雙邊談判；「堅決反對任何外國軍用艦機在黃海及其他中國近海從事影響中國安全利益的活動，希望有關各方保持冷靜和克制，不做加劇局勢緊張的事情」。[103]

2011 年 5 至 6 月，中國在南沙海域剪斷越南石油公司探勘電纜，引起越南的強烈抗議。在美方關切與鼓勵之下，2011 年 7 月印尼峇里島「東協區域論壇」年會之前，中國與東協達成落實「南海各方行為宣言」後續指針。北京除承諾繼續承辦原有的南海防災減災、海洋搜救、海洋科學研究合作專案之外，提出了一系列合作倡議，包括舉辦關於南海航行自由的研討會，成立海洋科研和環保、航行安全與搜救、打擊海上跨國犯罪等三個專門技術委員會。[104] 隨後，美國國務院公開表明此一具體成果與發展。

2011 年 11 月，歐巴馬成為首位出席東亞高峰會的美國總統，演說的最重要訊息是確保亞太的海洋安全。中國總理溫家寶亦對對東協領導人承諾，中方將設立 30 億元人民幣的「中國—東盟海上合作基金，從海洋科學研究與環保、互聯互通、航行安全與搜救、打擊跨國犯罪等領域做起，逐步將合作延伸擴大到其他領域，形成中國—東盟多層次、全方位的海上合作格局」。溫家寶在印尼峇里島舉行的第六屆東亞高峰會，針對南海問題表明：東亞高峰會不是討論南海問題的適合場合；達成《南海行為準則》是東協國家與中國的共同意願；南海爭議應由直接有關的主權國家

通過友好協商和談判、以和平方式解決；南海的航行自由和安全沒有因為南海爭議而受到任何影響，各國根據國際法，在南海享有的航行自由得到了充分保障。[105] 中國與東協的海上合作基金，不僅用於中國國內研究南海的計畫、臺海兩岸南海合作項目，也鼓勵東協國家提出申請，與中國共同探討南海相關的合作項目。[106] 這既可阻止中國與東協因南海爭端而關係惡化，也可藉此降低美國介入南海爭端的衝擊。

相較於美國政府派出國防部長如蓋茲、潘內達、哈格爾，在每年六月新加坡香格里拉對話（Shangarila Dialogue），針對南海問題與亞太安全表達關切，身為最被質疑的一方，中國則限制派出代表的層級。除了國防部長梁光烈在 2011 年、魏鳳和在 2019 年出席之外，大多由中國解放軍副總參謀長，甚至是降級由中國軍事科學院副院長率團，針對美方及其他方所提出南海問題，答辯各方對中國南海政策的質疑。[107] 魏鳳和在 2022 年再度率團出席，反映中國調升代表團長的層級。中國在南海的作為是香格里拉對話與會國家批評的焦點，北京居於守勢、防衛的態勢非常明顯。中國官方認為這不是解決南海爭議的場合，但為了「傳播中國聲音」以增信釋疑、廣泛接觸交流以「維護國家利益」，總比不在場而受到歐美國家批判來得好。中國沒有杯葛主要是因許多國家國防部長出席此一對話，另闢場合進行官方一對一的交流有其必要。在數百人參加的大會，北京傾向由中國學者專家回應非聲索國、尤其是美國與西方國家的質疑與批評。

中共解放軍副總謀長王冠中在 2014 年 6 月香格里拉對話，提出促進亞太地區國防安全合作的五點倡議：深化對話交流，增

進戰略互信；加強安全合作，協力共同發展；拓展救災合作，攜手應對挑戰；突出海上合作，維護海上安全；建立安全機制，有效管控分歧。王冠中反駁日本首相安倍晉三和美國國防部長哈格爾，指稱他們的發言是對中國的一種挑釁，哈格爾的談話充滿霸權主義、威脅及恐嚇。王冠中認為美日主動挑釁、一唱一和，是誰在主動挑起爭端和爭論？是誰在咄咄逼人？長期以來，中國從來沒有主動挑起爭端和爭論，都是有的國家首先挑起爭端後，中國才被迫採取應對措施。王冠中針對九段線，指出中國政府根據《開羅宣言》、《波茨坦宣言》，收回南海諸島，並劃設斷續線，周邊國家在 1970 年代以前從未對此提出質疑；1994 年生效的《聯合國海洋法公約》不能溯及既往、也不適用於調整島礁主權歸屬，但承認海洋上的歷史性權利；調整海洋上的有關爭議除了《聯合國海洋法公約》，還有大量國際海洋法和其他國際法。北京主張直接有關的當事方，透過和平協商談判解決爭議。中方也批評美國沒有加入《聯合國海洋法公約》，卻要求中方遵守國際海洋法規範，顯屬言行不一。

　　東協國家不見得會公開與美國合作，一致對付中國，因此，北京積極在東協內部尋求盟友，排除美國影響力。2012 年 7 月，第 45 屆東協外長會議，因主辦地主國柬埔寨不同意納入菲律賓與中國爭議的黃岩島，致使未能發表聯合公報。[108] 由此可見，除了美中在南海有歧見，東協內部成員也有不同意見，使得中美必須積極爭取東協成員在南海議題上的支持。根據《美國之音》的報導，在 2010 年河內的東協區域論壇 27 個成員中，至少有 12 個國家主張建立多邊機制，解決南沙問題。[109] 中國與美國在南海雙邊

的角力，擴大為爭取東協非南海島礁聲索國的支持，新加坡、印尼、泰國傾向支持美國的立場，柬埔寨、寮國、緬甸，可能受到中國的經濟利誘，而傾向採取中立甚或傾向北京的立場。聲索國越南、菲律賓、馬來西亞、汶萊，對美國介入平衡中國在南海的軍事擴張與海上強力執法，不公開反對甚至是歡迎的。

　　北京雖同意外交手段解決南海島礁衝突，但反對菲律賓提議將黃岩島爭議提交國際仲裁。北京不接受國際仲裁的理由，除中菲兩國未用盡《南海各方行為宣言》和平解決機制，此外它在 2006 年 8 月 25 日提交一份書面聲明，依照《聯合國海洋法公約》第 298 條第 1 項，不接受公約第 15 部分第 2 節（導致有拘束力裁判的強制程序）的任何爭端解決程序。北京除強化宣傳擁有黃岩島的證據之外，整合海上執法力量為「中國海警」，派遣船艦定期巡邏南海海域，同時達到護漁與護土目的。[110] 北京避免與菲律賓發生軍事衝突，而引起美國軍事干預，但中國已對黃岩島周邊海域擁有實際的控制權。2013 年起，「中國海警」船艦對菲律賓以破舊軍艦在仁愛礁（Second Thomas Shoal）坐灘，反制及干擾菲律賓的補給作業，使菲國有向美國求援的新訴求。[111]

　　2010 年，中國在國家海洋局南海總隊之下增設第十支隊，海監在南海執法巡航的次數稍有增加，2011 年共有 37 航次，2013 年 1 至 4 月統計有 14 航次，但總數遠比不上在東海釣魚臺執法的船隻。[112] 中國也加快裝備建設，擴充南海巡航執法的能量，例如增建更多 1,000 至 1,500 噸級的海警船艦，負責海域維權巡航執法、海洋環境保護與海域使用行政執法等任務。根據美國海軍情報分析，2014 年中國建造與成軍的船艦數目超過 60 艘，2015 年也計畫

建造相同的數目，2012 年之後，僅是海警船艦數目就增加 25%。[113]

在黃岩島衝突之後，2012 年 5 月，中國海洋石油（中海油）總公司的深水鑽井平臺 981，在香港東南 320 公里的南海北坡開鑽。2012 年 7 月，中國國務院同意海南省設立地級三沙市，中共中央軍委同意組建中國人民解放軍海南省三沙警備區。中國在南海的海上軍事、司法作為，尚包括：尋求臺灣在南海的合作；舉行軍事演習；動員漁船到南沙海域捕魚；加強佔領島礁建設；阻止西方國家石油公司與菲律賓、越南合作勘探油氣；抗議其他聲索國的國內與國際法作為（請見表 3-6）。[114] 中國基於不與越南、菲律賓同時軍事敵對之下，北京緩和與越南的南海爭端，2013 年 10 月，中越同意「成立中越海上共同開發磋商工作組」，北京藉此拉攏次要敵人，進一步孤立打擊主要敵人菲律賓。[115] 2013 年 12 月，中國軍艦逼退美國巡洋艦考本斯號（USS Cowpens）對遼寧號在南海演習的探測，引起美國政府抗議中國軍艦海上危險的攔截行動。[116] 2014 年 5 月，中國 981 鑽井平臺移至西沙中建島附近作業，越南基於該島及海域屬於越、中兩國海上中間等距線靠近越南的一方，而對中國進行海上反制，釀成暴動攻擊臺商等外商，引發新一波的南海衝突。[117]

習近平軍事化南海

中國經過幾十年以來的消極與被動之後，在 2013 年底在其所佔南沙島礁如永暑礁、渚碧礁、東門礁、赤瓜礁、華陽礁、南薰礁、美濟礁等，進行「填海造陸」的建設活動，中國海軍司令

▌表 3-6　中國在南海的軍事與司法作為（2010-2014）

時間	作為
2010/7	中國國家海洋局之下海監「南海總隊」第十支隊在海口成立
2010/8	解放軍南海艦隊組織海軍多兵種合同實兵實彈演練，發射飛彈 70 多枚。
2010/8	潛艦在南海海床插上中國五星旗。
2010/11	南海艦隊廣東汕尾海域舉行「蛟龍—2010」海軍陸戰隊登陸演習，參演兵力包括：武裝直升機、掃雷艦、獵潛艦、登陸艦、兩棲裝甲車輛、衝鋒舟等。
2012/7	中國國務院同意海南省設立地級三沙市，中共中央軍委同意組建中國人民解放軍海南省三沙警備區
2013/5	南海海域舉行多兵種立體聯合演習，北海、東海和南海三大艦隊的水面艦艇、潛艦、航空兵、岸防部隊和陸戰隊等五大兵種，編組成紅藍兩軍的實兵對抗。
2013/11	航空母艦「遼寧號」經由臺灣海峽前往南海進行跨海域演練。
2014	陸續在南沙島礁填海造陸，擴大所佔島礁面積，永暑礁將成為人工化的第一大島，重要海空基地。

資料來源：作者整理自新華社新聞報導。

員吳勝利在 2014 年 9 月底巡視建築工事的南沙各島礁，並視察在永暑礁的聯合作戰演習，目標是「小島堡壘化」和「大島陣地化」。[118] 習近平在中共十八大「海洋強國」的戰略下，擴建南沙島礁有一項目的是，在國際仲裁判斷結果之前，擴大中國實體存在的規模與軍力部署，並藉由解放軍的實戰化訓練如：空中戰巡、遠海艦隊機艦對抗、連續預警偵察、遠海聯合、跨戰區機動等演習，對區域外國家的「反介入與區域拒止」，讓南海永遠是干

預高風險的海域。除美濟礁、渚碧礁之外，永暑礁更成為中國在南沙群島的最主要的海空基地。[119] 永暑礁若配置遠程作戰能力的軍艦與戰機，將可延伸解放軍戰力進入南沙，對其他聲索國及美國形成軍事壓力，進一步確保中國的海洋利益。美國軍機、軍艦無法再如過去一樣自由進出南沙周邊海域，對於美國要協助菲律賓、越南時也多了干擾的因素，中國對於太平島的依賴想像及實際需要也會消失。[120]

2015 年 9 月習近平在白宮記者會，針對中國的南海立場發表談話：南海諸島自古以來是中國領土，中國有權維護自己的領土主權和合法正當的海洋權益；中國致力維護南海和平穩定，堅持透過對話管控爭議、透過談判協商和平解決爭議、積極探索透過合作實現互利共贏；中國「堅持尊重和維護各國以及國際法享有的南海航行和飛越自由」；中國在南沙群島的建設活動「不針對、不影響」任何國家，也「無意搞軍事化」；中美雙方在南海問題上有很多共同利益，都支持維護南海和平穩定、支持直接當事國透過談判協商，和平解決爭議；「支持維護各國依據國際法享有航行及飛越自由」、支持透過對話管控分歧；支持全面有效落實《南海各方行為宣言》，並在協商一致基礎上，儘早完成《南海行為準則》磋商。[121]

實際上，根據美國國防部《亞太海上安全戰略》（The Asia-Pacific Maritime Security Strategy，2015 年 8 月），至 2015 年 6 月，中國大陸在短短 20 個月填海造陸新增 2900 英畝（11.74 平方公里），比其他聲索國在過去 40 年填海造陸新增的土地（越南 80、馬來西亞 70、菲律賓 14、臺灣 8 英畝）高出 17 倍，佔了南沙島礁「填

海造陸」的 95%。北京在面對菲律賓提出國際仲裁，結果可能不利中方，在仲裁出爐之前，需要造成新的現狀，以實力影響南海局勢發展，即使有美方及國際輿論壓力，在「海洋興國」與中國崛起之下，事涉國家主權，妥協的空間極小。習近平在十九大報告，特別將「南海島礁建設積極推進」，列為重大成就，更要求「加快建設海洋強國」。

習近平與中國官員多次保證不會對南海航行自由造成妨礙，也不會有南海軍事化。2014 年 4 月，在青島主辦第 14 屆「西太平洋海軍研討會」（The Western Pacific Naval Symposium）雙年會，中國雖接受《海上無預警近接遭遇準則》（Code for Unalerted Encounters at Sea, CUES），但中國長期對 CUES 有些保留，最後堅持該準則不具拘束力，才予以同意。CUES 主要是規範當海軍軍艦、海軍航空器在不期相遇時，應採取的安全措施和手段，透過溝通、及時的通信，減少互相干擾和不確定性。中國一邊在南海島礁軍事化，同時宣稱不會針對特定國家。中美在 2014 年 11 月美中簽署兩個軍事互信機制的諒解備忘錄（《重大軍事行動相互通報機制》和《公海海域海空軍事安全行為準則》），當時針對空中接近遭遇、彈道飛彈試射通知，仍存有歧異。2015 年 9 月，習近平訪美，中美達成空中相遇安全和危機溝通的新增附件。兩國同意繼續就「重大軍事行動相互通報信任措施機制」的其他附件進行磋商。美國的海岸巡防部隊、中國海警同意接受，如同海軍軍艦近接時所需採取的行為準則（Rules of Behavior）。中國海軍將應美軍太平洋總部邀請參加「環太平洋－2016」演習。美中兩軍在「新型大國關係」之下，兩國軍事交流的頻率有增加，但質不見得有相對提高，雙

方可以合作的項目仍受到很大的限制。歐巴馬政府國安會官員不否認，美國政府對習近平在南海「填海造陸」活動沒有干預，進行軍事化也未讓北京付出代價。[122]

　　對中國與習近平而言，在南海最大國際挫折是菲律賓尋求國際仲裁及其結果。[123] 中國早在 2006 年 8 月 25 日向聯合國秘書長提交一份書面聲明，依照《聯合國海洋法公約》第 298 條第 1 項（a）劃定海洋邊界爭端、（b）軍事活動爭端、（c）執行聯合國憲章所賦予職務的爭端三款所指的所有爭端，不接受公約第 15 部分第 2 節導致有拘束力裁判的強制程序的任何爭端解決程序，包括任何國際司法或仲裁管轄。菲律賓則根據《聯合國海洋法公約》第 287 條「程序的選擇」提交國際仲裁，並針對公約的解釋或適用的爭端，選擇「按照附件七組成的仲裁法庭」。該附件提到「倘若一個爭端當事國並未出席仲裁庭，或是未為自身辯護，爭端另一方有權要求仲裁庭繼續審理該項爭端，並做出仲裁判斷。爭端一方之缺席或是未能為己方辯護，不得妨礙訴訟程序之進行。仲裁庭在做出仲裁判斷前，應確認：不僅該仲裁庭對於爭端具備管轄權，且訴狀的聲明具有事實及法律之依據」。

　　中國面對國際仲裁訴訟結果之前，就已決定採取不接受、不參與、不承認、不執行仲裁裁決結果的立場。中國外交部副部長張業遂指出「仲裁的訴求是出於政治目的包裝和單方面提起的，仲裁庭的組成是出於政治目的臨時拼湊的，仲裁結果是為實現政治圖謀精心炮製的」（請見 3-7）。[124] 中國原希望藉助臺灣，共同面對菲律賓尋求仲裁的「法律戰」，也希望臺灣了解臺海兩岸在九段線問題上是唇齒相依。對中國而言，最重要的是，臺灣在南

▌表 3-7　海牙仲裁庭對中國九段線與島礁的判斷

（1）九段線與《聯合國海洋法公約》相違背，不具有法律效力；所有南沙群島的海上地物最多只是礁而非島。
（2）黃岩島（Scarborough Shoal）不能產生專屬經濟區或大陸礁層。
（3）赤瓜礁（Johnson Reef）、華陽礁（Cuarteron Reef）、永暑礁（Fiery Cross Reef）不能產生專屬經濟區或大陸礁層。
（4）美濟礁、仁愛礁和渚碧礁為低潮高地，不能產生領海。
（5）南薰礁和西門礁（包括東門礁）為低潮高地，不能產生領海。
（6）中國佔領、管轄並具有 12 海里的島礁：黃岩島；赤瓜礁；華陽礁；永暑礁。

資料來源：作者整理自公開資料。相關影響請見，黎蝸藤，《從地圖開疆到人工造島 —— 南海百年紛爭史》（臺北：五南圖書出版公司，2017 年），頁 645-660。

沙佔有最大島礁（太平島），提供、鞏固中國在南沙的主權基礎。值得注意的是，菲律賓政府與其在國際仲裁案的英美顧問，在是否將太平島納入中國所佔領島礁，有不同的意見，最終太平島未被納入。中國外交部的反應是菲律賓在仲裁訴求中，「刻意將中國臺灣駐守的南沙群島最大島嶼 —— 太平島排除在『中國佔領或控制』的島礁之外，嚴重違反了一個中國的原則，侵犯了中國的主權和領土完整」。[125] 菲律賓政府此一決定，難謂是對臺灣的一種善意，而臺灣也無法成為與此一仲裁不相關的第三方，最後成為仲裁結果直接的受害方。對臺北與北京的領導人而言，太平島竟被仲裁判斷為「礁」而不是「島」。

即使中國在「填海造陸」之後擴大面積成為人工島，依據《聯

合國海洋法公約》第 60 條，人工島不能成為實際的「島嶼」，不能有領海或專屬經濟區。中國或可依規定劃設 500 公尺的「安全區」，美國在航行通過時也需要尊重此一「安全區」的設置，但絕非是認定美濟礁和渚碧礁成為人工島之後，自然擁有 12 海里的領海，美國就不得航行通過。依公約的規定是，若是人工島、設施與建物妨礙到航行自由，此一「安全區」根本不能劃設。美國的「航行自由行動」進入到中國管轄的部分島礁 12 海里之內，中國予以驅離或保持近距離的跟監，說明中美兩國對於海權的角力，其他相關國家只能在詮釋仲裁判斷上表示意見。明顯在仲裁判斷取得勝利的菲律賓，卻出現在仲裁出爐前 12 天就任的新總統杜特蒂，使習近平的南海困境意外得到解除。

中國在南沙的軍事化行動，包括 2018 年 4 月習近平在海南三亞市以南海域，進行大規模海上閱兵，有遼寧號、H-6K 轟炸機等參演。中國在南沙的三個最大人工島礁永暑礁、渚碧礁、美濟礁，有 Su-30、Su-35 戰機、直九 Z-9 反潛直昇機的經常性起降，部署反艦巡弋飛彈鷹擊—12B（295 海里範圍）、長程地對空飛彈紅旗—9B（射程 160 海里）。中國認為與美國相比，在南海可有更多的籌碼，若美國軍事威脅日增，中國可將武器部署到南海島礁。[126] 根據美國亞洲海洋透明倡議（Asia Maritime Transparency Initiative）的研究，中國在 2018 年上半年在西沙群島蓬勃礁（Bombay Reef）設置「海洋-E 站」（Ocean-E Station）強化海上船隻、交通線的電子情報蒐集，是中國控制海洋空間的藍海資訊網絡（Blue Ocean Information Network）的一環。

2019 年 7 月，中共解放軍在南沙群島北端，舉行首度試射 6 枚東風 -21D 反艦飛彈；2020 年初，中共在永暑礁，部署空警 -200 反潛機、空警 -500 早期預警機；8 月，中共在南海試射 4 枚中程彈道飛彈。中國在南沙島礁可充當海上基地的武器載臺，若加上中國南部戰區所配置的 Su-35、H6-J 與南海艦隊的山東艦，即使無法與美國平等較量，對其他美國的地區盟友卻是威懾的重大發展。根據拜登政府印太指揮部司令阿奎利諾（John Aquilino）指稱，中國在南沙島礁可以起飛戰鬥機、轟炸機，並能發揮彈道飛彈系統的所有攻擊能力，任何軍用和民用飛機飛越爭議水道，都很容易進入人工島礁的飛彈射程。[127] 另一種說法是，美國蘭德公司（Rand Corporation）研究認為中國部署的地對空飛彈與戰機，在平時的「灰色地帶衝突」或可扮演角色，但對美軍的高強度軍事作戰最初幾個小時後，就不再是重要的因素（a significant factor）。[128]

　　中國為回應美國海軍在南海的持續存在，將美國列為該地區的第一大麻煩製造者和破壞者。中國南海艦隊經常派艦巡弋西沙、南沙所佔領的島礁，對進入 12 海里範圍內航行的每艘美國軍艦，採取逼近的監視與驅離。2020 年 7 月，龐培歐發表講話後，解放軍發布消息，中國轟 6J 轟炸機首次公開亮相，此一類型轟炸機「能夠準確打擊」在南海進行演習的美國軍艦或其他移動的海上目標。中國人民解放軍也一貫針對美國在南海的「航行自由行動」發表聲明，「美國大搞航行霸權、製造南海軍事化」，證明「美國是不折不扣的『南海安全風險製造者』」。[129]

中國如何面對其他聲索國

2015 年，中國一方面在南海「填海造陸」，另一方面向東協國家提出雙方的海上聯合演習，2018 年 10 月「中國—東協國防部長非正式會晤」（China-ASEAN Defense Ministers' Informal Meeting）予以確認。東協也同時確認將與美國舉行海上聯合軍演，並於 2019 年 9 月執行。中國選擇的海域避開南沙與西沙群島，而是靠近廣東湛江以東的海空域，美國與東協的海上聯合演習則是在暹羅灣以及南海的較為敏感海域，但避開南海島礁爭議的海域，也不聚焦致命的軍事演習，而是以海上救難或登船臨檢等演習為主。

2018 年 10 月中國、東協海上聯演分為兩個階段，10 月 22 日至 24 日的演習港岸活動階段，針對軍事醫學與潛水作業等進行研討，觀摩營救落水人員訓練，召開航前會議及學習安全規定，組織桌面戰術推演，並進行艦艇開放活動。第二階段的參演兵力，包括中方和東協國家的共 8 艘艦艇、3 架直升機、1,200 餘名官兵（請見表 3-8）。[130] 演習的主要目的在於增強中國與東協的國防事務合作，深化海上安全交流，測試《海上意外相遇規則》的使用。這次聯演是東協首次與單一國家進行聯合軍演，也是共軍首次與所有東協開展海上聯演，同時是南部戰區成立後首次組織的多國家聯合演習。

2019 年 4 月，泰國、汶萊、緬甸、菲律賓、新加坡、越南參加中國在青島舉行的 70 週年海軍節活動，順道在周圍海域舉行為期 3 天的中國—東南亞國家「海上聯演—2019」。聯演以共同維護海上安全為背景，以聯合因應海盜威脅和海上應急醫療救援為

▌表 3-8　中、美各自與東協的海上軍演（2018-2019）

中國與東協 2018/10	美國與東協 2019/9
5 天；中國與東協代表（新加坡）主導	5 天；中國與東協代表（泰國）主導
泰國、汶萊、菲律賓、新加坡、越南派遣軍艦參與	同左，增加緬甸派遣軍艦
廣東湛江以東的海域	越南金甌省外南海海域
演習項目：編隊離港、編隊通信、編隊運動、聯合搜救、直升機甲板互降、補給機動占位	到達、登船、搜索與攔截（VBSS）、海事領域覺醒（maritime domain awareness）、戰術訓練、空中拍攝演練、海上追蹤目標、反制海上威脅等
演習性質較靜態	演習性質較動態

資料來源：作者整理自公開資訊。

課題，主要演練項目：編隊離港、編隊通信、編隊運動、聯合搜救、編隊分航等 8 項內容。[131] 中國針對美國與東協在 2019 年 9 月海上聯演，指出：一、美國不遠萬里跑到別人的家門口、在敏感海域舉行聯合軍事演習；二、美國參演軍艦麥爾號在 2018 年 8 月於南海執行「航行自由行動」，進入南沙永暑礁和美濟礁 12 海里範圍內，充滿挑釁意味」；三、演習屬於在非傳統安全領域性質，東協國家不希望針對中國。由表 3-8 可知不是所有東協國家均參與，例如南沙島礁聲索方的馬來西亞缺席，非聲索方的印尼、柬埔寨、寮國也沒有派艦參與。

　　除了南海軍事化之外，北京也採取將南海「內國化」的序列行政公告。2020 年 3 月，中國科學院島礁綜合研究中心永暑站、渚碧站正式啟用功能實驗室。2020 年 4 月 18 日，中國民政部公告，三

沙市西沙區，管轄西沙群島並代管中沙群島的島礁及海域，區政府駐永興島；三沙市南沙區管轄南沙群島島礁及海域，區政府駐永暑礁。4 月 19 日，中國自然資源部與民政部公布 25 個不為人熟悉的島礁與 55 個海底地理實體的標準名稱及其經緯度。[132] 中國在西沙永興島之外，提升南沙永暑礁的行政地位，凸顯永暑礁是經略南沙的核心，對渚碧礁、美濟礁兩個島礁的指揮與支援勢將強化。

中國在南海九段線內加強執法與干擾其他聲索國的油氣勘探活動。2020 年 4 月 3 日，中國海警船隻在西沙永興島附近海域，撞沈越南漁船（QNg 90617 TS 號）。北京宣稱事前有警告驅離。2020 年 4 月中旬，中國「海洋地質 8 號」勘探船在中國海警船艦護衛之下，進入越南萬安灘附近水域，及馬來西亞與汶萊宣稱的專屬經濟區內北康暗沙海域，干擾馬國鑽井船 The West Capella 作業，越南、馬來西亞兩國分別派遣海軍輔助艦加強巡邏。[133] 2020 年 2 月 17 日，菲律賓護衛艦 BRP Conrado Yap（舷號 PS-39）在離開菲律賓巴拉望島公主港前往司令礁途中，被中共護衛艦「六盤水艦」（舷號 514）以射控雷達瞄準。北京宣稱中國軍艦行為只是例行警告，海軍艦隊和飛機為避免過於靠近相互警告是正常的，屬於自衛的措施。

中國不是只以武力或威脅霸凌其他聲索國，也運用機巧外交，除與東協舉行「一對多」協商「南海行為準則」之外，與其他南海島礁聲索方展開四組雙邊的對話機制。2017 年 5 月，中國與菲律賓南海「雙邊磋商機制」（bilateral consultation mechanism，BCM）首輪會議在貴陽舉行。每年上、下半年輪流召開一次，至 2019 年 10 月已召開五輪。2019 年 9 月，中國與馬來西亞亦建立由

兩國外交部主談的南海「雙邊諮商機制」。中國與越南的雙邊海上礎商應是最早（2011 年開始），也最為困難、挑戰最大。中國南海研究院也與政大國關中心自陳水扁政府起進行年度南海對話，2011 年出版《南海情勢評估》。蔡英文政府對此類學術性對話則顯然不感興趣。

　2018 年 8 月，在第 51 屆東南亞國家協會外交部長會議（AMM），中國與東協於新加坡完成《南海行為準則》單一礎商文本草案，納入各國主要關切點，是《南海行為準則》的重要一步進展。依王毅的說法，在此之前「可能有 11 種設計方案，但如今同意用一個設計方案，不僅打好了基礎，也建起四梁八柱，下一步將進入非常具體的案文礎商」。2019 年 7 月底，王毅在泰國曼谷出席與東協外長會議，宣布「2020 年確定為中國－東盟數字經濟合作年」，更宣佈「提前完成『南海行為準則』單一礎商文本草案一讀」。

　2019 年 10 月 13 至 14 日，中方與東協國家在越南大叻舉行落實「南海各方行為宣言」第 30 次聯合工作小組會議。10 月 15 日舉行第 18 次高官會議，由中國外交部邊海司司長洪亮（前駐緬甸大使）代表參加。該項會議就「南海行為準則」案文第二輪審讀交換意見，審議確認新的海上合作專案，並更新「落實『宣言』2016-2021 年工作計畫」。2019 年 11 月初，中國國務院總理李克強在第 35 屆東協高峰會上，承諾在 2021 年完成《南海行為準則》。

　中國雖在新冠肺炎疫情一方面協助東協國家，但卻在南海主權問題上挑動其他聲索國的敏感神經。《南海行為準則》的協商受到疫情的拖延。北京的立場是，該準則雖然提到國際法、《聯合

國海洋法公約》，但絕不是國際法下的條約地位，不應具法律拘束力。中國與東協針對《南海行為準則》規定，南海規範的地理範圍（是否包括西沙）、爭端如何解決、是否可與區域外國家軍事演習、第三方的角色及加入可能性、是否需向聯合國遞交等，有不同意見。中國能拖則拖，避用「談判」（negotiation）而是以「協商」（consultation）代之，進程要一步一步慢慢來，而非儘早結束，以時間換取更大的南海空間（既有佔領的島礁更多建設，甚至是黃岩島填海造陸），一旦無法拖延，則以淡化版、不具法律強制力的《南海行為準則》為擋箭牌。

　　當中國受到南海島礁國際仲裁的打擊之際，菲律賓新政局解除了中國在南海仲裁判斷的挫折。北京的作為是分化東協內部，將主要焦點集中在對菲律賓外事工作上。菲律賓總統杜特蒂在2016 年 10 月訪問中國。中菲兩國協議在經貿、投資、農業、科技、製造業、質檢、金融、基礎設施、減災防災、旅遊、航空、媒體、禁毒、反恐、海警、人文等議題合作。中國承諾「亞洲基礎設施投資銀行」在菲律賓經濟發展中，發揮更大作用，菲律賓與中國重啟南海對話。2017 年 11 月，李克強利用在菲律賓舉行的「東亞高峰會」，與菲律賓發表聯合聲明，提到建立南海問題雙邊磋商機制，有助雙方加強海上對話合作，「雙方願探討在包括海洋油氣勘探和開發等其他可能的海上合作領域開展合作的方式」。[134] 2018 年 11 月，習近平訪菲，簽署《關於油氣開發合作的諒解備忘錄》，但具體海域、詳細細節並未公佈，中國外交部表示尊重菲方是否公布，但「期待與其他南海沿岸國就開展此類合作繼續加強溝通，使南海成為和平之海、友誼之海、合作之海」。[135]

　　2019 年 8 月，菲律賓總統杜特蒂訪問北京，中菲宣佈成立油氣合作「政府間聯合指導委員會和企業間工作組」。習近平將中菲關係與南海問題處理掛勾，表示「只要雙方把這個問題處理妥當了，中菲關係的氣氛就好了、基礎就穩了，地區和平穩定也就有了一份重要保障」，兩國需致力於推動早日達成《南海行為準則》，亦指示「雙方在海上油氣共同開發方面步子可以邁得更大些」。習近平以對菲律賓的經濟援助為誘因，強調推進「一帶一路」倡議與菲國「大建特建」規劃對接，落實基礎設施建設、工業園區、電信、能源等領域重大合作項目。中方承諾進口更多菲律賓優質水果和農產品，將派專家赴菲傳授農漁業技術。[136] 杜特蒂向李克強提到「菲律賓永遠不會同中國對抗」，「西方國家不是 COC（《南海行為準則》）談判方，不應阻礙地區國家的努力」。[137]

　　從習近平的角度，太平洋之大容納得了中國與美國，而「亞洲的問題，歸根結底要靠亞洲人民來處理」。北京認為南海屬於亞洲的問題，北京與東協之間可透過「中國—東協執行南海各方行為宣言資深官員會議」（The ASEAN-China Senior Officials' Meeting on the implementation of the DOC）或其之下的「聯合工作小組會議」（Joint Working Group）來加以協商。從國際社會的角度，尤其從美國的角度，毛澤東在 1974 年的佔領西沙、鄧小平在 1988 年的南沙海戰、江澤民在 1995 年佔領美濟礁、胡錦濤在 2012 年起控制黃岩島，說明北京領導人有以武力改變南海現狀的傾向。在歐巴馬與拜登任內擔任印太事務要職的坎博，認為習近平比前任中國領導人，在南海政策的執行，更是大、小事均管。因此，中國在南海的行為，不能被視為是偶發的危險或錯誤，而是習近平「精心編

排」（well-choreographed）的決策。**138**

一眼緊盯美國

　　中國的南海政策有一隻眼是緊盯著美國的動態。2011 年 11 月，歐巴馬總統、溫家寶總理在「東亞高峰會」競相透過具體方案，爭取與東協家的海事安全合作。2012 年 7 月，中國國務院批覆同意海南省設立地級三沙市，廣州軍區宣讀中央軍委關於同意組建中國人民解放軍海南省三沙警備區的批覆。三沙市委、三沙市人大常委會、三沙市人民政府、三沙警備區也開始運作。這一宣布也引來美國國務院發表聲明，關切黃岩島周邊的意外及設置障礙阻擾通行，特別是，北京提高三沙市的行政層級（由縣級市提高到地級市）及設立新的軍事警備區，違反了「以外交解決分歧的合作精神，增高區域緊張的風險」。當美國「航行自由行動」次數減少，中國在南海島礁的守軍壓力小一些，中國「海警」相對也顯得活躍，不僅出勤執法次數變多，也與越南在北部灣聯合巡邏。

　　總而言之，中國一方面在全面挑戰美國，另一方面透過與東協就《南海行為準則》進行雙邊談判，來降低美國的批評與干預。北京認為，東協在挫敗美國在該地區的政策方面發揮關鍵作用，只要與東協的雙邊關係保持良好狀態，南海問題就可以得到控制。中國南海研究院吳士存認為川普政府為「利用新冠疫情的『視窗期』，加大在南海的單邊行動」、「南海可能成為中美軍事博弈的主戰場，也可能會成為部分西方國家對中國追責的報復手

段之一」。吳士存建議中國應從島礁維權能力建設、民事化功能擴展、海上力量整合、未來海上作戰方式變革應對等方面，做好充分的準備。[139] 中國南京大學南海協同創新研究中心執行主任朱鋒指出，新冠肺炎疫情使得中、美「大國戰略競爭進入全要素對抗時代」，兩國「都有走向碰撞和對抗的趨勢」。中國人民大學教授時殷弘認為中國應避免用一一怒懟方式回擊美國，建議對外戰略軍事、經濟上採取適當收縮。[140]

　　中國內部就對中國的最佳戰略展開辯論。一個學派認為，從新冠肺炎疫情造成的經濟挫折中復甦是中國的首要任務，最好不要過度在南海展示中國的軍事力量。另一位學派認為美國政府在南海的壓力永遠不會結束，中國應堅持採取軟硬兩手相結合的威嚇政策，遏制美國在南海的擴張主義。中國學者對拜登政府南海政策的解讀是，其安全團隊成員是「航行自由行動」的倡議者，集合了干涉南海問題的國際「意願同盟」，雖然加強介入南海問題，但東協對捲入大國安全對抗存有高度警惕，因此美國南海政策的實際效果相對有限。[141]

　　習近平相對於中國之前的領導人，更加重視海洋建軍，包括：兩次重整海上執法力量（海監／海警、武警）、兩次海上大閱兵（三亞／南海、青島／黃海）、兩個新版《海警法》、《海上交通安全法》在 2021 年先後施行等。習近平上臺幾乎與遼寧號航空母艦的成軍同時，都是在 2012 年日本「國有化」釣魚臺之後。習近平「一帶一路」倡議除了陸上，也有海上的「絲綢之路」，更在十九大報告中提到「堅持陸海統籌，加快建設海洋強國」。遼寧號已 10 多次穿越臺灣海峽，繞過臺灣東部到南海也有幾次。遼寧號

航空母艦及編隊在 2016 年 12 月首度突穿第一島鏈，進入日本宮古海峽、臺灣東方的海域進行遠海訓練。之後，「遼寧號」及其護衛艦隊在西太平洋的演練由一年一次（2019 年 6 月、2020 年 4 月），增加為一年兩次（2021 年 4 月、12 月；2022 年 5 月、12 月）。在烏克蘭戰爭爆發之後，中國沒有減緩在西太平洋的軍事演練。2022 年 5 月，遼寧號艦隊再度在石垣島以南、臺灣東方海域約 300 公里西太平洋海域（菲律賓海），連續數天實施艦載戰機和直升機的起降。對習近平及中國解放軍而言，與美軍在南海、臺海衝突之前，需要先在臺灣東方海域、菲律賓苦練海空兵力，站穩腳步讓美國難以介入、干預危機。菲律賓海也將成為中、美海上衝突第一道可能的海域，若習近平與解放軍只能困在第一島鏈之內，美國總統有效預防及處理南海、東海、臺海危機可能性就大增。

本章重點

- ◆ 歐巴馬政府之前的美國南海政策：長時間以來，美國對南海缺乏關注。

- ◆ 轉捩點：南海成為歐巴馬政府「亞太再平衡」戰略下的重點，立場也從中立開始偏向菲律賓和越南，尤其公開支持菲律賓提出仲裁，挑戰中國的主張。

- ◆ 川普、拜登南海政策更為積極：歐巴馬的兩位後繼者，也擴大與東協成員國在南海的合作，並以聯合演習等軍事動作反制中國。

◆ 中國的強勢進取：中國主張南海並非中美問題，希望與東南亞其他聲索國個別解決，排除美國影響力，並增加在南海的「執法巡航」次數。

◆ 習近平軍事化南海：在習近平主導下，中國一方面保證不會有「南海軍事化」，但卻持續軍事化南海島礁，包含舉行閱兵、戰機起降等行動。

◆ 中國如何面對其他聲索國：中國一方面持續強力「加強執法」，但另一方面，也與東協各國共同舉行海上聯合演習，並與其他南海島礁聲索方展開四組雙邊的對話機制。

◆ 一眼緊盯美國：中國希望能排除美國對南海的影響，一方面全面挑戰美國，並且同時與東協就《南海行為準則》進行雙邊談判；對中國而言，與美軍在南海或臺海衝突之前，需要先在菲律賓海站穩腳步，讓美國難以介入；菲律賓海因此是中、美海上衝突可能的第一道海域。

第四章

美國與中國在東海釣魚臺的衝突

　　2012 年，南海與東海發生數十年最動盪的兩個事件，對於現狀的改變不下於 1995 至 1996 年臺海飛彈危機。4 月，菲律賓與中國在南海黃岩島為了捕魚執法發生公務船艦對峙；9 月，日本民主黨野田佳彥政府購置釣魚臺及其附屬的南小島、北小島（中國大陸稱「釣魚島」、日本稱「尖閣群島」），予以「國有化」，對即將上臺的習近平、美國總統歐巴馬的「亞太再平衡」戰略、均造成挑戰。

　　黃岩島事件使菲律賓總統艾奎諾三世在 2013 年 1 月提出國際仲裁。釣魚臺事件使中國海上執法船艦，開始定期巡弋釣魚臺周邊海域，並於 2013 年 11 月宣布東海防空識別區。自由主義的美國總統歐巴馬高度重視美中戰略關係，低調因應中日爭端，促使日本決定調整國家安全與防衛戰略，間接鼓勵中國在 2013 年底於南海的「填海造陸」行動。

　　本章將先檢視歐巴馬政府之前美國、臺灣、日本的釣魚臺政

策，再分別分析歐巴馬因應日本「國有化」釣魚臺、中國宣布東海「防空識別區」的政策，最後觀察歐巴馬決策對亞太安全可能的影響。

釣魚臺爭端的起源，以及美國的角色

1895 年 1 月，日本在甲午戰爭期間，內閣會議以「無主地」、「先占權」，將釣魚臺劃歸沖繩縣的一部份。這是日本政府主張擁有釣魚臺的由來。[1] 臺灣學者有撰文證明釣魚臺在「歷史上一直不屬於琉球群島之一部分」，也有專家認為主權歸屬各有證據，「實在不是可以簡單下結論」。[2] 中華民國政府視釣魚臺列嶼為臺灣的附屬島嶼，在 1895 年 4 月《馬關條約》割讓給日本。1943 年 11 月蔣介石總統在參加開羅會議時，小羅斯福（Franklin D. Roosevelt）總統曾詢及中華民國接管琉球群島的可能性。蔣介石認為「琉球問題可由國際機構委託中美共管，此由余提議，一則以安美國之心，二以琉球在甲午以前已屬日本，三以此由美國共管比為我專有為妥也」。[3] 若蔣介石總統同意接管琉球，日後釣魚臺列嶼領土爭議或不致於出現。

美國政府基於《舊金山和約》第三條「日本同意美國對北緯 29 度以南之西南群島（含琉球群島與大東群島）、孀婦岩南方之南方各島（含小笠原群島、西之與火山群島），和沖之鳥礁以及南鳥島等地送交聯合國之信託統治制度提議。在此提案獲得通過之前，美國對上述地區、所屬居民與所屬海域得擁有實施行政、立法、司法之權利」。1951 年 9 月，美國國務院顧問杜

勒斯（John Foster Dulles）基於第二次世界大戰盟國意見分裂，建議杜魯門（Harry S. Truman）政府採納最好的方案是允許日本保有「剩餘主權」（residual sovereignty），在聯合國託管制度之下，美國為琉球的行政管轄當局。[4] 1953 年，美國琉球民政府（U.S. Civil Administration of the Ryukyus）發佈第 27 號宣告（USCAR 27）西南諸島界定為北緯 29 度以南，正式包括釣魚臺群島。1962 年 3 月，美國總統甘迺迪（John F. Kennedy）在一項針對琉球問題的國家安全備忘錄之下，提到琉球是「日本本土的一部份」，「當自由世界的安全利益允許時，期待可將琉球恢復為完全日本主權日子到臨」。[5] 蔣介石總統在準備反攻大陸之際，對美國「不徵求我國同意」，逕行處理琉球地位歸屬，認為是「美對我之侮辱」。[6]

中華民國政府基於 1943 年《開羅宣言》，提到「被日本竊取的所有中國領土，例如滿洲、臺灣、澎湖，應歸還中華民國」，1945 年《波茨坦宣言》予以確認《開羅宣言》內容必將實施，而日本主權限於本州、北海道、九州、四國」，因而主張釣魚臺列嶼「應歸還給中華民國」。日本在 1952 年《中日和平條約》重申依照《舊金山和約》第 2 條，「放棄對於臺灣及澎湖群島以及南沙群島之一切權利、權利名義與要求」。中華民國政府認定釣魚臺附屬於《馬關條約》所稱的「臺灣全島及所有附屬各島嶼」。

1968 年 10、11 月，聯合國遠東經濟委員會（United Nations Economic Commission for Asia and the Far East，ECAFE）下屬的聯合探勘亞洲海底礦產資源協調委員會（Committee for Co-Ordination of Joint Prospecting for Mineral Resources in Asian Offshore Area，CCOP），由美國海洋地質學家艾默利（Kenneth O. Emery）率領東亞國家代表

團隊，在黃海及東海地區進行地質勘測。1969 年 5 月公布的調查報告被稱為《艾默利報告》（Emery Report），指出「在臺灣與日本之間的大陸礁層高度可能（high probability）有世界最豐富的石油蘊藏」。[7] 此一報告被認為是中國、日本、臺灣爆發爭奪釣魚臺主權的主要根源，但中華民國經濟部早在 1969 年 1 月《石油探勘簡報》指出，在臺灣北部海域、東海海底，有蘊藏石油的可能性，應屬勘探的主權範圍之內，基於釣魚臺「為美國託管地區，或將影響我國探勘權益」，故與內政部、外交部、國防部商討對策，「擬洽我海軍當局先在魚釣島西邊選一小島設置氣候測量站」。[8]

1969 年 11 月，訪美的日本首相佐藤與美國總統尼克森（Richard M. Nixon）發表聯合公報，提到「歸還琉球行政權（the administrative rights）給日本，兼顧美日共同安全利益」。美日兩國政府同意立即協商以早日歸還琉球，且不會對遠東（包含日本）安全造成威脅。對臺灣友好的佐藤首相在同一公報中，提到：「維持臺灣地區的和平與安全，對日本和平與安全亦為重要」。[9] 1969 年，美日將釣魚臺列嶼納入日本防空識別區，對臺灣空軍飛行員的訓練空域造成影響。中華民國政府無法取得釣魚臺列嶼主權，但臺北希望美軍繼續使用釣魚臺列嶼為訓練投彈轟炸場，寧願美軍繼續（而非日本）使用釣魚臺列嶼。[10]

1969 年 7 月，中華民國政府宣示對大陸礁層擁有主權上的權利，並開始規劃海域石油探採。1970 年 8 月蔣介石總統批准聯合國《大陸礁層公約》（Convention on the Continental Shelf），同年 9 月公佈《海域石油礦探採條例》，並在臺灣海峽及東海劃定海域石油礦區，並與美國石油公司如海灣石油公司（Gulf Oil Corporation）

（1970 年 7 月）、大洋探勘公司（Oceanic Exploration Corporation）
（1970 年 8 月）、柯林頓國際公司（Clinton International Corporation）
（1970 年 9 月）及德司福太平洋公司（Texfel Pacific Corporation）（1972
年 6 月）先後簽約及進行探測工作。[11] 隨著日本抗議、中共提出
異議，加上國際海洋法規範不足，美國國務院凍結美商參與全球
大陸礁層開發的政策，實質阻止臺灣與美國石油公司在東海海域
的合作勘探。

1971 年 6 月，美國、日本簽訂《琉球歸還協定》，美國將釣
魚臺列嶼行政權移交給日本，並在 1972 年 5 月正式生效。中華民
國外交部則發表聲明，表示釣魚臺列嶼附屬臺灣省，「基於地理
位置、地質構造、歷史聯繫及臺灣省居民長期繼續使用等理由，
毫無疑問為中華民國領土之一部分，故我國絕不接受美國將該列
嶼之行政權與琉球一併交予日本」。更何況，美國移交行政權並
不等於確認日本對釣魚臺擁有主權。美國國務院亦在 1971 年 6 月
聲明「歸還釣魚臺行政權給日本，不會因此損害到中華民國的相
關主張（can in no way prejudice the underlying claims of the Republic of
China）」。[12]

美國雖不是釣魚臺列嶼主權的聲索國，但擁有實際管轄權，
1969 至 1972 年之間，中華民國在釣魚臺上交涉的對象是美國，而
非日本。[13] 尼克森總統上臺，推動名為和解「低盪」（détente）的
國家安全戰略，東亞國際環境逐漸產生變化。美國與蔣介石所代
表的中國，針對釣魚臺直接協商，並鼓勵日本與中華民國進行協
商，蔣介石也將輸美紡織品、對美軍購等議題，串連到釣魚臺的
議題的思考。1972 至 2011 年，臺灣與日本是釣魚臺爭議的主角，

兩國主權爭議有歷史、國際法不同的詮釋，伴隨主權爭議，臺灣漁民在釣魚臺海域的作業權益，成為雙方衝突的焦點。在此時期，中國北京的釣魚臺政策立場，對整體的爭議尚未具有關鍵性的意涵。

在蔣介石藉由勘探石油以確保釣魚臺主權之後，1970年代初期臺灣保釣運動，卻對中華民國政府造成巨大的影響。尼克森總統注意到保釣運動對中華民國爭取海外華僑政治認同上造成衝擊，而這是他在處理釣魚臺問題上所忽略的一環。[14] 因此，美國國務院在一方面歸還釣魚臺行政權給日本，另一方面強調中華民國主權宣稱不受到損害。蔣介石退守臺澎金馬，在臺灣的中華民國連自身安全都成問題，需要依靠美國協防，不可能對在美國管轄之下的釣魚臺有過多的注意。中華民國外交部在「中華民國對釣魚臺列嶼主權的立場與主張」（2001年5月27日）指出，「自1945至1972年美軍託管期間，釣魚臺列嶼不在日本管轄之下，亦非以任何國家名義統治」，臺灣漁民經常使用該島，沒有受到干擾，再加上當時美軍協防臺海，也使得「對美交涉沒有必要」。

1996年3月臺海飛彈危機之後，6月日本政府通過《聯合國海洋法公約》，執行鄰接區24海里及200海里專屬經濟海域的規定，引起臺日兩國的緊張。該年8月，臺日之間首度召開漁業會談，9月，李登輝政府成立跨部會釣魚臺案工作小組，確立：「1、堅持主張我國擁有釣魚臺列嶼主權；2、以和平理性方式處理；3、不與中共合作解決；4、以漁民權益優先考量等四項原則，以處理任何有關涉及釣魚臺列嶼主權之問題」。

1996年7月14日，日本青年社在釣魚臺列嶼的北小島設置燈

塔；20 日，日本政府開始執行 200 浬專屬經濟海域的規定，由於日本管轄的許多小島鄰近臺灣，兩國經濟海域重疊，漁權糾紛時常發生。日臺間從 1996 年 8 月開始協商漁業問題，至 2009 年 2 月為止共談了 16 次 1996 年下半年，臺灣、香港人士開始另一波的保釣行動，並於 10 月 7 日將兩岸國旗短暫插上釣魚臺。

　　1996 年 10 至 11 月，柯林頓政府國務院發言人勃恩斯（R. Nicholas Burns）不表明美日安保條約是否適用於釣魚臺，國防部副助理國防部長坎博（Kurt Campbell）則認為美國有防守的義務。柯林頓政府官員曾質疑美國是否依據上述條約須自動出兵或必須協助日本，例如，1996 年臺海危機之後，美國駐日本大使，也是卡特政府的副總統孟岱爾（Walter F. Mondale）表示：釣魚臺被佔領不會自動啟動《美日安保條約》，美軍不必然需要依據條約，被迫干預釣魚台爭端；孟岱爾的此一意見在 1995 年就曾在公開訪談出現過，到了 1996 年甚至以臺台灣與釣魚台為類比，說明美國沒有義務須因應中國的軍事攻擊。[15] 1997 年 5 月日本新進黨眾議員西村真悟登上釣魚臺，再度引起兩岸外交部的抗議。

　　在李登輝任內，臺日漁業會談共舉行 5 次。1999 年 2 月，李登輝政府公布「中華民國第一批領海基線、領海及鄰接區外部界線」，雖有釣魚臺列嶼、黃岩島基點名稱，但沒有地理坐標經度與緯度。2003 年 11 月，陳水扁政府公布東海海域的專屬經濟區「暫訂執法線」，釣魚臺列嶼屬於該「暫訂執法線」之內。陳水扁任內召開 10 次臺日漁業會談。

　　馬英九總統上任之初，在釣魚臺海域先後發生海釣船聯合號、漁船全家福號事件，臺灣與日本在 2009 年 2 月舉行第 16 次

漁業會談。在該次會談，兩國同意「為掌握時效處理危機，雙方
同意建立漁業爭端緊急通聯機制。在強化民間交流方面，雙方同
意由臺灣省漁會與大日本水產會就協助處理民事案件進行協商」。
臺日漁業會談雖無法預防危機，但是在危機發生之後，緩和臺灣
內部的不滿，穩定臺日關係有其功能。2010 年 4 月臺北亞東關係
協會與東京交流協會，達成「強化臺日交流合作備忘錄」，雙方宣
示「為推展海事安全及海上秩序之維護，將致力促進交流合作」、
「體認農漁業永續發展之重要性，將致力於強化農漁業的合作與
交流」。[16] 馬英九總統主張臺日定期召開漁業會談，也希望提升臺
日漁業談判者的層級。

　　2012 年 9 月前，中國公務船幾無進入到釣魚臺海域周邊 12 海
里。唯一例外是，中國國家海洋局海監執法船艦海監 46、海監 51
船，在 2008 年 12 月 8 日進入釣魚臺周邊 12 海里長達 10 小時，「圍
繞釣魚島及其附屬島嶼巡航 3 周半，最近處距離釣魚島約 0.96 海
里」，之後直至 2012 年 9 月並未常態化巡航。[17] 2010 年 9 月，發
生在釣魚臺海域的「閩晉漁 5179」撞船意外，中國海監總隊原有
的預案是準備展開針對性行動，但最終「以中日外交大局為重，
海監船撤出，漁政船介入」。[18] 中國最後決定派遣農業部中國漁政
310 號（2,580 噸）與其他約 1,000 噸級的漁政船（如漁政 201 號、
漁政 202 號）常駐釣魚臺海域，但並未進入釣魚臺 12 海里周邊水
域。2011 年 3 月，2 架中國解放軍海軍 Y-8 偵察機接近釣魚臺海域
50 公里處。中國現代級驅逐艦偶而出現在春曉油田附近，中國海
軍殲轟 -7 型攻擊機亦經常飛臨東海日中中間線、接近日本防空識
別區，日本海上自衛隊 F15 戰機亦緊急升空攔截，或出動反潛機

及 EP3 電戰機等偵察機，監視中國軍機活動。[19]

　　美國政府雖對釣魚臺列嶼主權不採取特定立場，但依據《美日安保條約》第 5 條規定，「任一締結方承認對日本行政管轄下土地的武裝攻擊，危及雙方和平與安全，因此宣佈將依照各自憲法條文與程序採取行動以因應共同的威脅」。小布希政府對防衛釣魚臺的表態，調整了前任柯林頓政府的說法：2004 年 3 月，美國國務院副發言人艾理（Adam Ereli）在記者會表示，「尖閣群島自 1972 年交還之後已在日本政府行政管轄之下，1960 年美日安保條約第 5 條提到條約適用到日本行政管轄的領土，因此第 5 條可在尖閣群島適用」。2009 年 3 月，歐巴馬政府表示自 1972 年之後此些島礁即在日本行政控制之下，《美日安保條約》適用於日本行政管轄之下的領土（territories under Japanese administration），但沒有公開、明確說明尖閣群島／釣魚臺是該條約所適用的對象。2012 年 7 月，美國國務院發言人范瑞爾（Patrick Ventrell）指出，「美國的政策是，在尖閣群島最終主權的問題上不採取立場，希望相關聲索國能透過和平手段自行解決」，亦即重複上述的美國立場，釣魚臺行政權連同琉球的一併交還日本，是在《美日安保條約》適用的範圍，但發言層級太低，日本政府並不滿意。

　　美國政府的此一立場隨著釣魚臺列嶼的緊張日升，也逐漸出現調整。2010 年 9 月，中國大陸漁船閩晉漁 5179 號在釣魚臺周邊與日本海上保安廳船隻的撞船意外，隨後被扣押，北京多重施壓日本釋放遭扣押船長詹其雄。北京對日本推遲中國旅遊團赴日，取消日本青年訪問團參加上海世博會，甚至以戰略物資稀土的輸出限制威脅日本，引起日本與美國的不安。歐巴馬政

府國務卿希拉蕊、參謀首長聯席會議主席穆倫（Michael Mullen）均表達對日本盟友的支持，但對日本民主黨政府處理事件的拙劣（maladroit）頗有微詞，亦認為中日發生軍事衝突的可能性是有悖常理（absurdity）。但是，安全研究專家卻認為中日之爭可能引起中美兩國的危機。[20] 不過，即使有此一撞船事件，中國沒有採取進一步推翻日本「有效管轄」釣魚臺的行動。[21]

2010 年 10 月，美國國務卿希拉蕊基於中日釣魚臺爭端，提議美國與中日舉行三方會談，日本外相前原誠司同意此一建議，但北京予以拒絕，認為釣魚臺問題應該由中日雙方直接解決。[22]

美國布魯金斯研究所資深研究員卜睿哲是極少數在 2012 年釣魚臺緊張出現之前，就提出預警的專家。卜睿哲在 2010 年出版的《接近的危險：中日安全關係》一書，引用日本智庫的報告，警告中國人民解放軍在東海擴大海事行動，將升高與日本軍事衝突的緊張，而美國暗示《美日安保條約》適用釣魚臺，將使美國被迫捲入此一爭端。[23]

危機發生，歐巴馬低調因應

歐巴馬在其回憶錄《應許之地》（*A Promised Land*）、國務卿凱瑞（John Kerry）回憶錄《每天都是多出來的》（*Every Day Is Extra*）沒有提到日本與中國釣魚臺爭端，顯未視其為外交政策危機，至多是日中兩國的危機。[24] 歐巴馬總統以「積極、建設性、全面性」（positive, constructive and comprehensive）定位美中關係，也多次考慮接受習近平提議的「新型大國關係」。[25] 雖然中國國力崛起，但

歐巴馬沒有因中國在東海設置防空識別區，而在國防、外交強烈因應。這與日本安倍政府因釣魚臺緊張，而大幅增加國防預算、藉勢強化安保機制，有很大的差異。[26]

在中國崛起之下，美國能否像中國快速因應經濟衰退及全球化的衝擊，中國在東海與南海挑戰數十年的現狀，引起美國內部的質疑與辯論。[27] 共和黨主張強大的國防，批評歐巴馬坐視中國在南海強勢崛起，忽視釣魚臺軍事衝突的可能性，未能嚇阻中國海上進逼，卻要求日本在歷史問題上節制等做法。基本上，歐巴馬未受到這些質疑的影響，採取安全支持日本，但也不對抗中國的政策。

卡特政府國家安全顧問布里辛斯基（Zbigniew Brzezinski）認為歐巴馬政府應扮演權力平衡者與調停者的角色，在中國與日本之間鼓勵兩國真正的和解。[28] 這種論述正是歐巴馬總統在釣魚臺爭端，維持「積極中立」（active neutrality），願意促成中日協商的背景。歐巴馬總統一直到 2014 年 4 月，釣魚臺爭端最緊張時刻已經過去之後，訪問日本時才首度以總統的身份，表明釣魚臺納入《美日安保條約》第五條的範疇。在此之前，歐巴馬政府對安倍首相訪問靖國神社表達失望，認為在中日為釣魚臺爭端僵持之際，參拜會加深日本與中國之間的緊張。歐巴馬政府雖在安保傾向日本，但期待能維持釣魚臺主權中立的立場，鼓勵日、中和平解決，固然需要中國克制，也要有日本的妥協。

東海釣魚臺爭端捲入全球前三大經濟體，日本本身有能力因應中國的挑戰，美國絕大部分的時間，選擇不軍事干預，不像在南海必須透過軍艦、戰機，傳遞海空航行與穿越自由的立場。歐

巴馬總統雖將釣魚臺納入《美日安保條約》的範疇，反對任何片面破壞日本行政管轄的任何片面行動，縮小了模糊的空間，但這建立在國務卿希拉蕊 2013 年對釣魚臺同一立場的表述之後。[29] 這反映美國對釣魚臺的安全承諾用語調整極其謹慎（請見表 4-1），日本自此之後也一再要求在美日高峰會時，納入明確的美方承諾。中、日在因應釣魚臺「國有化」事件，習近平快速決策，不像安倍必須面對國會與冗長的立法程序，但中、日對抗，形同中國必須對抗美日同盟。歐巴馬的慎言與低調，排除了習近平對美方介入的憂慮。

2015 年 11 月，美國國防部長卡特在加州發表演講，指出中國是未來亞洲最具影響的因素，美國正將重心轉移至亞太地區，「為該地區更廣泛範圍的突發狀況預作準備」，承諾將會在南海進行更多海上巡邏，確保航行自由權。[30] 卡特沒有提及東海相關海洋權利或潛在衝突，顯示美國更擔憂南海的和平穩定。歐巴馬政府對日本獨力在東海抵抗中國傳統與非傳統壓力，具有較大的信心，認為日本可自我救濟，美日同盟必要時再發揮嚇阻的力量。然而，美、日不願見到中國有外力的協助使東海問題複雜化，例如，中國與俄羅斯自 2012 年開始東亞海域（如東海、黃海、日本海）舉行年度聯合海軍護航、防空、反潛，甚至包括聯合防空及聯合空中查證、兩棲聯合登陸等演習等。[31]

亞太事務助理國務卿坎博在其專書《轉向》（The Pivot），提到釣魚臺在 2010 年、2012 年、2013 年連續有三次危機。[32] 如前所述，2010 年 9 月，中國漁船閩晉漁 5179 號在釣魚臺周邊與日本海上保安廳船隻的撞船意外，北京多重施壓日本釋放遭扣押船長詹

▌表 4-1　美國政府對釣魚臺列嶼爭端表述的變化

時間	美方表述
1996 年 10 月	美國駐日大使孟岱爾提到，美軍不必然需要依據條約干預釣魚臺爭端。
2004 年 3 月	美國國務院副發言人艾理（Adam Ereli）指出《美日安保條約》第五條適用到日本行政管轄的領土，釣魚臺涵蓋其中。
2010 年 10 月	國務卿希拉蕊·柯林頓提到釣魚臺是《美日安保條約》第五條涵蓋的範圍。
2013 年 1 月	國務卿希拉蕊提到美國反對任何尋求破壞日本對該等島嶼行政權的片面行為。
2014 年 4 月	歐巴馬總統在美日聯合聲明首度將釣魚臺爭端納入《美日安保條約》。
2017 年 2 月	川普與安倍聲明反對破壞日本行政管轄下釣魚臺的任何片面措施
2021 年 1 月	國防部長奧斯汀（Lloyd Austin）提到美國反對任何片面嘗試改變東海的現狀。

資料來源：整理自本文相關資料；國防部長奧斯汀談話，請見 Mark E. Manyin, *The Senkakus*（*Diaoyu/Diaoyutai*）*Dispute: U.S. Treaty Obligations*（Washington, DC: Congressional Research Service, 2021）, p. 11。奧斯汀將釣魚臺現狀的地理範圍擴大為東海現狀。

其雄，最終「以中日外交大局為重，海監船撤出，漁政船介入」。[33] 北京對日本推遲中國旅遊團赴日，取消日本青年訪問團參加上海世界博覽會，甚至以戰略物資稀土的輸出限制威脅日本，引起日本與美國的不安。

　　2010 年 7 月，國務卿希拉蕊與中國外長楊潔篪在越南河內「東協區域論壇」針對南海議題各有表示；10 月，希拉蕊與日本外相前原誠司在夏威夷聯合記者會上，提議美國與中日舉行三方會

談，由中日雙方直接解決。[34] 2010 年，若說歐巴馬政府在南海問題是準備好與中國於國際場合的較量，希拉蕊宣示美國插手的立場，倒是北京被「意外突襲」而未能立即反擊。希拉蕊在東海釣魚臺問題上要調停兩個大國，不像是精心策劃的方案，在北京反對下就難以為繼。

2012 年 4 月，東京都知事石原慎太郎在美國傳統基金會（Heritage Foundation）演講時，提議購買釣魚臺，並在 7 月 27 日於美國《華爾街日報》刊登廣告，要求美國協助日本對付強勢興起的中國。日本野田政府為阻止極右派掌控釣魚臺，9 月將釣魚臺、北小島、南小島，以 20 億 5,000 萬日幣，收歸完成「國有化」的程序，掀起中國、臺灣、日本的第一波危機。在收購過程中，歐巴馬政府曾與野田政府秘密諮商，要求日本與中國直接溝通，而日方認為已取得中方的諒解，但實情卻非如此。[35] 野田政府認為上述諸島在 1932 年之前被日本政府所擁有，後來其所有權被轉移到民間人士，此次政府購買尖閣諸島，並沒有對現狀有重大的改變，更為日中建交 40 週年之際投下危機的陰影。11 月，日本外相玄葉光一郎，於《國際先鋒論壇報》（International Gerald Tribune）提到，既然中國有異議，為何不將此一爭議訴諸於聯合國國際法院（International Court of Justice），「按照國際法律來尋求解決方案似乎更為合理」。[36]

日本購島、中國強烈反應，美國針對釣魚臺的最終主權歸屬仍不持特定立場，對中日之間的爭議，採取低調，不主動介入的態度。2012 年 9 月，中國國家副主席習近平對訪問北京的美國國防部長潘內達（Leon Panetta）表示，希望美方「不要介入釣魚島

主權爭議，不要做任何可能激化矛盾及使局勢更複雜的事情」；10 月，副國務卿伯恩斯（William J. Burns）指出，基於中、日關係對全球經濟的重要性，美國期待中、日兩國採取冷靜、適當的途徑，透過對話、外交，而非高壓、威脅或非和平手段解決爭端。[37] 2013 年 1 月，希拉蕊卸任國務卿之前表示，美國反對「任何尋求破壞日本對該等島嶼行政權的片面行為」，意指美國反對中國在釣魚臺的片面行動。[38] 4 月，歐巴馬政府歡迎臺灣與日本在「國有化」釣魚臺危機後簽訂漁業協定，使該海域減少來自臺灣漁民的干擾。[39] 9 月及 10 月，美國亞太事務助理國務卿羅素（Daniel A. Russel）、國務卿凱瑞口徑一致，強調中國與日本第二大、第三大的經濟體，需要以全球經濟發展為考量，不容為領土分歧冒著對抗的風險，美國反對武力使用或威脅，或以高壓片面手段改變現狀，來解決領土爭議，希望中日兩國能為國際安全環境考量，透過各種不同層級，以外交途徑、冷卻緊張，解決分歧及避免出現危機。[40] 值得注意的是，歐巴馬總統沒有在此一階段將釣魚臺納入《美日安保條約》，以免使習近平認為是美國是火上澆油。

歐巴馬在 2008、2012 年美國總統大選均贏得過半的普選票（popular votes），但民主黨自 2010 年期中選舉失去眾議院多數，2014 年期中選舉再失去參議院的掌控，雖然如此，但美國國會對日本在釣魚臺爭端立場的支持與行政部門幾乎一致。若無日本民主黨政府購置釣魚臺引發一連串中日緊張，歐巴馬政府與國會對東海不會有太多的關注。美國政府在釣魚臺爭端上的決策，極少有來自國內、國會的壓力因素，而且常被誤認美國承認釣魚臺主權屬於日本。[41] 2012 年 9 月，美國國會研究服務處首度公布內容

極為簡略的《尖閣（釣魚、釣魚臺）爭端：美國條約義務》報告，
內容包括：美國在 1953 年至 1971 年在釣魚臺行使行政管轄權；參
議院在 1971 年同意通過《琉球歸還協定》；美國如何看待聲索方
的主張；《美日安保條約》與爭議島礁的關係，及美國國會特別需
要注意的面向。[42]

美國被迫表態：中國劃設防空識別區

2013 年，前國務院官員容安瀾認為歐巴馬政府不宜輕易啟
動條約承諾，最好維持低姿態，公開與私下勸告中日雙方維持冷
靜，讓局勢恢復平穩。[43] 歐巴馬政府雖然沒有支持日本的主權主
張，卻隨著習近平宣布劃設東海防空識別區，而進一步連結釣魚
臺與《美日安保條約》的關連性。2013 年 11 月，美國國家安全顧
問萊斯表達美中正尋求運作「新型大國關係」的可能性，美中之
間除合作，也需要管控紛爭。[44] 萊斯演講結束第三天，東海上空
出現重大的改變，中國無預警宣布實施東海「防空識別區」。這使
得中日之間幾無解決釣魚臺主權問題的可能性，只能控管危機不
致惡化，也使美國被迫更清楚表態。

日本指出中國規定所有飛經防空識別區的航空器都須提交
飛行計畫是「非法侵犯了公海上空飛行自由的原則」，中方單方
面試圖改變東海現狀。安倍政府表達中方的宣布對日本沒有拘束
力，要求中方取消東海防空識別區劃設的決定，日方將繼續在東
海執行一貫的任務。[45] 日本政府要求其國籍航空公司勿遵守中方
的規定。日本嚴重看待中國劃設東海防空識別區，因其如同將釣

魚臺視為中國的領土，從而使日本在環繞領土、主權、海洋經濟利益的「灰色地帶情勢」（gray-zone situations，既非平時事件，亦非軍事緊急事態）想定，面臨增加及擴大的挑戰。[46] 2013 年 12 月，日本防衛省在《中期防衛計畫，2014-2018 會計年度〉（Medium Term Defense Program，FY2014- FY2018）報告指出：決定強化自衛隊的因應兩棲登陸的能力；購置無人偵察機（如「全球鷹 Global Hawk」），強化情報監視與偵察的能力；重新討論統合幕僚監部的機能，強化海陸空自衛隊的統一指揮和運作。[47]

　　對 2013 年 1 月就任國務卿的凱瑞而言，美國對華政策最優先的議題是與中國的氣候變遷合作（4 月訪問北京洽談），及針對伊朗核武計畫的聯合國安理會常任理事國加上德國（P5+1）的談判在 11 月才要開始。[48] 美國國務卿凱瑞在北京宣布「防空識別區」之後，立即表達此乃「試圖」改變東海現狀的片面行動，增加緊張與意外的風險，呼籲中國對無意進入其領空又未回應或遵守指令的外國航空器，不要採取行動。[49] 2014 年 2 月，助理國務卿羅素直言中國的「東海防空識別區」是「挑釁行動與錯誤方向的嚴重一步」，呼籲北京「應該避免在此地區的其他地方採取相同的行動」，亦即不願意見到中國大陸在南海宣布防空識別區。[50]

　　國防部長哈格爾指出，防空識別區雖不是新的發明，但美國最大的關切是，中國片面且未與國際諮商而迅速施行，顯然是嘗試改變現狀，造成不穩定的情勢。參謀首長聯席會議主席鄧普熙指出：中國主張所有在東海「防空識別區」航機，要報告飛航計畫，不管是否飛往中國大陸，是造成不穩定的主要因素。[51] 這些談話顯示，若中國事先知會各相關方，對通過東海防空識別區

而沒有進入大陸的航機，不要求提供資料，則美國可接受中國劃設的決定。2013 年 11 月 26 日，美國自關島派遣兩架未裝載飛彈之 B-52 轟炸機，在未事先通報北京的情況下，飛經東海防空識別區，直接挑戰中國此一宣告的正當性。[52] 但是，歐巴馬政府並非持續高調以軍事挑戰中國的防空識別區，也未如《華爾街日報》社論所建議，與日本在釣魚臺海空聯合巡邏，或取消副總統拜登訪問北京。[53]

2013 年 12 月初，副總統拜登訪問日本安倍晉三、中國習近平及韓國朴槿惠。拜登與習近平會晤 5 個多小時，表明美國不認可該防空識別區劃設方式的正當性，但沒有要求北京撤銷此一宣布，希望北京採取措施降低緊張，避免造成危機的行動。[54] 歐巴馬政府反對中國劃設東海「防空識別區」的方式，如宣布之前不到一小時之內知會美方。[55] 言下之意，若北京較早告知，美方或可默認。然而，聯邦航空管理局（Federal Aviation Administration）建議美國民航公司遵守中國的要求，在飛入東海「防空識別區」前先通知中方，與日本政府的作法有所不同。歐巴馬政府表明中國「試圖」而非直接判定為「改變現狀」，不希望日本過激反應或升高危機，使得美中戰略合作關係受到影響。

小布希政府副助理國務卿柯慶生（Thomas J. Christensen）指出，東海防空識別區是唯一在其劃設區域範圍內有領土重大爭端的例子，加上中國國防部公告對不遵守的外國航空器「將採取防禦性緊急處置措施」，而造成心理上的衝擊。他也觀察到歐巴馬政府因應立場的不一致，先要求中國取消東海防空識別區，後不承認它的劃設方式，卻要求中國謹慎執行相關的規定。[56] 這種不

一致也出現國會參、眾議院的決議案之中。例如，2014 年 7 月 10 日時任外交委員會主席、參議員曼南德茲（Robert Menendez；民主黨，新澤西州）提出的〈參議院 412 號決議案〉呼籲中國放棄實施東海防空識別區規定；同年 12 月 3 日，眾議員法雷歐買加（Eni F.H. Faleomavaega；民主黨，美屬薩摩亞）提出〈眾議院 714 號決議案〉，不承認中國東海防空識別區。這兩項決議案均提到日本、韓國、澳洲、菲律賓、印尼對中國東海防空識別區的疑慮，要求美國與盟友建立夥伴關係，持續展現確保航行自由的實踐。[57]

　　在中國宣布東海防空識別區之後約一個月，2013 年 12 月 26 日，安倍晉三參拜靖國神社，引發歐巴馬政府發表極少出現過對日本的批評，認為此舉加深日中緊張。[58] 2014 年 1 月，美國副國務卿伯恩斯訪問東北亞，最重要的議題仍是日中關係，包括靖國神社、釣魚臺爭議、東海防空識別區等。中、日亦啟動一連串在美國本土的國際宣傳戰。[59] 美國在中日之間勸和，是政策菁英與重要媒體的基調。小布希政府國務次卿勃恩斯（Nicholas Burns）指出：歐巴馬須協調兩國自制，勸告日本安倍首相不要參訪靖國神社，降低與中國的敵對措施，亦須請北京節制其軍事行動，交由國際仲裁，取代以脅迫處理區域領土爭端。[60] 美國主要媒體對中、日各有批評，似較歐巴馬政府更維持中立的立場。《紐約時報》社論對安倍政府「令人不安的民族主義外交政策，和積極對抗中國咄咄逼人的態度」有微詞，呼籲歐巴馬政府找到能捍衛日本的利益，敦促中國謹慎和克制，更「須幫助中日雙方避免因日益升高的緊張局勢，而導致發生衝突之道」。[61]《華盛頓郵報》社論，提到中國「也許應與日本及其他鄰國劃設一個可分享航空資

訊的共同識別區，並同意就此共同區下轄水域及島嶼之主張，達成解決辦法」。[62]

2014 年 1 月，美軍太平洋司令洛克利爾表示，美國對太平洋的絕對控制正在終結，中美兩國軍隊間有必要構築直接聯絡機制以因應突發狀況，指出中國在執行東海防空識別區沒有特別危險的空中行為，但太平洋空軍指揮官卡來爾（Herbert "Hawk" Carlisle）表示，若中國劃設南海防空識別區將是高度挑釁，美國強烈反對。[63] 2014 年 1 月中旬，安倍的國家安全保障局局長谷內正太郎訪美。美日同意加速促成遷移美軍駐普天間基地，以前瞻性思維修訂美日《防衛合作指針》，促使日本在區域和平穩定扮演更積極的角色，強化美日同盟關係。1 月 22 日，安倍晉三在瑞士東部達柏斯（Davos）世界經濟論壇，回覆記者詢問是否可想像日中戰爭時，提到日、中關係有如第一次世界大戰之前英國、德國關係，兩國雖有龐大貿易，卻難以阻止 1914 戰爭的爆發。[64] 安倍在 1 月 24 日，日本眾議院全體會議上發表施政演說，表示將尋求憲法的解釋，允許行使集體自衛權，並針對自衛隊赴海外開展行動，強調致力於世界和平與穩定的「積極和平主義」的意義。[65] 安倍再度指責中國劃設東海防空識別區及擴大海洋活動的行為。安倍這兩次談話可視為日本強化安保體制的關鍵轉捩點。

2014 年 4 月，歐巴馬訪問日本、南韓、馬來西亞與菲律賓。歐巴馬歡迎與支持日本考慮行使集體自衛權相關事宜，並讚賞日本設置國家安全會議，設立資訊安全法律架構，強化美日兩國政策與情報的合作。歐巴馬與安倍的聯合聲明中，首度以總統身份，明確將釣魚臺納入《美日安保條約》第五條，提到美日關切

東海與南海安全，支持早日達成《南海行為準則》及透過國際仲裁解決南海海事爭端，並將協助東南亞沿岸國家建立海洋空間意識（maritime domain awareness）及維持安全能量。[66] 由此可見，美日不只是關心東海的問題，也希望與相關國家在南海加強合作，促使中國調整立場。同月，中國人民解放軍在山東省青島市召開的《西太平洋海軍論壇》（Western Pacific Naval Symposium），首度妥協並接受不具法律拘束力的《海上非預警近接準則》（Code for Unplanned Encounters at Seas），算是走出一個小步。然而，美國專家的兵棋推演或將東海與南海連結在一起，例如，美國停止在南海的「航行自由行動」，交換中國不再東海釣魚臺海域的定期巡弋。[67]

　　2014 年 8 月，美國副國防部長沃克（Robert Work）訪問日本、韓國，在關島強調美國「絕不想遏制中國」，希望中國「和平崛起」，但也透露 5,000 名海軍陸戰隊員移師關島、2,500 名海軍陸戰隊員駐紮澳洲，使美軍在「亞洲戰區」內迅速移動。沃克明確指出，美軍計畫在日本部署 3 個兩棲準備群、1 個兩棲戰艦群，使美國在整個太平洋地區，擁有兩個旅可作戰 90 天之久，而美軍在日本的兵力重新調整，包括：建造第二座「移動式雷達監視及控制模型 II」（Transportable Radar Surveillance and Control Model 2，TPY-2，即相位、高解析度雷達站），可做為飛彈防禦之用；2017 年將在日本部署 F-35 戰鬥機，增加 2 艘飛彈防禦戰艦部署到橫須賀港等。[68] 沃克與日本防衛官員針對修訂日美《防衛合作指針》中期報告，感謝安倍首相解禁集體自衛權，通過保密法、武器出口政策鬆綁，使得美國、日本、澳洲有更大國防合作空間，日本可以在美日、區域及全球安全上扮演更大的貢獻。

中國從被動轉為主動

　　中國政府主張釣魚臺在《馬關條約》由清朝政府割讓給日本的「臺灣及其附屬島嶼的範圍之內」。釣魚臺屬於中國，不是「無主地」。依據《開羅宣言》、《波茨坦宣言》，日本必須無條件歸還其竊取的中國領土，包括釣魚臺列嶼。北京依據上述兩項宣言，主張「釣魚臺作為臺灣的附屬島嶼應與臺灣一併歸還中國」。中國的立場是釣魚臺屬於臺灣附屬島嶼，而臺灣是中國一部份，因此，釣魚臺列嶼主權屬於代表中國的中華人民共和國所擁有。對東京而言，1972 年 9 月中日建交，日本政府只有「充分理解及尊重」（fully understand and respect）而非「承認」中國政府的主張（臺灣是中華人民共和國領土不可分割的一部分）。

　　針對 1951 年《舊金山和約》，北京指出由於沒有「中華人民共和國的參加，無論其內容和結果如何，中央人民政府一概認為是非法的，因而也是無效的」。這一點與中華民國有所不同，因為在 1952 年《中日和平條約》，中華民國接受及承認《舊金山和約》。中國在 2013 年 9 月公布的《釣魚島是中國的固有領土》白皮書，批評「美國擅自擴大託管範圍，非法將中國領土釣魚島納入其中」，批判美國在 1971 年 6 月「後將釣魚島『施政權』『歸還』日本，都沒有任何法律依據，在國際法上沒有任何效力」。

　　1972 年中國與日本建交，釣魚臺主權問題被擱置，中國總理周恩來提到「現在談這個問題不好」。1978 年 4 月，大陸漁船 100 多艘圍繞釣魚臺數日後散去，8 月《中日和平友好條約》簽訂，10 月 25 日鄧小平訪問日本，與福田赳夫總理會晤，對釣魚臺問

題表示：「也許我們這代人缺少智慧不能解決，但下一代總比我們聰明，一定會解決問題。看待該問題需要從大局出發」。中國於 1992 年頒布《中華人民共和國領海及毗連區法》，規定「臺灣及其包括釣魚島在內的附屬各島」屬於中國領土。2004 年 3 月，中國大陸保釣人士馮錦華等七人成功登上釣魚臺。這比《中國時報》記者姚琢奇等人在 1970 年 9 月、臺北縣議員金介壽 1996 年 10月登島插旗晚了許多。

2010 年 9 月發生閩晉漁 5179 號在釣魚臺周邊的撞船意外，中國對日本使出多重手段，施壓釋放遭扣押船長詹其雄，包括：對日本推遲旅遊團赴日，取消日本青年訪問團參加上海世博會，甚至以稀土輸出威脅日本。即使有此一撞船事件，胡錦濤沒有採取進一步推翻日本「有效管轄」釣魚臺的行動，一直到 2012 年 9 月，釣魚臺現狀因日本正式「國有化」、中國海監船定期巡弋釣魚臺周邊海域，才正式打破至少 30 年日本在釣魚臺海域維持的專有、片面管轄權現狀。

在東京都知事石原慎太郎在 2012 年 4 月在美國傳統基金會提出購買釣魚島之前，中國為了中斷日方的「時效取得」，進一步派遣海監船進入釣魚島海域。2012 年 3 月，中國國家海洋局東海總隊所屬兩艘船艦海監 50（第 5 支隊）、海監 66（第 6 支隊）組成編隊，進入釣魚島及其附屬島嶼（黃尾嶼東北方）周邊 12 海里。2012 年 3 月，中國依據 2009 年《中華人民共和國海島保護法》，公佈了釣魚島及其部分附屬島嶼的標準名稱。2012 年 9 月 10 日上午，日本閣僚會議通過釣魚臺「國有化」決定，當晚中國發表聲明，公布釣魚島及其附屬島嶼的領海基線。中國透過發佈天氣

和海洋觀測預報等，對釣魚島及其附近海域實施管理。11 日，中國外交部聲明指出，「這是對中國領土主權的嚴重侵犯，是對 13 億中國人民感情的嚴重傷害，是對歷史事實和國際法理的嚴重踐踏」。[69] 13 日，中國向聯合國秘書長交存釣魚島及其附屬島嶼領海基點基線的座標表和海圖。

9 月 14 日、18 日中國 4000 噸級海監 50 分別進入釣魚臺周邊海域。16 日，中國決定向聯合國海洋法大陸礁層界限委員會提交東海部分海域 200 浬以外大陸礁層劃界案。25 日公布的《釣魚島是中國的固有領土》白皮書，宣稱「中華民族在維護國家主權和領土完整問題上有著堅定的決心。兩岸同胞在民族大義面前，在共同維護民族利益和尊嚴方面，是一致的」，形塑中港臺一致在釣魚臺問題上，將日本視為對抗的目標。

29 日，中國政府斥資在《紐約時報》與《華盛頓郵報》刊登廣告，說明釣魚臺屬於中國。中國的釣魚臺政策出現全面性、大幅度的調整，由被動轉為主動，由消極轉為積極，由間接轉為直接。中國大陸主要城市亦掀起中日建交以來最大的反日示威活動，破壞部分日商營運點、抵制日貨、取消訪日團，使日本工業生產指數遭受 2001 年九一一事件以來的最低點。[70] 2012 年 11 月，胡錦濤宣讀的中共十八大報告，強調「提高海洋資源開發能力，發展海洋經濟，保護海洋生態環境，堅決維護國家海洋權益，建設海洋強國」。

2012 年日本對釣魚臺等三島嶼的「國有化」，引起中日之間一連串的對峙、反應與反制。此一爭端再起，日本是發動方，但是中國在換屆交班之際，北京掌握改變釣魚臺周邊現狀的機會，

包括：公布多項行政管轄釣魚臺的措施、海上執法船艦飛機進入12海里、公布東海「防空識別區」等。習近平在《中國武裝力量的多樣化運用》（2013年4月），提到「個別鄰國在涉及中國領土主權和海洋權益上採取使問題複雜化、擴大化的舉動，日本在釣魚島問題上製造事端」。[71] 習近平在第二本國防報告書（2015年），提到海軍「逐步實現近海防禦型向近海防禦與遠海護衛型結合轉變」及「突出海上軍事鬥爭的軍事鬥爭準備」。[72] 第三本國防報告書（2019年）則以習近平的「新時代」為名，提到中日在東海問題上，「圍繞東海海空危機管控、海上執法、油氣、科考、漁業等問題進行溝通，達成多項共識」，但指責在南海「個別域外國家〔美國〕艦機對中國頻繁實施抵近偵察，多次非法闖入中國領海及有關島礁鄰近海空域，危害中國國家安全」。[73]

有關中日在東海釣魚臺爭端的處理，中方自己的評估是滿意的，藉由日本的「國有化」行動，習近平有合理防衛的理由，改變過去由日本單方面管轄釣魚臺周邊的現狀。直到劃設東海「防空識別區」之前，歐巴馬政府的回應相當溫和。習近平認為他在南海議題上也必須要有所作為，菲律賓在黃岩島事件之後提交國際仲裁，讓「填海造陸」有合理的理由。2017年《中國的亞太安全合作政策》白皮書提到「對於侵犯中國領土主權和海洋權益、蓄意挑起事端破壞南海和平穩定的挑釁行動，中國將不得不作出必要反應。任何將南海問題國際化、司法化的做法都無助於爭議的解決，相反只會增加解決問題的難度，危害地區和平與穩定」。[74]

2013年7月，中國政府簡政放權，在國務院進行機構改革和

職能轉變。中國「國家海洋局」在「三定」方案（定機構、定編制、定職能）進行組織調整，結束多年來「五龍治海」的海上執法現象，除交通運輸部的「海事」之外，將原有國家海洋局「海監」、公安部「邊防海警」、農業部「漁政」、財政部「海關緝私」整併，重新組建「國家海洋局」，並以「中國海警局」名義展開海上維護權利執法。2018 年 6 月，中國依照《深化黨和國家機構改革方案》和《武警部隊改革實施方案》決策，將海警劃歸中國人民武裝警察部隊領導指揮，新組建中國人民武裝警察部隊海警總隊，簡稱中國海警局。

2013 年 7 月，日本首相安倍晉三訪問石垣島，聲稱中國公務船隻在釣魚島周邊海域的活動日漸頻繁，致使日本的領海警備形勢更為嚴峻」，宣示堅決保衛國民的生命、財產及領土、領海、領空。安倍政府亦藉由《2013 年日本國防》報告書，指出「中國已採取了強制性行動，包括一些危險的行為」；「中國的行動包括『侵入日本領海、侵犯日本領空，甚至採取了可能會導致意外發生的危險行動』」。日本指控，在 2013 年 1 月 19 日，中國驅逐艦飛彈發射雷達，瞄準、鎖定日本戰鬥直升機。報告書提到「（中方）這些行為令人十分遺憾，中國應接受並堅持國際規則」。[75] 防衛省文件的宣示或安倍實際到訪管理釣魚臺的石垣島，均有針對中國並進行反制的意涵。

中國發揮的是毛澤東的「人若犯我，我必犯人」或「後發先至」戰略，看似「防衛性」但打破維持至少 40 年的日本有效管轄釣魚臺周邊海域狀態。中國、臺灣具體獲得部分利益，日本、美國陷入相對被動。釣魚臺海域成為東亞最具有危險性的海域，一

度被認為超過不穩定的南海情勢。中國國家海洋局海洋發展戰略研究所指稱「2013 年中國海洋事業將要迎接更為嚴峻的挑戰，海洋權益鬥爭日益艱巨，海洋空間爭奪日趨激烈，改善海洋環境任務愈加緊迫」。[76] 即使到了 2018 至 2019 年，習近平仍指出建設強大海軍的任務「從來沒有像今天這樣緊迫」，指示要「扭住薄弱環節，聚力攻關突破，加快提升能力。要加強前瞻謀劃和頂層設計，推進海軍航空兵轉型建設」。[77]

中國以日本海上保安廳艦艇為假想敵，認為中國「難以有效完成對釣魚島諸島及周邊海域的管控和執法行動」，建議儘快改造或新建萬噸級能停泊直升飛機，而中、小型艦艇「速度都不能低於三十節」，並指出中國「執法公務飛機無論在數量上還是在續航力上都有一定差距，影響了釣魚島維權執法的快速反應能力」。[78] 由於中國人民解放軍海軍進入釣魚臺周邊，會引起中日軍事緊張，中國「海警」可以「在和平時期代表國家行使海洋行政執法事權，凡海軍不好出面的與鄰國的涉海糾紛，均可以由海岸警衛隊出而處理，同時也可以為中國海軍儲備後備力量和專業人才。中國海岸警備隊在戰時，則可直接支援海軍軍事行動，或協調配合行動，具備海岸近海防衛能力」。[79] 中國海監增強艦艇艘數，強化執法能力，主要是因應東海與南海情勢的發展，但空中飛機執法架次卻沒有同比增長。[80]

值得注意的是，中國在東海採取積極海上或空中執法的措施，卻也重視危機的預防，主張以和平方式解決，在爭端解決之前，在長期僵持下使形勢可控，甚至可做出某種臨時安排。[81] 2013 年 7 月，習近平在中共政治局第八次集體學習會的指示，中

國「走和平發展道路，但絕不能放棄正當權益，更不能犧牲國家核心利益。需要統籌維穩和維權兩個大局，堅持維護國家主權、安全、發展利益相統一，維護海洋權益和提升綜合國力相匹配。堅持用和平方式、談判方式解決爭端，努力維護和平穩定。要做好應對各種複雜局面的準備，提高海洋維權能力，堅決維護海洋權益。要堅持『主權屬我、擱置爭議、共同開發』的方針，推進互利友好合作，尋求和擴大共同利益的匯合點」。[82]

美國智庫蘭德公司提出中國在東亞及東南亞使用的「灰色地帶衝突」種類有：（1）軍事恫嚇（軍隊調遣、大規模軍事演習）；（2）準軍事活動（海上執法、海上民兵集結）；（3）國有企業參與（中國石油天然氣、中國交通建設集團）；（4）操縱邊界（「填海造陸」）；（5）資訊宣傳戰；（6）法律及外交措施；（7）經濟脅迫。[83] 中國「海監」船艦、飛機開始進入釣魚臺 12 海里或其周圍海域，成為「常態化」維權的主要行動方式。中國海監在造艦不及之下，由破冰船或各種軍艦（驅逐艦、遠洋拖輪、測量船、電子偵察船）轉為海監船艦（請見表 4-2）。[84]

在日本「國有化」釣魚臺之後一年（2012 年 9 月至 2013 年 9 月），中國海監通常以兩支巡航編隊各 4 艘船艦，如海監 50（3980 噸）、海監 15、海監 26、海監 27，或海監 51（1937 噸）、海監 66、海監 75、海監 83 進入釣魚島 12 海里之內，一個月內約執行巡航 3 至 5 次。中國海監東海總隊雖是釣魚島巡邏執法的主力，但北海總隊船艦如海監 15、海監 26、海監 27 多次支援，相對而言，南海區總隊船艦如海監 75、海監 83 雖也曾支援，但次數極少（請見表 4-3）。

▌表 4-2　2012 年中國解放軍海軍軍艦轉隸海監／海警

北海總隊 3 艘

北拖 710 遠洋拖船，3,000 噸

海冰 723 破冰船，5,000 噸

北運 814，1,000 噸

東海總隊 3 艘

南京號 051 型導彈驅逐艦 131

東測 226 測量船，1,000 噸

東拖 830，3,000 噸

南海總隊 5 艘

162 南寧號 051 型導彈驅逐艦

南運 830 瓊沙級小型運兵船

南拖 154 遠洋拖輪，2,400 噸

南調 411 遠洋海測船，3,300 噸

852 號海王星電子偵察船，4,590 噸

資料來源：〈中國海監接收 11 艘退役軍艦 包括 2 艘 051 級驅逐艦〉，《環球網》，2012 年 12 月 31 日，https://china.huanqiu.com/article/9CaKrnJype5

　　2013 年 9 月 11 日，中國國家海洋局宣稱，公務執法船第 59 次在釣魚島領海內巡航，而在 59 次巡航之中，最接近釣魚島的一次是 0.28 海里。[85]《解放軍報》宣稱，「儘管日方違反國際航行規則，多次近距離穿越、夾擊、強光照射」，中方經由執法行動，「確實增強了中國對釣魚島海域的管控力度。並就日方危險行為進行全程取證」。[86] 中國公務船隻 2008 年至 2011 年只進入釣魚臺

表4-3　進入釣魚臺周邊12海里的中國海監／海警船艦（2012-2013）

日期	領隊船艦	參與船艦
2013/9/27	2151	1126　2113　2146
2013/9/19	2350	2506
2013/9/14	2350	1115　2112　2506
2013/9/10	2350	1115　1126　2112　2113　2146　2506
2013/8/27	2151	2146　2113
2013/8/16	2151	2146　2102　1126
2013/8/10	2350	1126　2102　2146
2013/8/7	2350	1126　2102（原漁政202）　2166
2013/8/2	2350	2101　2166　2506（原漁政206）
2013/7/26	2350	2101（原漁政201）　2506　2166
2013/7/18	51	49　5001
2013/7/7	49	23　5001
2013/7/1	51	23　49　5001
2013/6/27	51	23　5001（新造艦，江蘇）
2013/6/22	51	23　49
2013/6/14	51	23　49
2013/5/26	66	46　26
2013/5/23	66	46　26
2013/5/17	50	66　26
2013/5/13	50	66　15
2013/5/5	50	66　15
2013/4/26	51	46　23
2013/4/23	50	66　15　49　137　51　23　46
2013/4/22	51	46　23
2013/4/20	51	23

日期	領隊船艦	參與船艦
2013/4/16	51	46　23
2013/4/9	50	66　26
2013/4/1	50	66　26
2013/3/18	137	15　8002（36 艘造艦的第 1 艘，高壓水砲 100 公尺，福建）
2013/3/12	51	23　27
2013/3/6	51	23　27
2013/2/28	50	15　26
2013/2/24	50	15　26
2013/2/18	50	66　46
2013/2/15	50	66　137
2013/2/4	51	46
2013/1/30	137	23　46
2013/1/21	137	23　46
2013/1/19	137	23　46
2013/1/7	51	66　26　137
2012/12/31	51	15　83
2012/12/21	50	83　111（原北海艦隊「海冰 723」破冰船，5000 噸）
2012/12/13	50	66　46　137（原東海艦隊「東拖 830」遠洋拖輪，3000 噸）
2012/12/7	137	66　46　49
2012/11/20	50	15　26　27
2012/11/2	50	15　26　27
2012/10/30	50	15　26　27
2012/10/25	51	66　75　83
2012/10/20	51	66　75　83

日期	領隊船艦	參與船艦
2012/10/3	50	15　26　27
2012/9/24	66	46
2012/9/18	50	66　75　83　51　15　26　27　46　49
2012/9/14	50	15　26　27　51　66

資料來源：整理自「海洋要聞」，中國國家海洋局網站 http://www.soa.gov.cn/xw/. 2013 年中國海監改為海警。海監 50 改為海警 2350（2 為東海分局，3 為噸位數）。排水量達 5,800 噸的海警 2506（原漁政 206 船）赴釣魚島，是目前中國噸位最大的公務船，前身是海軍 871 李四光號遠洋調查艦，後轉隸漁政。

周邊 12 海里二次，2012 年 9 至 2 月達 20 次，2013 年達到最高峰 52 次；2018 年隨中日「海空聯絡機制」達成協議，有明顯減少。然而，中國海警船艦進入釣魚臺 24 海里的天數與艘數自 2019 年卻有明顯增加（請見表 4-4）。[87]

　　中國解放軍海軍為拓展遠海訓練，自 2007 年至 2012 年派遣艦隊至西太平洋約有 20 批、90 多艘次。[88] 航線幾乎均經過琉球群島以南、臺灣的東北海域，進入到第一島鏈以東。解放軍海軍避免出現在釣魚島，但「海軍結合日常戰備為國家海上執法、漁業生產和遊憩開發等活動提供安全保障，分別與海監、漁政等執法部門建立協調配合機制」，彼此之間也多次舉行海上聯合維權執法演習，例如，在 2012 年 10 月，在東海舟山以東空域舉行的「東海協作 -2012」即為一例。[89] 該次海上聯合維權演習，東海艦隊、海監、漁政部門 11 艘艦船、8 架飛機、1,000 多人參演。除了規模較大之外，演習想定為日本海上巡視船干擾、碰撞中國維權執法的海監／海政船隻，造成船艦受損、人員受傷與落水，海軍東海

▋表 4-4　中國公務船進入釣魚臺周邊次數、天數與艘數

年份	進入 12 海里次數／艘數		進入 24 海里天數／艘數	
2008	1			
2009	0			
2010	0			
2011	1			
2012	23		79	407
2013	52		232	819
2014	32		243	729
2015	35		240	709
2016	36	121	211	752
2017	29	104	171	696
2018	19	70	158	607
2019	32	126	282	1097
2020	29	88	333	1161
2021	40	110	332	1222

資料來源：*Defense of Japan 2020*, p.246; *Defense of Japan 2019*, p.273; *Defense of Japan 2018*, p.316; *Defense of Japan 2017*, p. 319; *Defense of Japan 2016*, p. 284; *Defense of Japan 2014*, p. 182. 艘數在 2008-2015 年未公布，請亦見海上保安廳公布資料，https://www.kaiho.mlit.go.jp/mission/senkaku/senkaku.htm；2020-2021 年資料請見 Kentaro Furuya, "Chinese Coast Guard Activities in the East China Sea and Potential Responses," paper presented at 2022 International Symposium on Law of the Sea and Maritime Security Issues in Indo-Pacific Area, National Cnetral Police University, November 22, 2022.

艦隊派出護衛艦、醫院船、拖船及新型戰機和直升機，支援掩護和應急救援。這顯示海監所涉及的支援掩護、後勤補給、資訊共享等方面，「離不開海軍的支援與支持」。[90]

2012 年 12 月 13 日，中國海監東海總隊飛機 Y-12IV（編號 B-3837）飛越釣魚島上空，與海上巡航的海監 50、海警 46、海警 66、海警 137 配合展開首次「海空一體化巡航執法」，引起日方抗議及出動軍機攔截。2013 年 8 月，Y12 型航機再度飛至釣魚島北方約 100 公里處之外。另外，由「中國海警」組成的船隊在 2013 年 8 月進入釣魚島周邊 12 海里，停留超過 28 小時以上，打破過去停留的紀錄。2013 年 9 月，中國所屬的無人機 BZK-005 在在釣魚島周邊海域出現，致使日本政府考慮予以擊落。2013 年 11 月，中國解放軍空軍 Tu-154 在釣魚島北邊 150 公里處被日本發現。由於中國海警飛機數量少，由進入釣魚島海域的海警船起飛 Z-9 直升機，或由解放軍空軍掩護海警飛機到釣魚島上空，成為可能的選項方案。[91]

中國針對海軍軍艦轉隸海監／海警，使得海監船艦的排水量，由劣勢轉變為略佔優勢。中國海監、漁政的 3,000 噸以上執法船數量，略微超過日本海上保安廳，而由軍艦改裝的海警船艦在抗碰撞方面具有優勢，而這可以確保中國在釣魚島由「顯示存在、體現管轄」，轉變為「實施管轄」。[92] 中國海警船艦對日方公務船的因應，研析海上的撞擊戰術，指出：「今後勢必會派更多公務船隻出入相關水域，雙方發生『非軍事』衝突的可能性正在上升，面對日本海上保安廳擅長的撞擊戰術，我國需盡快補足自身短板，才能更好地維護國家海洋權益。」[93]

就中國的戰略目標而言，已達成中日海上公務船在釣魚島周邊同時、共同存在的現狀，但仍未能使日本政府承認釣魚島存有主權的爭議。北京雖有軍事的準備，但並非要以武力解決釣魚島

問題，也不必然朝著中日海上軍事衝突方向發展。中國日本專家李薇提出「你存在，我存在；你轟我，我轟你」，劉江永建議「日不動，我不懂；日動一，我動十」，顯示他們希望中國等待日本在釣魚島的下一步。[94] 原中國海監東海總隊副總隊長郁志榮，指出中國的戰略目標是「讓日本解除對釣魚島周邊海域非法武裝實際控制的現狀」，因為「實際控制解除了，才能坐下來談判，『共同開發』的方針才有可能落實。而對於美國方面，摸清中國這樣的有限戰略目標，也不至於引起緊張」。[95] 中國解放軍可能就釣魚島的軍事想定有所準備，就如同日本、美國有奪回釣魚島的模擬想定與因應。韓旭東、趙大鵬兩位解放軍軍官提到將東海地區「軍事演習機制化」，以「避免釣魚島爭端向有利於日本方面發展的必要準備」。[96]

東海防空識別區劃設始末

2013 年 11 月 23 日，中國政府突然宣布劃設東海防空識別區，要求進入東海防空識別區飛行的航空器，必須提供：（一）飛行計劃識別；（二）無線電識別；（三）應答機識別；（四）標誌識別。中國警告「對不配合識別或者拒不服從指令的航空器，中國武裝力量將採取防禦性緊急處置措施」；東海防空識別區管理機構是中華人民共和國國防部，並由其負責解釋，並自宣布時起（10時）立即施行。中國針對釣魚臺事件，先由海上執法船艦巡邏再從空中劃設防空識別區，顯示後者牽涉國家較多，需要有較多時間的準備，也涉及到中國的空中武力能否有效執行。中國在日本

「國有化」釣魚臺之後 14 個月，經過一段時間的準備，未與周邊受到影響的國家事先諮商或預警，達到讓其他國家驚嚇、措手不及的心理攻勢，但也引起諸多的質疑與反對。

中國國防部澄清東海防空識別區，不是領空的擴大或中國的發明，而是美國最先設立防空識別區，有 20 多個國家設有範圍大小不同的防空識別區。此外，各國在防空識別區內對其他航空器如何處置，沒有統一的模式，而是根據自身安全需求、國際情勢及判斷來加以決定。

然而，北京設立之前沒有事先與其他相關各國諮商，美、日也從未要求無意進入它們領空的他國航空器，必須事先通報。更何況，東海的防空識別區，是在有爭議的領土上，全世界唯一與他國劃設重疊的防空識別區，也與習近平甫倡議的「親、誠、惠、容」周邊外交理念不符。[97]臺灣的「防空識別區」未列入釣魚台臺列嶼，韓國在中國劃設東海防空識別區之前，並未將距離濟州島西南 82 海里的蘇岩礁，實為水下岩礁上有韓國科研基地，韓國稱「離於島」（Leodo）納入其防空識別區，之後立即擴大納入離於島。1969 年，美國將 1951 年在東海劃設的「防空識別區」移交給日本，釣魚台臺列嶼上空也被納入日本防空識別區。

自東海防空識別區劃設之後，中國軍機在 2013 年首度超過俄羅斯，成為進入日防空識別區最多次數的國家（請見表 4-5）。2013-2014 年日本戰機針對外國飛機而緊急升空次數大增，尤其是負責釣魚臺上空的日本航空自衛隊南西混編團的挑戰加劇，凸顯空中預防機制的迫切性。[98]

中國是否會在東海防空識別區之外，在南海也劃設防空識別

▌表 4-5　中國／俄羅斯軍機進入日本防空識別區次數

年份	中國／次數	俄羅斯／次數
2011	156	247
2012	306	248
2013	415	359
2014	464	473
2015	571	288
2016	851	301
2017	500	390
2018	638	343
2019	675	268
2020	458	

資料來源：*Defense of Japan 2020*, p.248; *Defense of Japan 2021*, p. 77. 請亦參考 Bonny Lin, Cristina L. Garafola, Bruce McClintock, Jonah Blank, Jeffrey W. Hornung, Karen Schwindt, Jennifer D. P. Moroney, Paul Orner, Dennis Borrman, Sarah W. Denton, et al., *Competition in the Gray Zone Countering China's Coercion Against U.S. Allies and Partners in the Indo-Pacific*（Santa Monica: RAND, 2022）, p. 80.

區？有專家認為可能性不大。東海防空識別區是因為「上海飛航情報區向外海延伸縱深有限」、「能掌握民用航空飛航活動資訊不足」，不能夠滿足解放軍「敵我識別與預警需求」。但是，在南海，因有香港與三亞飛航情報區，所能掌握民用飛航資訊較為完整，可供解放軍因應其他國家機艦抵境偵查、情報蒐集、飛航活動的需求，因此沒有迫切南海防空識別區的必要。[99] 對中國而言，東海防空識別區的劃設，既有繼日本、韓國、臺灣等瀕臨東海的國家，劃設屬於中國的防空識別區，強調對釣魚臺周邊空域的掌握，提高中國防空預警能力，也可避免與外國航空器發生軍

事誤判。

2018 年 6 月，中國將海警劃歸中國人民武裝警察部隊領導指揮，行使海上維權執法職權的決定。海警可在東海尤其反映在釣魚臺周邊的任務是，「維護海上治安和安全保衛、海洋資源開發利用、海洋生態環境保護、海洋漁業管理」等方面。2021 年 2 月中國施行《海警法》，授權海警可合法使用武器，隨著中國常態駐留釣魚臺周邊海域，對取締日本漁船、動搖日本對釣魚臺的實際控制，均造成心理與法律上的挑戰。

在中日針對東海議題恢復常態化協商之後，中國海警編隊至 2022 年 4 月，維持每一個月在釣魚臺領海之內巡航一次（請見表 4-6）。根據日本海上保安廳資訊，中國海警局船隻 2021 年進入釣魚臺周邊「領海」40 次，較 2020 年多出 11 次，騷擾日本漁船的案件達 18 起，與 2020 同比增加了 1 倍以上。中國海警船在 2020 與 2021 駛入釣魚臺鄰接區海域的天數分別約為 332 天。一般而言，中國巡弋釣魚臺船艦一個月一次但延續任務的時間較長，每次以 3-4 艘為主，進入 12 海里約停留二個小時。中國海警巡弋東海釣魚臺的海警船艦由北海總隊（如 1302 艦）、東海總隊（如 2302 艦）派遣，噸數 3,000-5,000 噸不等，日後近一萬噸的海警 2901 進入釣魚臺海域是有可能的。

2014 年之後：危機暫緩，根源未除

2014 年 11 月，美國與中國、日本與中國的高層關係出現重大的轉折，使釣魚臺「國有化」事件以來的危機逐漸解除。這或許

▌表 4-6　中國海警局船艦在釣魚臺周邊 12 海里巡航（2020-2022）

日期	巡航編隊
2022 年 12 月 21 日	中國海警 2502 艦艇編隊
2022 年 11 月 25 日	中國海警 2502 艦艇編隊
2022 年 10 月 7 日	中國海警 2301 艦艇編隊
2022 年 9 月 8 日	中國海警 1302 艦艇編隊
2022 年 8 月 25 日	中國海警 1302 艦艇編隊
2022 年 7 月 29 日	中國海警 2502 艦艇編隊
2022 年 6 月 2 日	中國海警 2301 艦艇編隊
2022 年 5 月 14 日	中國海警 1302 艦艇編隊
2022 年 4 月 12 日	中國海警 2302 艦艇編隊
2022 年 3 月 16 日	中國海警 2302 艦艇編隊。
2022 年 2 月 25 日	中國海警 1301 艦艇編隊
2022 年 1 月 15 日	中國海警 1301 艦艇編隊
2021 年 12 月 16 日	中國海警 2301 艦艇編隊
2021 年 11 月 19 日	中國海警 1401 艦艇編隊
2021 年 10 月 20 日	中國海警 2302 艦艇編隊
2021 年 9 月 19 日	中國海警 1302 艦艇編隊
2021 年 8 月 19 日	中國海警 2302 艦艇編隊
2021 年 7 月 14 日	中國海警 2301 艦艇編隊
2021 年 6 月 16 日	中國海警 2301 艦艇編隊
021 年 5 月 24 日	中國海警 2502 艦艇編隊
2021 年 4 月 25 日	中國海警 2301 艦艇編隊
2021 年 3 月 23 日	中國海警 2502 艦艇編隊
2021 年 2 月 20 日	中國海警 2302 艦艇編隊
2021 年 1 月 13 日	中國海警 1401 艦艇編隊
2020 年 12 月 9 日	中國海警 2502 艦艇編隊
2020 年 11 月 6 日	中國海警 2301 艦艇編隊

資料來源：中國海警局，http://www.ccg.gov.cn/

歸功於歐巴馬總統沒有讓日中關係因釣魚臺事件變得更複雜，加上美中協商管道暢通、軍事互信機制協定，亦到了簽署的階段。11 月，中美兩國國防部門在進行了 10 多輪磋商，藉歐巴馬訪問北京參加亞太經合會」（APEC）年會之際，簽署《重大軍事行動相互通報機制》和《公海海域海空軍事安全行為準則》。[100] 美國最重視的是，中國的高度風險的軍事活動必須及早通知，空中戰機近接時更要避免發生意外。美國除了要防範中國在東海防空識別區及專屬經濟區再度出現危險攔截意外，更要確保公海航行自由的原則。美中的軍事互信機制，亦提供了日本與中國探討建立類似規範的可能性。

在中日釣魚臺危機二年之後，習近平首度藉亞太經合會與安倍會晤，歐巴馬總統立即表示歡迎。高峰會之前三天，中國國務委員楊潔篪與日本國家安全保障局長谷內正太郎達成四點共識，在釣魚臺部分，雙方雖認知圍繞釣魚臺等東海「緊張局勢存在不同主張，同意通過對話磋商防止局勢惡化，建立危機管控機制，避免發生不測事態」。[101] 安倍與習近平為了防止海空出現軍事意外狀況，同意早日運作「海上聯絡機制」（maritime communication mechanism），隨後，中方提議修改為「海空聯絡機制」。[102] 這些發展打破釣魚臺「國有化」以來停滯二年的軍事交流，日中外交與國防資深官員安全對話、日中防務部門司局長層級磋商，在 2015 年 3 月、5 月先後召開。2015 年 4 月，習近平與安倍利用印尼萬隆會議 60 周年紀念活動，再度舉行會晤；11 月，中日國防部長也在東協擴大防長會議會晤。[103] 中日兩國原本維持「戰略互惠的關係」，每一年有中日韓高峰會，自因 2012 年釣魚臺危機而一再

推遲，直至 2015 年 11 月也恢復。中日兩國在釣魚臺現狀出現改變，雖有長期海上對峙，但不能說彼此沒有克制，只是衝突根源未除，危機只能暫緩。

　　歐巴馬基於「新自由機制主義」理念，美中完成重大海空行動通報與行為準則之外，鼓勵安倍透過日中各層級的對話機制和平解決爭端。歐巴馬藉助「功能性自由主義」（functional liberalism）的思考，使日、中兩國加速「信心建立措施」（confidence-building measures）的建立。安倍與習近平恢復高峰對話，在東海安全情勢上，日方與中方得以密集進行司局長層級會議。例如，海洋事務高級別磋商（在 2021 年 2 月舉行第 12 輪會議），分由日本外務省亞洲大洋局局長與中國外交部邊界與海洋事務司司長主談，討論東海防務、執法、油氣、漁業等問題。另由防務部門負責的「海空聯絡機制」在 2018 年 12 月首度召開年度會議，分由日本防衛省防衛政策局長、中國中央軍委會國際軍事合作辦公室主任主談，並在 2021 年 3 舉行第三次年度會議。2023 年 2 月，中共中央軍委國際軍事合作辦公室副主任張保群、日本防衛省防衛政策局副局長安藤敦史，舉行日中兩國第 17 次安全對話。中日安全對話機制於 1993 年 12 月建立，從 2011 年第 12 次對話到 2015 年第 13 次對話，曾因釣魚臺問題中斷四年，2019 年第 16 次安全對話之後，因新冠疫情再度中斷四年。

　　中美海空預警機制運作無法根絕在東海、南海的軍機或軍艦過於接近所出現的風險，中日兩國即使有機制也相互猜疑，有關熱線也遲遲未能開通，安全危機管控機制，更將釣魚臺海域排除在外，難以確保釣魚臺情勢的穩定。雖然，日中兩國有《漁業協

定》（2000 年生效）、《中日海上搜救協定》（2019 年生效），中國海警局與日本海上保安廳也針對海上犯罪、執法有相關交流合作，但中國《海警法》再度引起日本及相關國家的關切。[104] 安倍與習近平在 2019 年 6 月利用大阪 G20 會議進行高峰會，「兩國領導人同意，妥善處理敏感問題，建設性管控矛盾分歧。雙方將繼續推動落實東海問題原則共識，共同努力維護東海和平穩定，實現使東海成為和平、合作、友好之海的目標」。[105] 實際上，中國海警船艦進入釣魚臺駐留的天數與艘數有增無減。美中、日中海空預警機制運作成效受到質疑，但在談判協商管道存在之下，對避免緊張與衝突的緩和，仍有些許抑制的作用。

美國支持日本調整安全戰略

安倍政府注意到歐巴馬無意因釣魚臺爭端，而與中國有直接軍事衝突，也認為中美兩國國力差距縮小，美國將難以維持在亞太地區的永遠優勢。在此一認知之下，日本政府「需要扮演亞洲權力平衡的部分角色，共同承擔和平繁榮較大的責任」。[106] 美國在中國崛起與挑戰之下，「亞太再平衡」戰略之外，亦需要美國的盟友（日本、韓國、澳洲、印度）彼此之間強化安全合作。2012年 12 月，安倍在重返首相職務，馬上提出「亞洲民主安全鑽石」（Asia's Democratic Security Diamond）倡議，納入日本、美國、印度、澳洲共同捍衛西太平洋、印度洋海上安全及區域秩序，免於中國的脅迫。這也影響到後來川普「印太戰略」的成形。安倍提到中國看待南海，如同俄羅斯視鄂霍次克海（Sea of Okhotsk）是自

己的一樣。日本必須經由新的安保法制立法的整備，協助分擔美國國防任務，讓美國、印度、澳洲等國家在釣魚臺危機時，可對日本加以援助，並提升日本在日美同盟體系的積極角色。[107]

安倍晉三自第二度擔任首相起，直至 2020 年 9 月下臺，終止原本下降的防衛預算，並持續進入成長（請見圖 4）。安倍政府從「守勢現實主義」（defensive realism）思考，主要以「威脅平衡」（balance of threat）為優先，構建新安保法制，增加防衛預算的自助手段、增購先進軍備、強化日美軍事同盟，對臺海兩岸在釣魚臺爭端分而治之（divide-and-rule），使馬英九與習近平無法協同對抗日本。[108] 安倍在 2013 年 12 月，公布《國家安全保障戰略》（National Security Strategy）、《防衛計畫大綱》（National Defense Program Guidelines），在 2014 年 1 月設立國家安全保障會議（National

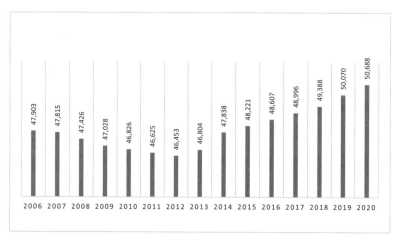

▌圖 4　日本防衛預算（2006~2020）（單位：億日圓）

資料來源：Defense of Japan 2020, p. 227.

Security Bureau）、4 月公布「防衛裝備移轉三原則」。2014 年 7 月，安倍透過內閣法制局的憲法解釋，主張集體自衛權的「限定行使」合乎憲法第九條的精神。安倍內閣亦決議「武力行使三條件」，完全可適用於釣魚臺的危機想定，一、日本遭到武力攻擊，或與日本關係密切國家遭到武力攻擊，威脅到日本的存亡，從根本上對日本國民生命構成明確危險；二、沒有其他適當手段可以排除上述攻擊；三、武力行使限於「必要最小限度的範圍」。

　　拜登的印太戰略並非從零開始，而是建立在川普政府的基礎之上。2017 年 11 月，在川普政府領導下，利用東協峰會期間，重啟「四方安全對話」高層對話，符合日本、安倍及其繼任者的國家安全戰略方向。2022 年 2 月，拜登政府宣布《美國印太戰略》行動計劃，提及：新興資源投資；「印太經濟架構」（Indo-Pacific Economic Framework）領導；強化對美國及盟邦／夥伴侵略的嚇阻；強化統一的東協；支持印度崛起和地區領導；使「四方安全對話」成為主要區域集團；擴大美日韓合作；建立太平洋島國的彈性夥伴關係；支持良好的治理和問責制；支持開放、彈性、安全和可信賴的工業技術等。[109]

　　拜登在 2021 年至 2022 年舉行了四次「四方安全對話」高峰會。印度不想讓「四方安全對話」成為亞洲版的北約，但拜登卻促使日本、澳洲與北約成員，建立進一步的安全合作。「四方安全對話」以工作組和夥伴關係的形式，建立了若干機制，例如疫苗、清潔氫、網絡安全、「印太海域意識」（Indo-Pacific Maritime Domain Awareness）、人道救援和減災 （HADR）等夥伴關係，主要基礎設施協調小組、關鍵新興技術工作組等。在拜登政府推動之

下，「印太海域意識」的提升，顯然使中國大陸在印太地區的「非法、未報告、不受規範（illegal, unreported, unregulated）捕魚活動受到更大的牽制，也使得東海、南海相關國家的海域意識的警覺性大大提升。

2022 年 12 月，日本首相岸田文雄內閣通過《國家安全保障戰略》《國家防衛戰略》（取代過去《防衛計畫大綱》）、《防衛力整備計畫》，不僅將防衛預算大幅增加，到 2027 年將佔 GDP 的 2%，更由「專守防衛」銳變為可「對敵基地攻擊對能力」的「主動防禦」戰略。最關鍵的是，針對釣魚臺與臺海緊張情勢，美國鼓勵日本強化西南諸島，如提高與那國島、石垣島、宮古島等飛彈攔截能力。《國家防衛戰略》提及日本自衛隊必須擴大利用在西南諸島機場與港灣設施，加強海上與航空運輸能力。[110]《國家安全保障戰略》提到中國在東海、南海海空域片面改變現狀，在日本周邊海域發射彈道飛彈，「臺灣海峽和平與穩定是國際安全與繁榮不可或缺的因素，日本將採取各種不同努力，期使兩岸問題可以和平解決」。美國政府亦計畫在 2025 年前改組駐沖繩美軍陸戰隊，設立「陸戰隊濱海作戰團」（Marine Littoral Regiment，MLR），強化在日本離島作戰的能力。

2015 年 4 月，安倍晉三在訪美時，美日發表新《防衛合作指針》（之前有兩個版本，1978 年與 1997 年），涵蓋平時、灰色地帶挑戰、低端與高強度緊急狀態之間的「無縫（seamless）防衛合作」，包括：美日在平時的合作措施；日本面臨和平安全威脅時的因應；日本受到武裝攻擊時，因應的行動；對日本之外的國家（如美國）受到武裝攻擊時，採取海上與反飛彈等行動。[111] 5 月，

日本執政聯盟自民黨與公明黨修改及整合 10 個舊安保法制，為《和平安全法制整備法》（Peace and Security Legislation Consolidation Bill），另加上《國際和平支援法》（International Peace Support Bill），正式完成新的安保法制。[112] 釣魚臺主權的其他兩個聲索方，如北京表達反對，臺北支持日本強化安全防衛機制，因美日安保機制是區域和平穩定的基礎。釣魚臺爭端使日本更加體認到，必須加強與美國的安保合作，若日本沒有鬆綁集體自衛權，更難以說服日澳、日印之間的安全合作。這對「四方安全對話」日後的發展，具有實質的影響。

2015 年 4 月，美日安保首長在審視《防衛合作指針》時提到，「重申釣魚臺群島是日本施政之下的領土，因此在《美日安保條約》第五條承諾範圍之內，美日反對任何破壞日本行政管轄的片面行動」。雖然，歐巴馬政府對釣魚臺最終主權歸屬不採取特定立場，但在軍事準備上，不得不落實將釣魚臺列嶼納入《美日安保條約》保障的承諾。美、日針對釣魚臺的兩棲登陸演練也分別透過代號「鐵拳」（Iron Fist）在加州海岸彭德爾頓基地（Camp Pendleton）、「銳劍」（Keen Sword）在日本各地尤其是琉球，演練美國海軍陸戰隊與日本水陸機動團（Amphibious Rapid Deployment Brigade）奪取島嶼的想定。美國的「黎明閃電戰」（Dawn Blitz）亦邀請日本、澳洲、紐西蘭加入演練兩棲登陸灘頭的想定。美、日針對中國可能的挑戰，除外交手段之外，也不放棄硬的一手，包括：強化彈道飛彈、網路空間與太空安全能力；美國提供中國在釣魚臺周邊活動的情報、監視、偵察動態等。[113] 釣魚臺危機提供安倍政府強化防衛能力的最好理由，歐巴馬即使不願意危機升

高，美軍與日本防衛部門準備因應最壞的想定，可嚇阻中國在東
海進一步挑戰。然而，中國只以中國「海警」船艦巡弋釣魚臺，
歐巴馬未以軍事介入，日本單獨有效管轄釣魚臺周邊海域的事實
已不復存在。

2017 年 2 月，川普總統就任約 20 天，他與日本首相安倍的
高峰會，即表明對日本在其行政管轄的所有地區的安全承諾，兩
人重申《美日安保條約》第五條涵蓋釣魚臺，反對任何破壞日本
對該等島嶼的片面行動。[114] 川普不似歐巴馬強調美國對釣魚臺的
主權歸屬不持特定立場。川普政府在 2018 年 2 月在〈美國印太
戰略架構的內閣備忘錄〉（Cabinet Memorandum on the U.S. Strategic
Framework for the Indo-Pacific），甚至提及當釣魚臺與臺灣出現緊
急狀態時，美國將予以防衛，但一直到即將卸任才公布此一備忘
錄。[115]

根據日本前首相菅義偉的說法，拜登比其之前的任何美國總
統，更加快速將釣魚臺群島納入《美日安保條約》防護，凸顯歐
巴馬在釣魚臺問題的謹慎。一般相信，菅義偉在拜登就任一星期
後的通話，應該就取得拜登協助防衛釣魚臺承諾。[116] 拜登政府國
家安全顧問蘇利文（Jake Sullivan）在新政府就任第一天與日本國家
安全保障局局長北村滋的通話，重申美國反對改變釣魚臺現狀的
片面行動。2021 年 4 月，除反對中國在東海、南海改變現狀的行
動外，菅義偉更與拜登發表聯合聲明，「強調臺灣海峽和平與穩
定的重要性，並鼓勵和平解決兩岸問題」（underscore the importance
of peace and stability across the Taiwan Strait and encourage the peaceful
resolution of cross-Strait issues），將東海、南海、臺海串連一起。

2021 年美韓高峰會（5 月）、日澳 2+2 會議（6 月）、七大工業國高峰會（6 月）、美國與歐盟高峰會（6 月），至少有 30 個民主國家以相同文字，勾勒出「臺灣安全國際化」一致的政策。美國與日本甚至將臺海納入共同想定與因應，強化包括釣魚臺在內的南西諸島基地的防衛，以因應臺海有事。[117]

川普政府為因應中國「反介入與區域拒止」的軍事挑戰，在國防部預算下編列「太平洋嚇阻倡議」經費。在此基礎上，拜登政府在《2023 年國防授權法》編列 115 億美金，較其上任第一年 71 億美金增加超過 50%。「太平洋嚇阻倡議」最關注的地理範圍是國際換日線以西，包括密克羅尼西亞與美拉尼西亞兩個島群、澳洲、紐西蘭、日本、韓國、臺灣、東南亞等。這些國家及其周邊，也是中國反制美國干預的地區。此一倡議有兩大目標：首先，強化美國在印太地區的嚇阻與防衛態勢，藉由能力與戰備的提升，軍事投資聚焦確保自由與開放的印太地區，使美國部隊面對侵略時可快速、有效因應，改善武器裝備油彈預先部署的後勤與維修能力，執行聯合部隊演習、訓練、試驗與創新計劃，改善基礎設施以強化美軍的反應與韌性；其次，協助美國盟邦與夥伴，共同因應所面對的安全威脅及挑戰，向盟邦與夥伴展示美國的保證，並與它們合作建立防衛與安全能力。

美國為執行印太戰略，除了各軍種的預算之外，另有歐巴馬於 2016 年提出的「東南亞海事安全倡議」（Indo-Pacific Maritime Security Initiative），在 2022 至 2027 年執行階段每年編列 5,000 萬美金。該倡議除增加訓練經費之外，要促使受援國家積極參與區域組織的運作。而拜登政府的《美國印太戰略》提及拜登政府在

2022 至 2023 年度將強化海岸防衛隊在東南亞、南亞、太平洋島嶼的駐留與合作，協助其他相關國家的海巡訓練、部署、能量建構，並提升海洋空間意識。[118]

2021 年 2 月，美國海岸防衛隊金柏艦（Kimball，WMSL-756）與日本海上保安廳秋津洲艦（PLH32）在小笠原群島海域演練直昇機、無人機，攔檢外國非法作業的船隻。2021 年 8 月，美國海岸防衛隊蒙羅艦（Munro，WMSL 755）與日本海上保安廳阿蘇號（PL41）在東海舉行聯合海上演習、海上執法訓練等。[119] 日本自衛隊與海上保安廳因應中國的海上進逼，與中國採取類似的戰術，海上保安廳在前，以「海上衛士」（Sea Guardian）無人機，搭配海上自衛隊的 P-3C 偵察機，在緊急狀態時，海上保安廳需要接受防衛大臣的指揮，與海上自衛隊一起協同因應。[120]

美國支持日本增加防衛預算，擴大東海之外，也能在臺海和南海扮演更大的安全角色，分擔美國因應中國的挑戰。美國也樂見日本與菲律賓強化安全合作關係，包括：日本贈送海岸巡邏艇給菲律賓、日菲研商簽訂類似美菲《部隊到訪協定》（Visiting forces Agreement）。美國、日本、菲律賓在 2022 年 9 月首度召開副助理國防部長層級防衛政策對話（Trialteral Defense Policy Dialogue）。

2023 年 2 月，菲律賓總統小馬可仕（Ferdinand Marcos, Jr.）在出訪中國之後訪問日本，小馬可仕與習近平在北京的聲明，提到「南海爭議不是雙邊關係的全部」，希望在 2018 年簽署的《油氣開發合作的諒解備忘錄》基礎上，重啟海上油氣開發磋商，同意再度召開兩國海警海上合作會議。然而，菲律賓與中國接續在南海出現一些緊張事件，如 2 月初，中國海警船艦以軍事級雷射光

瞄準菲律賓補給仁愛礁的海岸防衛隊船隻；3 月初菲律賓佔有的中業島，被 40 多艘中國海上民兵及海警、軍艦各一艘所環繞逼近。

小馬克仕與岸田文雄的聯合聲明，則視東海與南海安全為共同關切焦點，雖然明文避提中國或臺灣，但「強調地區和平與穩定的重要性及海洋的安全」（underscored the importance of peace and stability in the region and the security of its seas），顯然將臺灣周邊海域的安全，列為波及日本與菲律賓穩定的來源。[121] 2023 年 3 月，美國與菲律賓根據《強化國防合作協定》，公布四個美軍可使用的基地。其中，有三個在呂宋島東北方，分別是距離臺灣最近的為卡加延省（Cagayan）聖塔安娜（Santa Ana）海軍基地與拉洛（Lal-Lo）機場，及伊薩貝拉省（Isabela）卡穆（Gamu）陸軍軍營。另一個在面向南海的巴拉望省南端巴拉巴克島（Balabac Island）。菲律賓總統小馬可仕上任以來，改變前總統杜特蒂在美國與中國之間的軟避險（soft hedging），甚至是扈從（bandwagon）北京的外交政策，轉為朝著硬避險（hard hedging）靠美國、日本比較近的外交政策。若此一趨勢不變，將對美中在東海與南海，甚至臺海的安全產生重大的影響。

美國、日本除提供菲律賓海岸防衛隊岸巡船隻之外，2022 年 4 月，日本更派遣「機動合作小組」（Mobile Cooperation Team），與美國共同協助訓練菲律賓海巡部隊的海上執法能力。[122] 毫無疑問，中國密切觀察美國海岸防衛隊進入到東海、臺海、南海海域，認為「破壞了南海區域和平與穩定」、「毒化了南海區域國家之間的合作氛圍」，並「增加了衝突發生的風險」。[122] 中國學者

專家更認為日本強化軍力，「目標直指東亞海洋領土爭端和臺海局勢，突出針對特定國家的指向性，只會激化矛盾，加劇對立，割裂地區」，是「逆時代潮流而動的錯誤之舉，也是火中取栗的戰略冒險」。[124] 北京亦擔憂美國海岸防衛隊將以南太平洋為主的「隨船觀察員協議」（Shiprider Agreement），延伸到南海，讓菲律賓或越南海岸防衛隊員可登船一起在南海打擊非法捕魚活動。

中國的灰色地帶衝突

中國在習近平上臺之後，國防預算每年成長比例雖有緩降，但每年國防預算規模持續成長，即使安倍增加日本的防衛預算，但兩國國防預算的差距倍數，由 2014 年 2.86 倍增至 2019 年 3.22 倍。[125] 中國學界與軍方認為歐巴馬「亞太再平衡」戰略是制衡中國崛起的設計，美國利用中國與周邊國家的領土爭端，從中獲利，也是中國海洋形勢惡化的根源。北京認為美國沒有保持中立，而是偏向日本，並認為歐巴馬總統在 2014 年 4 月首度將釣魚臺納入《美日安保條約》防衛範圍，「進一步助長了日本挾美自重的囂張氣焰」。[126] 其實，歐巴馬在中國立場的溫和，使北京領導人在東海、南海有改變現狀，建立「新常態」的機會。

事實上，歐巴馬在東海議題上，對中國的政策相對克制，而他在南海航行自由行動的 15 次（2012-2016），也遠遠比不上繼任者川普總統 29 次（2017-2020），派遣轟炸機進入南海空域的次數更少。[127] 這些或因國防「自動減支」所限制，但給了中國專家一個訊號，以為習近平可以進一步在南海試探。在 2014-2015 年，中

國在南海「填海造陸」海上工程雖受到關切，美國海軍南海「航行自由行動」只有 5 次，說明歐巴馬總統對釣魚臺的因應溫和，也在南海採取克制，只以口頭表達反對，無法嚇阻中國完全改變南海的地貌。

中國在宣布東海防空識別區之後，在東南海的海空行動未因此而更加克制。中國在東海、南海均善於運用「灰色地帶衝突」行動改變現狀，在東海先以漁政船、再以海警船艦駐留釣魚臺 12 海里之內，不以軍艦或軍機與日本對峙，以免發生軍事意外（美國軍機或軍艦在南海，也有多次與中國機艦短兵相接的危險經驗）。歐巴馬政府雖與中國達成海空意外預防備忘錄，但執行並不理想。2019 年 1 月美國海軍軍令部長理查遜（John Richardson）公開提及，美國海軍看待中國「海警」、海上民兵的方式，將如同看待中國人民解放軍海軍艦艇。[128] 川普政府也幾乎同時派遣海岸防衛隊博索夫號（USCG Bertholf，WMSL 750）到亞太地區執行任務，既有補充海軍戰力，因應中國的海上力量，也有較為相符的執法船艦，不必讓海軍對抗中國的海警或海上民兵。[129]

2021 年 2 月，中國《海警法》開始執行，授權中國海警在爭議海域可以使用武力，引起日本政府的重大關切。美國印太司令戴維森（Philip Davidson）在美國參議院軍事委員會作證時，表示中國海警船艦在 2017 年每 10 天有一次，2018 年每一個月有二次，在釣魚臺周邊 12 海里之內伸張其主權，意在測試日美兩國於該海域的決心與底線。[130] 4 月中旬，菅義偉訪問美國與拜登總統發表聯合聲明，除了再度重申《美日安保條約》適用於釣魚臺，反對任何片面破壞日本對釣魚臺的行政管轄。美日亦承諾強化嚇阻與

因應能力，深化各領域的防衛合作，包括網路、太空及強化美國
核武力量的「延伸嚇阻」（extended deterrence）能力。值得注意的
是，美日聯合聲明也對自由開放南海的支持，強調臺海和平穩定
的重要性。[131] 拜登政府也藉由美日有關南海與臺海的聲明，當作
之後一連串美韓、七大工業國、歐洲聯盟發表聯合聲明的基礎。

　　東海如同南海，危機的根源幾乎無法根除，只能予以管控，
但在拜登政府努力下，美國主導的「四方安全對話」、「澳英美
三邊同盟」（AUKUS）及其他高峰會聲明，愈來愈重視東南海的海
域安全，對北京形成新的外交壓力。川普、拜登雖不似歐巴馬面
臨中、日高度緊張，但由於美中國力差距縮小，拜登政府若面臨
釣魚臺新的爭端時，除了日本、美國強化安保之外，加上歐洲聯
盟、七大工業國高峰會，屆時中國面對的牽制，將不再是歐巴馬
政府時期的溫和，也不是來自美國單方的障礙。另一方面，隨著
烏克蘭戰爭爆發之後，俄羅斯與中國在日本周邊海空域的軍事巡
邏行動，卻有增加的趨勢，對日本、美國形成新的挑戰。以 2022
年為例，5 月、11 月中國轟（H）-6 戰機、俄羅斯圖（Tu）-95 巡
航日本周邊海空域，包括日本海及東海。9 月初，俄羅斯主辦的
「東方（Vostok）2022」多邊聯合演習，中共解放軍戰機與戰艦在
日本海進行火砲、排雷演練；9 月底，中俄共 7 艘軍艦通過鹿兒島
大隅海峽；12 月，中、俄在浙江海域進行年度「海上聯合 2022」
軍事演習。

　　美國在東海面臨到的是中國海空傳統軍力的提升，這點與
南海相似。中國以非傳統、「灰色地帶衝突」的行動，進行海上
執法成為主要的型態。雖然，東海釣魚臺周邊有日本因應來自中

國各種威脅，美國不需直接面對中國海警的干擾，但南海周邊國家卻不具有像日本一樣的軍事能力。美國除了海空軍力之外，海岸防衛隊也增加在印太的活動與執法，既能輔助美軍，也協助東海、南海盟友，在執行聯合國對北韓的禁運制裁，反制中國海上民兵騷擾時，可發揮靈活的角色。美國海岸防衛隊不似美國海軍，更容易與印太國家的海岸防衛隊進行合作或舉行演習。

同時，拜登政府較川普或歐巴馬總統，更為強調美國與日本和菲律賓的條約義務，將涵蓋東海和南海在兩國行政控制下的爭議島嶼。國防部長奧斯汀強調中國在海上和陸地邊界對印度的侵略、對臺灣的軍事脅迫，提出「整合嚇阻」（integrated deterrence）概念與作戰計劃，加強對競爭者的嚇阻，強化美國與盟邦夥伴的韌性和集體合作。「整合嚇阻」的工具有軍事（核武、傳統武力）和非軍事手段，除了美軍、美國政府部門之外，與盟友和夥伴共同維護和平，在不同區域、空間與衝突光譜，在政策與行動上，希冀更好的協調、更緊密的網絡和更快速的創新作為。[132]

本章重點

◆ 釣魚臺爭端的起源，以及美國的角色：日本將釣魚臺劃歸沖繩縣，但中華民國政府將釣魚臺視為臺灣的附屬島嶼；美方雖在主權方面不採特定立場，但公開表示《美日安保條約》第5條（美國隊日本的防衛義務）適用於釣魚臺。

◆ 危機發生，歐巴馬低調因應：2012年，日本政府國有化釣魚臺，引起日中緊張，但歐巴馬政府無意直接介入。

◆ 美國被迫表態：2013 年，中國在東海劃設防空識別區，美國表態，認為中方此舉錯誤，但也未強勢挑戰。

◆ 中國從被動轉為主動：周恩來時期以降，中方原先「擱置」釣魚臺相關議題，但在日方國有化釣魚臺之後，中方開始定期巡弋周邊海域，轉趨積極。

◆ 東海防空識別區劃設始末：中國並未與各國磋商，劃設防空識別區，並要求進入識別區的航空器事先向中國通報。

◆ 危機暫緩，根源未除：2014 年，日中雙方協商建立危機管控機制，並且密集進行司局長層級會議，各自克制對峙事態，美中之間也完成重大海空行動通報與行為準則，但問題的根源仍然並未解決。

◆ 美國支持日本調整安全戰略：在東海緊張下，日本政府提升防衛預算，強化美日軍事同盟，此舉受到川普和拜登政府的支持；這也影響了南海的局勢，讓美日展開對菲律賓海上部隊的共同訓練。

◆ 中國的灰色地帶衝突：與在南海相同，中國在東海以「海上執法」為主要行動型態，為此，美國透過海軍、空軍與海岸防衛隊，協助盟友反制中國的「騷擾」。

第五章

臺灣在南海、東海的角色變遷

關於東海，在冷戰時代，蔣介石在東海透過與美國石油公司的合作，鞏固對釣魚臺的主權，在退出聯合國，中國大陸取代臺灣在東海油源的勘探。臺灣漁民長期使用釣魚臺使沒有外交關係的臺日之間一直進行漁業會談。隨著日本政府「國有化」釣魚臺，引起中國與日本強烈抗爭，中國的「海警」開始常態化巡邏、駐留釣魚臺海域，相對而言，臺灣漁民在《臺日漁業協議》之後，增加作業漁區，抗議少了連帶政府必須表態的機會也減少。

而在南海，臺灣沿襲日本殖民時代將南海島礁視為臺灣行政區的一部分，東沙島是蔣介石反攻大陸的軍艦分散地，對大陸的軍事構想卻遠超過對東沙島的實際建設。李登輝與中國大陸進行「密使」對話，無意在南海有過激的軍事行動，東南沙由海軍陸戰隊轉為海巡固守，決策從長遠來看不見得正確。陳水扁建造太平島跑道成為首位登島的總統，馬英九繼之，但歐巴馬政府不希望臺灣增加麻煩而予以反對。對蔡英文與習近平在南海主權最大

的衝擊是國際仲裁庭判斷「太平島」不是「島」而是「礁」，只能享有 12 海里領海，兩岸關係雖然緊張但同樣不接受仲裁結果。2020 年開始中國戰機升高進出臺灣西南「防空識別區」的頻率，從空中干擾臺灣與東沙的聯繫，當國際社會焦點集中臺灣，卻忽略一種可能性，軍事衝突或意外可能從南海、東沙而來。

臺灣對南海的立場，與中國異大於同

南海除了美軍軍事活動在中國專屬經濟區受到中國解放軍機艦的攔截、東協島礁聲索國海岸外油氣勘探開發受到中國海警船艦的干擾之外，隨著 2013 年菲律賓提出國際仲裁，也進入「法律戰」的階段。環繞在「法律戰」的議題，當屬 U 形線為焦點。1993 年李登輝政府公布《南海政策綱領》之後，直至《中華民國領海及鄰接區法》公布（1998 年）之前，一直將南海 U 形線視為「歷史性水域」。但是，在《中華民國領海及鄰接區法》立法時，因爭議過大，沒有納入「歷史性水域界線」主張。《南海政策綱領》在 2005 年陳水扁政府已停止適用，外交部曾發文告知駐外館處不要再強調「歷史性水域」說。

臺灣視 U 形線為「島嶼歸屬線」一直是國民黨與民進黨政府的主張。例如，外交部一向提到「無論就歷史、地理及國際法而言，釣魚臺列嶼以及南沙群島、西沙群島、中沙群島、東沙群島及其周遭水域乃中華民國固有領土及水域，其主權屬於中華民國，不容置疑。中華民國對上述島嶼及周遭水域、海床及底土享有國際法所賦予之所有權益，任何國家以任何理由或方式予以主

張或佔據，在法律上均屬無效」。此一主張符合國際海洋法「陸地支配海洋」的原則，也符合美方在上述針對九段線性質的期待。根據「島嶼歸屬線」，現今中華民國或臺灣的主權、主權權利與有效管轄，只能適用在太平島與東沙島的實踐上，其餘南海島礁則不在臺灣的掌控範圍之內。

1953 年，中國總理周恩來將中越之間北部灣的兩段線刪除，由 11 段變為 9 段線。此外，它與中華民國的 11 段線尚有其他不同之處，它在臺灣與菲律賓之間巴士海峽，只有一段而非兩段，在呂宋島以西是兩段而非一段，每一段的長度也較短。2009 年 5 月 7 日，中國政府向聯合國秘書長、聯合國「大陸礁層界限委員會」，抗議馬來西亞與越南提案延伸在南海的大陸礁層界限，並指出「中國對南海諸島及其附近海域擁有無可爭辯的主權，並對相關海域及其海床和底土享有主權權利和管轄權」，並提供九段線的附圖。[1]

臺海兩岸對於 U 形線的立場與作為異大於同。北京主張對南海諸島及其「附近海域」（adjacent waters）擁有主權，這與臺北在南海「島嶼及周遭水域」（surrounding waters）的主張是一樣的。但是，中國除「附近海域」，對於九段線之內的其他「相關海域」（relevant waters）及其海床與底土，宣稱主權權利及管轄權，範圍空間就大了許多。中國主張南海九段線係「歷史性權利線」，兼具歷史性所有權（historical entitlement）和歷史性權利（historical rights）之雙重性質，其內涵包括對相關島礁及周遭海域進行漁業、航行及礦產開發等其他海洋活動之歷史性權利。北京也將九段線視為未來與南海周邊國家進行海域劃界的剩餘功能（residual

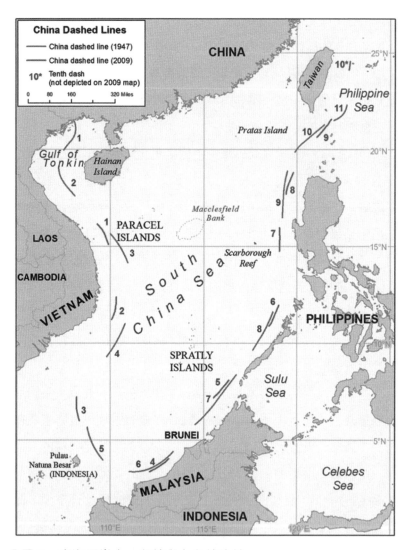

┃ 圖 5　臺海兩岸十一段線與九段線比較

資料來源：U.S. Department of State, *Limits in the Seas*, December 2014.

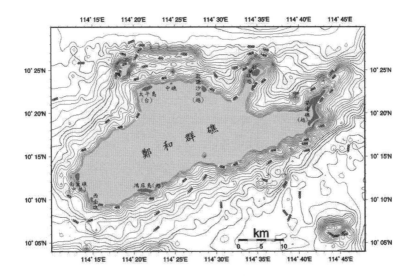

▌圖 6　太平島周邊越南與中國佔領的島礁

資料來源：中華民國交通部，轉引自 https://www.mofa.gov.tw/Upload/WebArchive/ 1914/%E5%A4%AA%E5%B9%B3%E5%B3%B6%E7%9A%84%E5%89%8D%E4%B8% 96%E4%BB%8A%E7%94%9F.pdf

function as potential maritime delimitation boundaries）。**2** 北京主張對南海有「歷史性權利」，臺灣也早已放棄或避提此一主張。因此，臺灣可宣稱與中國九段線是「形同而實不同」，甚至是「形實均不同」。

北京向聯合國提出九段線的「附圖」，越南（2009 年 5 月）、菲律賓（2011 年 4 月）、印尼（2011 年 5 月）先後提出抗議照會。菲律賓指出北京九段線之內「相關海域及其海床和底土」的主張，在《聯合國海洋法公約》之下毫無基礎。2011 年 4 月，北京針對菲律賓，再度向聯合國提出照會，指出「按照《聯合國海洋法公

▌表 5-1　臺灣與中國大陸對「U 形線、九段線」立場差異

臺灣	中國大陸
未送交聯合國	2009 年送交聯合國「大陸礁層界限委員會」
島嶼歸屬線	島嶼歸屬線、歷史性權利
1947 年提出 11 段線	繼承 U 形線；1953 年成為九段線
臺灣海巡不巡邏	中國海警常態性巡邏
採取克制	衝撞越南船隻（2007 年）、剪斷越南船隻電纜（2011 年）
未佔中洲礁	佔領新島礁（美濟礁）、掌控黃岩島；在南沙永暑礁、赤瓜礁、東門礁、華陽礁、南薰礁「填海造陸」，在西沙群島的北礁、羚羊礁（筐仔沙洲）、晉卿島、南沙洲、高尖石等島礁設置燈塔。
僅強調島嶼及周遭水域，海床及底土享有國際法所賦予之所有權益。	主張南海的所有水域，不管是島嶼周遭水域或九段線內其他相關水域，中國具有主權或主權權利。

資料來源：作者整理自不同資料。

約》、1992 年《中華人民共和國領海及毗連區法》和 1998 年《中華人民共和國專屬經濟區和大陸架法》的有關規定，中國南沙群島擁有領海、專屬經濟區和大陸架」。

　　臺灣自 1956 年起，在南海太平島的有效管轄，與越南、菲律賓甚至中國，針對南海事務有一軌官方或二軌非官方的合作，進行雙邊對話及參與多邊對話。縱使臺灣沒有參加《南海各方行為宣言》的協商，但太平島歸屬臺灣，也是基於超過 65 年和平且持續行使國家權力的「時效」（prescription）國際法原則。

兩岸在南海合作的紀錄

雖然中國南海研究院與政大國關中心的「兩岸南海問題學術研討會」機制運作起自 2001 年，但中國一方面與臺灣對話，另一方面與東協簽署《南海各方行為宣言》（2002 年）、與菲律賓、越南在南海簽署三方《地震波勘探協議》（2005 年），幾無先向臺灣「通氣」或進行簡報。臺灣決定並完成在南沙太平島興建飛機跑道（2006-2007 年），也沒有在此一機制有正式的討論。

中國代表有官方的背景，無論是南海研究院或中國國家海洋局海洋戰略研究所的牽頭方，臺灣方面則是沒有被授權的第二軌學術單位。不過，臺灣研究南海的專家集聚，倒是中國階段性向臺灣學習、交流。不管兩岸緊張或緩和，智庫舉行南海學術對話，討論南海地區形勢、南海考古、海洋環保、漁業資源、海洋法、海上執法、海事合作等相關議題，鮮有對南海決策有直接的影響。到了馬政府隨著兩岸關係緩和，兩岸官方管道之外，同時維持與其他國家的南海對話，並由第二軌道跨出到第一軌道。

蔡英文政府上臺之後，中國南海研究院認為臺北限制中方學者到臺灣舉行南海問題研討會，使兩岸在南海問題的「良性互動局面和默契已消失殆盡」。[3] 臺海兩岸智庫約 20 年在南海議題的交流，見證了中國學者對國家任務的重視與資源的投入，臺灣所面臨的內外挑戰龐雜，南海屬於邊緣議題，南海研究者靠的是專業訓練與個人興趣的累積。

臺灣與中國大陸自 1991 年第二屆印尼南海會議開始與會，可算是兩岸外交部代表在國際場合共同與會的合作案例，但也隨著

▌表 5-2　臺灣與中國大陸智庫對兩岸南海合作的建議

報告	建議
《2010 年南海地區形勢評估報告》	建立兩岸合作的政治互信；建立兩岸南海事務性合作
	推動建立兩岸軍事協調機制；兩岸南海油氣資源的合作開發
《2011 年南海地區形勢評估報告》	能源探勘與開發
	進行 U 形線法理研究
	區域性養護海洋資源措施；作業漁民救助合作；
	保護海域生態環境策略；海上溢油事故快速應急反應與合作機制
	學界南海科考、資源調查合作；生態環保、生物多樣性調查、水下考古合作
	構建事務性工作溝通聯絡機制；考慮臺灣參與南海事務爭端解決談判協商
《2012 年南海地區形勢評估報告》	加強南海學術領域的合作；拓展海洋文化領域的合作與交流
	推進南海漁業資源開發領域的合作；加強南海油氣資源勘探開發合作
	增進南海生態環保領域的合作力度；深化南海科考、資源調查勘探等合作
《2013 年南海地區形勢評估報告》	建立南海研究合作機制平臺；推動兩岸南海科研、考古合作
	增強兩岸青少年海洋意識培育合作；增進兩岸南海文化交流與合作
	完善兩岸海洋旅遊產業鏈構建
	轉變兩岸捕撈生產作業模式；推動兩岸海洋油氣資源勘探與開採
	建立兩岸海上互聯互通資訊共用平臺；擴大兩岸聯合搜救應急執法機制
	促進兩岸海洋事務合作協議進展

報告	建議
《2014 年 南 海地區形勢評估報告》	開展兩岸南海漁業合作；在太平島周圍海域建立共同海洋生態保護區
	加強對南海主權的維護與推進共同步驟；共同應對中菲南海仲裁案
	加強海上絲綢之路建設
	提升南海島礁建設民事化設施功能
《2015 年 南 海地區形勢評估報告》	維持南海政策主張底線；鞏固相互配合默契；探索南海合作新的模式與路徑
	兩岸繼續、支持、鼓勵、擴大南海事務的接觸、溝通與交流
	太平島等島礁向兩岸過往船隻提供醫療、避災等海上緊急救助
《2017-2018 年南海地區形勢評估報告》	兩岸學者南海歷史證據鏈建設系統工程
	青年、學者南海問題對話與交流；舉辦南海主題巡迴展覽
	生物多樣性保護、海底資源勘探、漁業資源養護聯合研究

資料來源：整理自劉復國、吳士存編，2010-2018 各年度《南海地區形勢評估報告》。

兩岸關係變化而有不同的互動。[4]

　　2008 年 11 月，印尼南海會議兩岸參與者出現關鍵性的合作。在此之前，臺灣民進黨政府指示出席代表自 2004 年 11 月提出有關「東南亞海洋教育網絡」（South East Asian Ocean Network for Education，SEAONE）跨國計畫，但連續四年遭中國大陸代表強烈反對。北京甚至在 2007 年 11 月提出近似臺北的計畫分庭抗禮。2008 年 5 月馬英九政府上臺，11 月印尼南海會議兩岸出席代表表達願意共同提案。2009 年 11 月，在第 19 屆印尼南海會議上，臺海兩岸代表提出「中國與中華臺北東南亞教育與訓練網絡共同計

畫 」（China and Chinese Taipei Joint-Project South East Asia Network for Education and Training，SEA-NET），分別在兩岸易地舉辦南海國際教育訓練研討會。2010 年 8 月底，首次研討會在臺北外交部外交及國際事務學院舉行，由中華（臺灣）國際法學會主辦「南海潛在合作會議」（Conference on Potential Cooperation in the South China Sea），該研習會議題包括：南海會議與區域合作、南海共同開發及合作、南海海洋環境保護等。中國則在 2011 年接續執行此一計畫，臺海兩岸每隔一年負責主辦此一 SEA-NET 研討會。[5] 在 2016 年 5 月民進黨再度執政之後，該計畫因北京因素而無法繼續。

2010 年 3 月，行政院環保署舉辦「海峽兩岸海洋論壇－海洋環境管理學術研討會」，中國國家海洋局港澳臺辦公室副主任陳越率隊出席此一研討會。臺灣環保署副署長邱文彥在海峽兩岸海洋論壇上提議，將南沙群島的太平島建設成「國際和平公園」，中國大陸專家未來也可上島考察。2010 年 8 月，中國海洋發展研究中心主任王曙光率團訪臺，與政大國關中心舉行「海洋經濟與可持續發展」座談會，並拜會海巡署。臺海兩岸簽署多項功能性協議，理應為兩岸在南海合作創造空間，但是美國與中國在南海發生多次近距離危險碰撞的風險，美國在南海事務上提高對北京的批判，擠壓臺北在南海與北京合作的空間。中國在南海爭端上，積極爭取臺灣的支持，至少使臺灣維持中立，並希望見到臺灣表達對美國在南海的強勢作為的不滿。北京也形塑出兩岸在南海共同合作的印象，藉以牽制其他聲索國與美國。中國繼續排除美國介入南海事務，宣稱只能由聲索國自行和平解決爭端。中國南海研究院主張為「構建兩岸南海合作的穩定機制，可考慮將其納入

『海基會』與『海協會』的協商議題」，因為「兩岸合作開發與維權以聯手應對南海爭端，不但將助推兩岸關係邁出新步伐，也可增強兩岸在南海問題上的國際話語權」。[6] 中國社科院臺灣研究所研究員王建民建議，兩會共同成立「南海問題工作小組」，納入兩會協商，「選擇適當時機簽署海峽兩岸南海合作協定，具體內容與細節由海峽兩岸共同協商決定」。[7]

在 2013 年底中國在南沙「填海造陸」之前，中國學者專家一直對太平島有所想像。例如，借用太平島地基，在旁邊填海造一個新太平島，然後建一個軍民兩用的大型機場，成為開發南海，維護南海主權的重大基地，兩岸共同協防南海。時任新聞局局長江啟臣重申馬政府南海「主權在我、擱置爭議、和平互惠、共同開發」的立場，表示對「不會損及主權，也不致引起爭端的共同開發構想，會考量參與」，迴避兩岸軍事合作的問題。

然而，臺灣部分學者專家支持兩岸在南海的軍事合作。前政大教授高永光在一篇短文提到：「國防單位可以先對話，也可以由海巡署和大陸有關方面來對話，對話的內容除了保護雙方漁民捕魚之安全外，將來甚至於可以展開聯合的軍事演習，預擬如何對付東南亞各國不合理的軍事行為。倘若兩岸能在太平島的使用上相互合作，對於兩岸的軍事互信機制的建立，一定能起積極的作用」。[8] 兩岸南海專家學者合作出版的年度《南海形勢評估報告》，亦建議「積極創造條件，組建聯合艦隊，共同參與南海巡航」，及「統合兩岸在南海水域的航船安全資訊，將兩岸 24 小時海難通聯擴展至南海海域，發揮互相支援救難的作用」。[9] 2015 年中國在南沙島礁的「填海造陸」行動完成後，使得北京即使沒有臺北的合

作，也可以在軍事上對美國、菲律賓、越南造成牽制的作用。當
臺海兩岸關係再度因臺灣政黨輪替時而引發緊張時，中國的南沙
島礁的新軍事部署，也對太平島的防衛與守軍心理形成壓力。

就地緣政治的重要性而言，東沙島遠甚於太平島。東沙群島
是一直被遺忘的南海島嶼，位於臺灣高雄以西約 440 公里（280 英
里或 240 海里），與香港東南方 310 公里（190 英里或 170 海里）。
東沙島是臺灣統轄南海群島中最大的島嶼，面積為 1.74 平方公里
（0.67 平方英里），擁有 1,500 公尺（4,900 英尺）長的跑道。東沙
島掌握太平洋、東海、南海、巴士海峽、臺海的戰略咽喉，也是
東北亞、東南亞、北美三航線的關鍵節點，卻被國際與臺灣忽視
其戰略安全價值。臺灣擁有東沙島可證明是南海的國家，而不僅
侷限於臺海兩岸。東沙、南沙均有跑道，但長期沒有積極經營，
原因包括：一、蔣介石反攻大陸；二、兩岸關係重要許多；三、
擔心易手的可能性，最終為中共建設南疆；四、主管南海島礁的
部會過多，交通部、內政部、國防部、海巡署均不願編列部門預
算。日本海軍退役上將香田洋二曾撰文提到：「在地緣政治危機
中，如果中國控制了東沙島，南海地區的力量平衡就會向中國轉
移。因此，日本和美國應該針對這個不起眼的群島制定聯合戰
略，這反過來將有助於保衛臺灣」。[10]

李登輝總統時代兩岸密使（1991 至 1995 年）溝通，兩岸關係
穩定的考量，限制臺灣在南海的外交或軍事的積極作為。李登輝
政府在 1999 至 2000 年將東沙、南沙海軍陸戰隊換防為海岸巡防
署駐守，實際上違反了《南海政策綱領》「強化戰備整備加強巡
弋、捍衛南海諸島」的方向。美國政府與學者專家對臺海兩岸在

南海軍事可能合作表達疑慮，馬政府也了解此事的敏感性。臺灣雖然依照已停止適用的《南海政策綱領》，先後在南沙與東沙島，完成建立衛星通訊設施與航行援助，興建跑道及碼頭設施，改善醫療設備，設置環境資料庫，採行環保措施，蒐集可用資源的資訊，研究南海相關政治及法律等問題，但在軍事作為上一直不夠積極。

兩岸南海能源合作計畫

2008 年 9 月，馬總統首訪東沙島，指示「陸續將興建的碼頭等建設，會讓東沙島的發展更加完備」，而在「東沙島劃入國家公園之後，保育的工作非常重要，在不妨害保育的情況下，適度開發是值得追求的目標」。2010 年 7 月，內政部長江宜樺前往東沙島為海洋國家公園管理處東沙管理站啟用揭牌，表示 2011 年至 2015 年執行《我國大陸礁層與島礁調查計畫》，透過高解析度衛星影像辦理東海、南海及周邊海域等所有臺灣主張海域島礁的「基礎圖資測繪工作，以作為未來海域情勢分析及各項重要海洋政策擬定之參考」。[11] 相較於菲律賓、越南、馬來西亞的積極作法，臺灣低調進行大陸礁層外部界限劃定的各種準備。由於臺灣不是《聯合國海洋法公約》的締約國，因此主張對於超過 200 海里的延伸大陸礁層之主張，不受 2009 年 5 月 12 日期限的限制，可「繼續保有對於東海、臺灣東部海域及南海海域主張超過 200 浬大陸礁層外部界限之權利」。馬英九政府主張，由科學佐證資料證明，「臺灣東部海域」（耶雅馬海脊，Yaeyama Ridge）、「東海海域」的大陸礁層

可享自然延伸範圍，超過自領海基線起算 200 海里，部分與鄰國所主張之大陸礁層重疊。但是，有官方調查卻無公開提出大陸礁層延伸至 350 海里的主張。

菲律賓參、眾議院在 2009 年 1 至 2 月通過法案，將南沙群島（包括太平島）及中沙群島之黃岩島，劃入菲律賓領土。2009 年 2 月，中華民國外交部發表聲明：「一、 無論就歷史、地理、事實及國際法而言，南沙群島、西沙群島、中沙群島、東沙群島及其周遭水域係屬中華民國固有領土及水域，其主權屬於中華民國，不容置疑。中華民國對該四群島及其水域享有一切應有權益，任何國家無論以任何理由或方式予以主張或佔據，中華民國政府一概不予承認。二、中華民國政府茲此呼籲，菲國政府應依據聯合國憲章、聯合國海洋法公約及『南海各方行為宣言』揭櫫之原則與精神，透過協商對話，和平解決南海爭議」。2009 年 5 月，針對越南與馬來西亞聯合向聯合國「大陸礁層界限委員會」提出 200 海里以外大陸礁層延伸案，馬政府也立即發表與上述相同的聲明，呼籲馬來西亞及越南政府透過協商與理性對話，和平解決南海爭議。

臺灣在南沙群島除太平島之外也擁有中洲礁，2003 年 8 月內政部長余政憲曾率隊登島，自 2008 年起逐漸出現中洲礁相關的政府記載。2010 年 9 月，環保署環境品質採樣小組，首次抵達中洲礁執行海域水質監測工作，拓展在環境監測空間尺度。中洲礁因地勢低窪，易受海水潮汐漲退影響，海域水質監測作業不易進行，不易「填海造陸」，或有永久建物，流動沙礁盤上的賞鳥亭，因颱風侵襲遭破壞。若臺灣在太平島之外，以加強生態環境為

名，加強對中洲礁的經營，將使臺灣在南沙群島的基地進一步擴大。不過，在其他聲索國「填海造陸」之後，臺灣在太平島及其周邊任何建設工程均會被曝光，引起其他各造的反對，美國亦會視情況施加壓力。

2008 年後臺海兩岸關係緩和，中國與美國、越南、菲律賓在南海爭議卻愈激烈，使臺灣面臨更大的困境，不得不在南海的兩岸是否合作上，保持防衛性或迴避的立場。馬英九政府迴避兩岸軍事合作的可能性，一再重申在東海與南海秉持「主權在我、擱置爭議、和平互惠、共同開發」的立場。2008 年 12 月，臺灣的中油與中國大陸的中海油簽署「合作意願書」，臺灣經濟部能源局的研究計畫，提議設立「兩岸能源合作工作小組」，臺北與北京各自成立秘書處，推動在南海及東沙群島海域探勘合作，研究兩岸兩會簽署「能源合作協議」的可能性。[12] 在中國與菲律賓黃岩島衝突之後，外交部在 2012 年 4 月 20 日發表新聞稿，呼籲「相鄰南海各島礁國家，應避免採取任何影響南海地區安定和平的片面措施，並自我節制，透過協商對話，和平解決爭端。我國願積極參與相關對話，解決紛爭，共同促進區域和平穩定與發展」，再度重申願「與其他國家共同開發南海資源」。[13] 然而，黃岩島事件及美國與中國在南海緊張升高，卻使得臺海兩岸在南海合作開發石油與天然氣的可能性降低。[14]

臺海兩岸油氣資源共同合作勘探自李登輝政府開始，主要有兩個部分，「臺潮石油合約」由臺灣中油的「海外石油及投資公司」（OPIC）與「中國海洋石油總公司」簽約；「臺陽石油契約三方合作案」，於 2017 年 5 月簽約，除了臺海兩岸，第三方為法國

「道達爾（TOTAL）探勘與生產（中國）有限責任公司」。這兩個區塊位於高雄與東沙島之間的海域，前者預估樂觀但鑽探卻無結果；後者展開二維震測採集與資料處理作業，仍在有效約期之中。臺灣中油公司在 2010 年 6 月向經濟部申請於太平島劃定新礦區，總面積約 13.8 萬平方公里，並於 2011 年 4 月獲得核准；2012 年 6 月，中國中國海洋石油總公司在南海中建南盆地、萬安盆地、南薇西盆地公告 9 個區塊對外招標，總面積約 1.6 萬平方公里。[15]

　　美國、菲律賓、越南與中國在南海相互角力，使得臺海兩岸石油公司即使在東沙島右方海域（東經 117 至 118 度、北緯 21 至 22 度）有良好的合作紀錄，但難以往南沙群島海域前進。更何況 2014 年 5 月越南對中國在西沙中建島附近海域設置深水鑽井平臺，引發強烈的海上抗議與陸上暴動，在涉及更多聲索國領土爭議的南沙群島海域，臺灣單邊或臺海兩岸雙邊的石油勘探將變得更為困難。

臺灣的南海政策與美方看法

　　在中國實際掌控黃岩島附近海域之後，2013 年 1 月 22 日，菲律賓政府將「菲律賓與中國在西菲律賓海（南海）的海洋管轄權引起的爭端」仲裁的書面通知及權利主張，提交給中國；2 月 19 日，中國向菲律賓提交照會闡述中方在南海問題上的立場和主張，並拒絕接受書面通知，並將其退還給菲律賓。[16] 中國在 2013 年 8 月 1 日、2014 年 5 月 21 日分別向仲裁庭重申不接受菲律賓提

起的仲裁，也不參與仲裁程序。2014 年 12 月 7 日，中國外交部提出「關於菲律賓共和國所提南海仲裁案管轄權問題的立場文件」，指出此一仲裁案實質上涉及「南海部分島礁的領土主權問題」、「構成海域劃界」，中國在 2006 年聲明已加以排除，不得提交仲裁，而在北京提出文件之前二天，越南首度向仲裁庭提請注意的聲明。[17]

　　相較於菲律賓、中國、越南直接涉入仲裁案，臺灣一開始沒有直接對此一仲裁案表達贊成或反對，但 U 形線的主張卻形同受到挑戰，而太平島雖未被菲律賓訴狀列為「中國佔領或控制」的島礁，卻被該國部分媒體評論視之為「岩礁」（rock），只能有 12 海里、24 海里臨接區，不能有 200 海里專屬經濟區。[18]

　　南海島礁聲索國反對中國提出的九段線地圖及其相關主張，歐巴馬政府支持菲律賓將九段線爭議提交國際仲裁。川普、拜登政府反對中國的九段線，意味它也反對臺灣的 U 形線，但因臺灣採取模糊隱晦立場，未如中國送交聯合國大陸礁層界限委員會，因此，並非美國直接質疑的主要對象。越南雖不是黃岩島的聲索方，但同為南沙島礁聲索國，支持菲律賓尋求法律途徑解決的作法。南海周邊國家如菲律賓改稱南海為「西菲律賓海」，越南改稱南海為「東海」，直接在用語上挑戰臺海兩岸慣稱的「南海」。國際仲裁庭對九段線的國際海洋法意涵無論做出何種仲裁，臺灣與中國將同受衝擊。

　　2014 年 2 月，前美國國安會東亞事務資深主任貝德（Jeffrey Bader）呼籲歐巴馬政府與臺灣討論，盼臺灣澄清對九段線的立場，與《聯合國海洋法公約》能否有一致性。[19] 4 月，美國戰略

暨國際研究中心資深研究員葛來儀（Bonnie Glaser），建議臺灣藉由說明九段線的意義來緩和南海緊張，使其海洋權利主張可符合《聯合國海洋法公約》，認為這可獲得東協歡迎甚或支持臺北加入「南海行為準則」的談判，也可施壓北京對九段線說明更為清楚，使各國重疊的海洋主張可獲得管理。[20] 葛來儀一項表達對臺海兩岸在南海軍事合作的疑慮，也多次呼籲臺灣了解此事的敏感性。8 至 9 月，新美國安全中心（Center for a New American Security）亞太安全計畫資深主任克羅寧（Patrick Cronin）批評馬英九政府忽略美方促請停止在太平島的港口興建計畫，也不願澄清 U 形線的國際法依據。[21]

對美國而言，臺灣發表軟性道德性的聲明訴求，最符合美國利益，臺灣採取任何可能複雜化南沙情勢的措施（諸如火砲射擊、飛彈部署、港口修建、海軍陸戰隊回防等），並非美國政府所樂見。

美國也不支持臺海兩岸在南海事務的合作，致使美國在南海的政策更為複雜化。歐巴馬政府對臺灣與美國軍事盟邦菲律賓、日本，在南海、東海的利益衝突，不願見到美國出售給臺灣的武器，被用於對抗菲律賓與日本，或者部署在太平島。2012 年 6 月，助理國務卿坎博在一項會議上，提到美國官員表達關切臺灣與中國在南海合作的發展，臺灣官員則保證會非常小心處理；12 月，坎博在一項活動上提到，美國官員向臺灣強調，在東海釣魚臺問題上，美國期待臺灣不要採取行動，挑起誤會或緊張。[22] 美國部分專家認為即使臺海兩岸在東海與南海爭議海域沒有明顯的協調，但在 2012 年 9 月，兩岸在釣魚臺 12 海里之內採取各自卻平行

的行動，已對日本造成壓力，更何況臺灣在該次海上軍事部署是
美製的武器系統。[23] 2013 年 5 月，馬英九派拉法葉巡防艦到巴士
海峽護漁，多少是對美方顧慮的回應。

　　美中在南海的角力增加，中國的「填海造陸」提高了南海軍
事化的趨勢，加上中國海警與海軍的海上執法日趨頻繁，美國與
菲律賓也強化防衛合作，對臺灣往返南沙太平島的交通線與臺灣
西南安全戰略環境，形成新的變數。中國在南海加大管轄權的作
為，在兩岸關係緩和之下，對臺灣衝擊較小，一旦民進黨執政，
兩岸因臺灣政黨輪替而出現緊張時，中國箝制臺灣西南方向安全
的優勢將有所提升，也對臺灣在東沙島或太平島的守軍、海空交
通線安全，造成新的軍事威脅。馬英九總統對中國建造人工島
礁，沒有批判但指出不能因此主張領海等權利，需依規定要畫 500
公尺安全區，「不見得不符合《聯合國海洋法公約》規定，只要
不主張是領土，在國際法上並沒有可責難之處。」[24] 相較於馬總統
樂觀的看法，美國國防部在每一年度中國軍力發展報告，持續警
告注意中國可能對東沙島、南沙太平島，採取兩棲登陸的軍事行
動方案。[25]

　　2014 年 1 月起，馬政府開始在太平島興建碼頭（聯絡道 212
公尺、碼頭一 108 公尺、碼頭二 210 公尺）及機場跑道強化工程
（助航燈光增設、跑道槽縫更新、加儲油設施增設、跑道排水設
施改善）。一般認為此一工程完成，除了可以使物資的運補可透
過機械搬運，縮短運補時程，提升巡護機動性和搜救能力，也可
成為「海上漁民臨時避難場所」或者成為「搜索救難中心」。然
而，在臺灣已經開始動工之後，美國副助理國務卿福熙（Michael

Fuchs）在 2014 年 7 月提出南海各方自動凍結（voluntarily freeze），不奪取《南海各方行為宣言》簽署前已為他方佔領的新據點，不改變地形地貌，限制針對他方的單邊行動。美國國務院更於 2014 年 12 月 5 日在《海洋界限》（Limits in the Seas）報告，比對臺灣的 U 形線與中國的九段線之差異，指出就合法性（legality）而言，「海域國界線」（dashed line as a national boundary）、「歷史性水域線／歷史性權利線」（dashed line as a historic claim）及「島嶼聲索線」（dashed line as a claim to islands）三種主張，僅「島嶼聲索線」合乎《聯合國海洋法公約》，否定「歷史性主張」（historical claim）。

　　馬總統對強化南海的主權有構想與做法，但是他在南海所面對的卻是形勢比人強的困境。馬總統到太平島訪問經過一波三折，最早想要訪問的時間是 2014 年 4 月至 5 月，主要反對意見來自美國。歐巴馬政府甚至將太平島訪問與總統出訪過境美國安排掛勾。[26] 馬英九在 2015 年 5 月提出〈南海和平倡議〉，呼籲相關各造：

一、自我克制，維持南海區域和平穩定，避免採取任何升高緊張情勢之單邊措施。

二、尊重包括聯合國憲章及《聯合國海洋法公約》在內之相關國際法原則與精神，透過對話協商，以和平方式解決爭端，共同維護南海地區海、空域航行及飛越自由與安全。

三、將區域內各當事方納入任何有助南海和平與繁榮的體制與措施，如協商建立海洋合作機制或訂定行為規範。

▋表 5-3　美國政府對臺灣在南海政策的基本看法

美國不希望臺灣興建碼頭，不部署美製武器，不希望馬英九或蔡英文總統在敏感時間訪問太平島
美國希望臺灣澄清 U 形線，對北京造成壓力
美國國務院將臺灣列入過度海洋權利主張者之一
美國國防部認為中國在兩岸緊張時，可能會攻擊東沙島、太平島
美國反對臺灣主張的 U 形線，不願見到對兩岸可能合作
美國認為臺灣在南海與兩岸關係若透明度不夠，將影響美國與東南亞國家關係。

資料來源：作者整理自不同資料。

四、擱置主權爭議，建立南海區域資源開發合作機制，整體規劃、分區開發南海資源。

五、就南海環境保護、科學研究、打擊海上犯罪、人道援助與災害救援等非傳統安全議題建立協調及合作機制。[27]

　　即使是在中國正在進行南沙「填海造陸」工程的背景下，〈南海和平倡議〉與馬英九訪問太平島，不見得會牽動美國對南海、東協、或中國的政策，更何況歐巴馬政府對中國建造人工島，並無積極因應或阻擾。2016 年 1 月，馬總統訪問太平島前幾天，外交部長林永樂率領的官員與學者訪問團到訪太平島，希冀證明太平島「島上水源為淡水，可以供人飲用」，而且「當地土壤是自然化育而成，可供原生植物生長及農作物生產使用」，物種多達 106 種，「可構成維持人類居住及經濟生活之要件」。[28] 3 月，中華民國國際法學會正式向荷蘭海牙仲裁庭院遞交「法庭之友意見書」，以調查的科學報告、歷史資料，說明島上具有天然可飲用水源，

島上土壤是天然形成，存在上百種植物，亦有栽種農作物供應食用，證明太平島長期有人類居住的島嶼。[29] 7 月，海牙國際仲裁庭仍將「太平島」判斷為「岩礁」，而非「島嶼」。此一判斷有很大的國際政治衝擊，其他南沙群島可構成「島嶼」條件，在最大天然形成的「太平島」都只能算是「岩礁」之下，自然無「島」可言，大幅侷限聲索國的主權權利，至多擁有 12 海里領海。

　　菲律賓大法官卡皮歐（Antonio T. Carpio）曾在 2014 年 3 月一篇演講中，提及太平島或較其還大的島嶼，當面臨有大陸或更大島時，不見得享有完整專屬經濟區。他認為太平島與巴拉望（Palawan）相向，就面積、海岸線長度，至多有 50 海里專屬經濟區，巴拉望島可有完整 200 海里專屬經濟區（請見圖 7）。[30] 太平島 50 海里內有中國佔有的渚碧礁、赤瓜礁、東門礁、南薰礁，菲律賓中業島、南鑰島，及至少 8 個越南島礁。太平島即使可享有 12 海里島礁，也會將越南佔有的敦謙沙洲、舶蘭礁、鴻庥島劃入。當太平島可擁有 200 海里專屬經濟區，周邊卻滿滿是爭議的島礁，將是另一個更大爭奪的開始。

　　若說太平島是「岩礁」，面積比太平島小好幾倍的日本「沖之鳥礁」就不能算是「島」。2016 年 4 月，日本海上保安廳扣押臺灣漁船東聖吉 16 號，馬政府表明「沖之鳥礁」不能主張 200 海里專屬經濟區，強調臺灣漁民擁有公海捕魚的自由。蔡英文上臺後，也為沖之鳥是「礁」或「島」所困，最後傾向認定聯合國大陸礁層界限委員會贊成沖之鳥北邊可延伸，南邊則暫未決定，所以沖之鳥經濟海域有國際的爭議。[31] 相較於馬政府考慮捕魚權，蔡政府雖也思考臺灣漁民的利益，也想在臺日關係解決此一問題，但

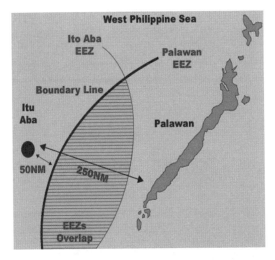

▌圖 7　南沙太平島與菲律賓巴拉望島海里專屬經濟區試劃

資料來源：Antonio T. Carpio, "The South China Sea Dispute," https://tile.loc.gov/storage
ervices/service/gdc/gdcovop/2017357527/2017357527.pdf

不能忽略沖之鳥礁對臺灣與中國大陸軍事想定可能扮演的角色，
例如，沖之鳥礁位居關島與臺灣之間的海運中間點。若日本可在
沖之鳥礁大力執法，限制部分國家航行自由權的範圍或可擴大一
些。

　　不同於前任三位總統李登輝、陳水扁與馬英九，蔡英文是唯
一將東海與南海納入其 2016 年 5 月就職演說。蔡總統提到「有責
任捍衛中華民國的主權和領土；對於東海及南海問題，我們主張
應共同開發於南海海域，可以透過『擱置爭議、共同開發』的方
式來處理」。此一論述降低習近平對蔡英文在保護「中國祖產」
的猜疑，但沒有因此具體提升臺灣對東海、南海的實質地位，北
京也在同日（5 月 20 日）停止國臺辦與陸委會的聯繫溝通機制，

以及海協會與海基會的協商談判機制。蔡英文政府在南海安全的
第一道危機是海牙國際仲裁的結果，如同美國、日本、中國對仲
裁法庭最後判斷無法事先掌握，但立即回應仲裁案（2016 年 7 月
12 日），表達「完全無法接受，其結果對我國沒有任何法律拘束
力」，意見如下：

一、反對以「中國臺灣當局」（Taiwan Authority of China）不當
　　稱呼我國。

二、仲裁庭自行擴權，將我方（中華民國）統治的太平島，
　　連同由越南、菲律賓及馬來西亞等國占領的南沙群島其
　　他島嶼，全數宣布為「岩礁」（rocks），不得擁有專屬經
　　濟海域（Exclusive Economic Zone），嚴重損害我南海諸島
　　的法律地位及其相關海域權利。

三、中華民國對南海諸島及其相關海域享有國際法及海洋法
　　上的權利，不容置疑。本案仲裁庭於審理過程中，未曾
　　邀請我國參與仲裁程序，也從未徵詢我方的意見，因此
　　本案判斷對中華民國不具有任何法律拘束力。

四、南海爭議，應透過多邊協商，依據「擱置爭議，共同開
　　發」之方式和平解決，而我國應以平等地位獲納入相關
　　多邊爭端解決機制。我國也願在平等協商之基礎上，與
　　相關國家共同促進南海區域之和平與穩定。[32]

　　蔡英文在仲裁案公布之後一星期（2016 年 7 月 19 日），提出
南海「四點原則」依據國際法及海洋法，包括《聯合國海洋法公

約》,以和平方式解決;臺灣應納入多邊爭端解決機制;相關國家有義務維護南海航行和飛越自由;中華民國主張應以「擱置爭議、共同開發」方式處理南海爭端,且願在平等協商基礎上,和相關國家共同促進南海區域之和平與穩定,並共同保護及開發南海資源。蔡政府也提出南海政策的「五項做法」,包括:

(一)捍衛漁權:強化護漁能量,確保漁民作業安全;

(二)多邊協商:請外交部和相關國家加強對話溝通,協商尋求合作共識;

(三)科學合作:請科技部開放科研名額,由相關部會邀請國際學者到太平島進行跨國性之生態、地質、地震、氣象、氣候變遷等科學研究。

(四)人道救援:請外交部和相關國際組織、NGO 合作,讓太平島成為人道救援中心及運補基地;

(五)鼓勵海洋法研究人才:強化國家因應國際法律議題時的能量。[33]

2016 年 10 月 7 日,蔡總統再度強調「在南海的環境保護、科學研究、打擊海上犯罪、人道救援與災害救援這些非傳統的安全議題上,進行有意義與建設性的對話。在南海的環境保護、科學研究、打擊海上犯罪、人道救援與災害救援這些非傳統的安全議題上」,建議「大家可以坐下來,進行有意義與建設性的對話」。[34]若比較之前陳水扁、馬英九總統所提過的南海有關的倡議(請見表),蔡總統的主張較接近馬總統,但提出了陳、馬兩位總統忽

略的南海漁權的捍衛，在南沙太平島的人道救援演練也舉行多
次。臺灣在拓展與其他聲索國討論南海問題的雙邊或多邊場域，
絕大部分不能操之在我，在「新南向政策」國策之下，不願與部分
南沙島礁聲索國衝突，因此，「擱置爭議」成為蔡政府的主軸。[35]
海洋委員會主辦的「東沙國際研討會」，雖以東沙為名，實質討論
南海議題，在 2019 年 6 月於高雄舉行一次之後，因新冠疫情而不

▌表 5-4　陳水扁、馬英九總統有關南海和平的倡議

	遵守規範	合作機制	開放考察	加強研究
陳水扁《南沙倡議》2008/2/2	接受《南海各方行為宣言》的精神與原則，堅持以和平方式解決領土與管轄權的爭議。	南海的開發首重環境生態的保育，正視全球暖化，海平面上升的威脅。籲請相關各國優先考慮將南海劃設成海洋生態保育區。	定期開放並邀請國際生態學者及環保團體至東沙環礁、太平島及中洲礁進行研究與考察。	鼓勵民間成立「南海研究中心」，定期舉辦國際研討會，經由二軌的接觸管道，緩和南海不穩定的情勢。
馬英九《南海和平協議》2015/5/26	尊重聯合國憲章及《聯合國海洋法公約》相關國際法原則與精神，共同維護南海地區海、空域航行及飛越自由與安全。	協商建立南海區域資源開發合作機制。就南海環境保護、科學研究、打擊海上犯罪、人道援助與災害救援等非傳統安全議題，建立協調及合作機制。		

資料來源：〈總統視導南疆海域踏上太平島慰勉駐島官兵辛勞並向他們拜年〉，《總統府新聞稿》，2008 年 2 月 2 日；〈總統出席「2015 年世界國際法學會與美國國際法學會亞太研究論壇」開幕典禮〉，《總統府新聞稿》，2015 年 5 月 26 日。

再繼續,改以小型或視訊會議進行。

太平島或南沙並非臺灣漁民主要漁區,而人道救援選擇太平島是馬、蔡兩位總統的想法,但終究比不上選擇加強東沙島的建設來得務實。蔡政府在推動太平島成為人道救援中心的目標下,先後舉行「南援一號」(2016 年 11 月 29 日)、「南援三號」(2018 年 5 月 11 日)、「南援四號」(2019 年 5 月 21 日),海巡署、國防部、外交部、衛福部、國搜中心等政府部會參與的人道救援演練。[36] 臺灣在科學合作上卻有些進展,科技部成立「南海科學研究成果平臺」,匯集內政部、經濟部、交通部、行政院農委會相關計畫。定期小規模開放國內外研究人員、南海專家前往太平島、東沙島進行調研,分享臺灣掌握的檔案資料,或可強化臺灣對這兩個島嶼的主權論述。東沙島劃有 12 海里領海、24 海里臨接區外界線並予以公佈,圖 8 中的專屬經濟區外界線是示意圖,尚未真正主張,但可看出廣東汕頭、香港均涵蓋其中。東沙的專屬經濟區尚未碰觸臺灣的陸地,但兩者之間有臺海兩岸危險的空域,也有兩岸石油公司合作的開採計畫。

南海與共機擾臺

中國近海是第一島鏈之內的東海、南海,遠海則是第一島鏈以東的海域。菲律賓海或西太平洋鄰近沖繩、台灣、菲律賓的海域,將是中國海軍保護、防衛「核心利益」不被犧牲的主戰場。2019 年之前,根據國防部公佈路線圖,中國戰機擾臺一共有 6 條路線。共機擾臺一開始不是每個月,有時幾個月不來,但來時可

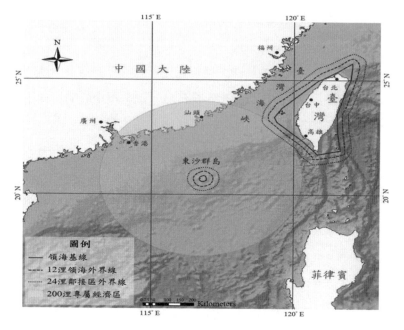

▌圖 8　東沙群島 200 海里專屬經濟區試劃

資料來源：臺灣大學地理所研究生許庭瑄協助繪圖。

能連續，可能從臺灣西北方的東部戰區機場或西南方的南部戰區機場起飛擾臺，但避開臺灣的防空識別區，尤其是臺灣的西南方。

　　共機進入臺灣西南防空識別區是逐步序列的行動，確保戰略優勢，不致造成美國或臺灣強烈的反應，但此一「灰色地帶衝突」是蓄意的、算計的，在一段時間取得明顯的牽引力，具有侵略性或展示武力的特色，但又是屬性模糊的，不是接觸性的戰爭。它的本質是強制、侵略性的行動，但蓄意不跨過傳統軍事衝突的門檻，或釀成國與國或臺海兩岸的戰爭。因應「灰色地帶衝

突」有許多的困境，例如，對手的最終目標為何，國際條約或兩岸關係規範被違反到何種容忍上限，臺灣在因應時，軍力使用的尺度為何，如何透過比例式回應而非擴大爭端，釀成不可收拾的後果。

中國在臺海周邊，從 2015 年開始「遠海長航」並於臺灣周邊進行「繞島巡航」（2020 年 2 月稱「戰備巡航」），2020 年 6 月起中國軍機更密集侵入臺灣西南角「防空識別區」。中國空中侵擾臺灣行動，介於「平時」與「戰時」之間的模糊行，具有「暴力或軍事脅迫」、「軍事恫嚇」、「準軍事活動」的特徵。

實際上，中國軍機進出臺灣西南「防空識別區」有三大目的：首先，中國跨戰區的演練，由臺灣東部的「遠海長航」、「繞島巡航」，到針對臺灣西南空域的持續「戰備巡航」，重心在於臺灣的西南空域，而既然是「戰備」必為「備戰」之用，設想在「臺灣軍事想定」時，是中國必須控制的空域。其次，中國意在臺海中線以外，距離臺灣本島最遠的部分，又無他國（如日本之於臺灣東北角）干擾的外部因素，執行必要時切斷東沙島對外聯繫之用。最後，意在臺灣緊張或危機時，降低美國自由進出巴士海峽與南海的軍事可能性，是「反介入與區域拒止」戰略的基本要件。

中國侵入臺灣西南空域，以 2021 年 1 月至 12 月為例，在 365 天內進出有 239 天，一共 961 架次。2022 年，根據《法新社》整理的數據，中國派遣 1727 架次戰機，進入臺灣的防空識別區。中國戰機跨越臺海中線的次數在 2022 年亦不斷增加，在美國眾議院議長裴洛西（Nancy Pelosi）訪臺之後，8 月、9 月甚至超過進入臺灣西南防空識別區的次數。[37]

以 2021 年為例，中國進入臺灣西南空域的絕大多數天數是以零星的慢速機機種（Y-8、Y-9、Y-20 與空警 500）為主，共有 361 架次，但累積最多仍是高速機（J7、J-10、J-11、J-16、Su-30）共 533 架次，另有 60 架次轟 6K、7 架次直昇機。中國戰機進入臺灣西南角，轟炸機較多是在西南角最外圍近東沙島。由於東沙島距離廣東汕頭 260 公里、臺灣高雄距離約 450 公里，具有地緣戰略重要性，不被認為如臺灣、澎湖明確為《臺灣關係法》所涵蓋，若是中國強行干擾、封鎖、甚至進佔，美國因應方式當不同於臺灣遭受封鎖或干擾。針對東沙島的安全想定，不僅日本學者小笠原欣幸、門間里良預警，美國智庫新美國安全中心（Center for a New American Security）兵推結果，也顯示中國若攫奪東沙、俘虜數百守軍，將為臺灣和美國帶來難以有效因應的困境。**38**

當美國航空母艦在臺灣東南方的菲律賓海集結演練時，中國戰機針對性深入臺灣「防空識別區」到達臺灣東南角。例如，2021 年 10 月 1 至 3 日因雷根號（USS *Ronald Reagan*，CVN76）、卡爾文森號（USS *Carl Vison*，CVN 70）、英國伊麗莎白女王號（HMS *Queen Elizabeth*，R 08）三艘航空母艦及日本伊勢號（JS *Ise*，DDH 182）在臺灣東部海域、菲律賓海的演練，中國戰機顯然具有針對性，延長其「戰備巡航」路線（請見圖 9）。中國在 2021 年 10 月 1 日（38）、2 日（39）、3 日（16）、4 日（56）日一共出動 149 架次戰機，大幅超過常態架次。中國對臺灣西南空域「防空識別區」不斷侵入，除了針對臺灣本島、東沙島之外，有一部份是針對美國在臺灣附近的軍事活動。中國官方也認為「對外部軍事干涉的遏阻力空前強大」，「東風 -41 和巨浪 -3 等可信二次核打擊能力」，

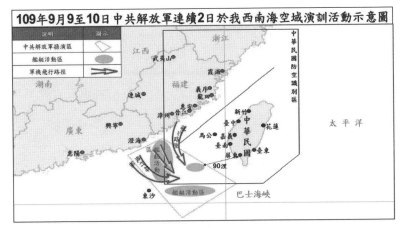

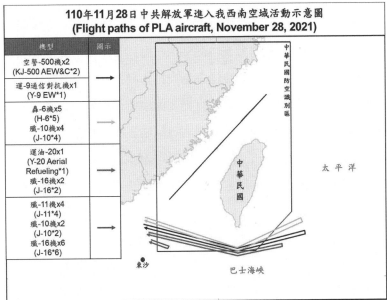

圖9　中國戰機對臺海的空中威脅

資料來源：中華民國國防部即時軍事動態，https://www.mnd.gov.tw。

可以「有效壓制美國鋌而走險動用核武器的邪念」。[39] 2022 年 12 月 25 日至 26 清晨，創紀錄一天有 71 架中國戰機侵擾臺灣，其中越過海峽中線與進入西南防空識別區有 47 架次。這些數字顯示臺海與東沙、巴士海峽、南海的軍事想定，對中共解放軍而言密不可分。

釣魚臺與臺日漁業談判

2008 年，臺海兩岸和緩之後，臺北與北京在釣魚臺問題上的默契與合作可能出現並形成日本政府的隱憂。2008 年 6 月 10 日，臺灣海釣船聯合號在釣魚臺群島外海，遭到日本海上保安廳船艦巡視艇撞沉，之後牽動釣魚臺主權與捕魚權及臺日關係的發展的辯論。馬政府召回駐日代表許世楷，此舉使日本政府在臺灣第二次政黨輪替之後，警覺到馬政府對日戰略思維是否會出現轉變。聯合號事件使甫上任的馬英九政府面臨到第一次釣魚臺危機，極力避免釣魚臺引起的情緒性國內反應，釀成臺日關係更大的衝突。

馬政府於 2008 年 6 月 12 日針對聯合號事件發表四點聲明：「一、釣魚臺列嶼是中華民國的領土，地理上是臺灣的附屬島嶼，屬於宜蘭縣頭城鎮大溪里。二、堅持維護釣魚臺主權的決心從未改變，也絕不改變。三、對於日本政府船艦在中華民國的領海，撞沉臺灣的漁船，扣留船長，提出嚴正抗議，並要求日本立即釋回船長及提出賠償，外交部已依據上述原則與日方繼續交涉中。四、要求海巡署立即強化編裝，提升維護主權與捍衛漁權的

功能」。[40] 6 月 13 日，行政院長劉兆玄除在立法院質詢時答覆，要求日方放人（釋放何鴻義船長）、賠償、道歉之外，更提及必要時「不惜一戰」。[41] 6 月 15 日，另一艘臺灣海釣船「全家福號」在海巡署的陪同下，進入距離釣魚臺僅 0.4 海里水域，對臺日之間在釣魚臺海域作業的默契形成挑戰。「全家福號」得以進入釣魚臺 12 海里，多少是日方考慮到臺灣的反彈，而臺灣保釣人士不登島也是妥協的關鍵。

　　駐日代表許世楷於 6 月 19 日表示，臺日關係到了黃燈。前駐日代表羅福全也指出，釣魚臺撞船事件雖不致影響臺灣與日本的全面關係，但日本對馬英九政府處理過程感到不安。日本交流協會更在其網頁上刊登「臺灣出現空前的反日氣氛」，呼籲日本民眾注意在臺灣的安全公告。[42] 日本交流協會臺北事務所代表池田維於 2008 年 7 月 10 日卸任返日前指出，馬政府在改善對中國關係的同時，臺日關係可能有變薄弱的危險性。[43] 日本官方與媒體對新上臺的國民黨政府及馬英九總統的走向，更有不確定感，憂慮臺灣政府從民進黨的「親日反中」，轉變為國民黨政府的「親中反日」。[44] 日本在臺灣政權交替，雖認為臺海兩岸緩和有益於日本的利益，但也擔心兩岸若在釣魚臺爭端採取共同立場，也發現掌握行政與立法部門的國民黨在領土問題上，高昂氣氛造成對日本強烈批判，形成兩岸關係快速改善，卻使臺日關係受到影響的對照。[45]

　　2008 年 11 至 12 月，日本交流協會在一項針對臺灣民意調查中，發現臺灣民眾最憂心的臺日問題分別為：漁業問題（34%）、日中關係（27%）、歷史淵源問題（21%）、貿易摩擦（8%）。2009

年 11~12 月執行的民調，相同的問題的反應分別為：36%，30%，17%，8%。[46] 這顯示與釣魚臺有關的漁業問題，在臺日之間成為最大的隱憂。2009 年 5 月初，雖有日本交流協會臺北事務所代表齋藤正樹在嘉義中正大學談話引起的風波，但同月稍後馬政府官員極力阻止保釣人士前往釣魚臺抗議，降低日方的疑慮。[47] 一位日本外務省官員指出，若馬政府沒有妥善處理釣魚臺事件，再度發生類似全家福號的事件，兩國關係將會有嚴重的倒退。[48] 釣魚臺問題對馬政府也可能是一顆地雷，因為任何中港臺的聯合保釣行動，將被視為國共聯合對抗日本的具體例證。

　　對重返執政的國民黨政府而言，在臺海兩岸關係改善過程中，無論是與美國歐巴馬政府或日本福田康夫內閣，必須維繫良好的關係，免得出現美、日與民進黨結合成一條統一戰線，對抗國共兩黨在釣魚臺的共同立場。陳水扁政府為強化臺日關係，建立跨部會對日工作小組。副總統蕭萬長在聯合號事件後建議成立「對日小組」，馬政府並於事件之後提出「臺日特別夥伴關係」政策。[49] 2009 年 2 月，臺日兩國在臺北進行中斷 3 年多的臺日漁業談判。[50] 日臺間從 1996 年開始協商漁業問題，至 2009 年 2 月為止共談了 16 次，雙方在領土主權及海域漁捕作業立場不相同，找不到解決之道，然而，兩國同意建立漁業爭端緊急通聯機制，並由臺灣省漁會、日本水產會協助處理漁業糾紛。[51] 如果臺日在釣魚臺的問題，未能有避免衝突的默契與緊急應變聯絡機制，可能因再一次海上的意外衝突，而陷入兩國關係的危機。

　　2010 年 10 月，美國國務卿希拉蕊提議美國與中日舉行三方會談，卻為北京所反對，不想讓美國介入釣魚臺問題。美國、日本

亦不願見到臺灣與中國合作或協調，與日本協商釣魚臺爭端。民進黨黨主席蔡英文則提出對釣魚臺的四點原則與立場，包括：主權屬於臺灣；和平、理性外交手段處理；不考慮與中國合作、避免出現主權模糊的問題；優先考慮維護漁民權益談判。[52] 這與李登輝、陳水扁、馬英九政府以來的官方立場一致。馬政府針對被質疑與中國合作抗議日本一事，發表聲明提到：「海峽兩岸都主張對釣魚臺的主權，但在這次向日本抗議的行動中，都是各自與日方交涉，並未聯手。」[53] 2010 年 11 月，日本前首相安倍晉三因臺北松山機場與日本羽田機場直航到訪臺灣，馬總統認為安倍有意試探臺灣是否與中國聯合保釣的意圖，故再度對日本媒體重申在釣魚臺事件，臺灣沒有與中國合作的想法，意味兩岸不會聯手對付日本。[54] 儘管國民黨與民進黨對釣魚臺主權爭議立場幾乎一致，但是日本政府對國民黨、馬英九政府顯然有較多的疑慮。馬英九政府期待的協商對象是日本，雖非優先與中國展開針對釣魚臺問題的協商，但他並排除在之後與北京一起協商。

蔡政府上臺後，臺日在 2016 年 10 月啟動「臺日海洋合作對話」，2017 年第二次會議簽署《臺日海難搜救合作備忘錄》，達成在漁業、海巡合作及海洋科學調查等領域持續對話的共識。在新冠疫情之後，2020 年至 2022 年，臺日漁業委員會連續三年停開。臺灣日本關係協會與日本臺灣交流協會同意漁船作業繼續沿用 2019 年第 8 次臺日漁業委員會第三輪會議，雙方達成協議的規則。國民黨批評民進黨政府在沖之鳥礁傾向日本的立場，另外也想在花蓮、臺東外海專屬經濟海域與八重山群島海域重疊的議題，進行漁業談判，然而，這顯然超出《臺日漁業協議》的範圍

《東海和平倡議》的意外成功

2012 年 4 月，日本東京都知事石原慎太郎提議購買釣魚臺事件開啟。8 月 5 日，隨著日本「國有化」釣魚臺問題所帶來的緊張，馬英九總統提出《東海和平倡議》，呼籲相關各方：一、應自我克制，不升高對立行動；二、應擱置爭議，不放棄對話溝通；三、應遵守國際法，以和平方式處理爭端；四、應尋求共識，研訂《東海行為準則》；五、應建立機制，合作開發東海資源。

9 月 7 日，馬總統在彭佳嶼進一步提出「東海和平倡議推動綱領」，區分兩個推動階段，以推動第一軌與第二軌對話管道的建立，「促使各方在東海主要議題以雙邊或多邊協商機制，強化互信與共同利益」；第二階段推動實質合作計畫，「建立共同開發資源機制，形成以東海為範圍之和平合作網」，達到資源共享的目標。主要的議題包含：召開雙邊與多邊漁業會談，建立漁業合作與管理機制；推動在臺灣北部海域的礦業合作探勘，建立合作開發與管理機制；執行跨國的東海相關海洋環保與生態科學研究計畫；推動雙邊與多邊執法機關交流及海難救助之合作，建立海上安全及打擊海上犯罪的合作機制；推動一軌與二軌對話機制，研議和平解決爭端機制，促成相關各方簽署「東海行為準則」。

馬總統提出在推動目標過程中，盼各方能「以臨時措施擱置爭議」的方式，維持區域和平與穩定。長期而言，能使現有的「臺日」、「兩岸」、「日陸（中）」三組雙邊對話，走向「一組三邊」共同協商，落實東海的和平與合作。[55] 但是，日本官方既然認定釣魚臺主權不存在需要解決的問題，一旦解決臺日漁業問題之

後，就無意接受馬英九的三方對話建議。[56]

日本民主黨野田內閣的購島決定，直接與間接使臺灣因而受惠，而大幅降低不利的心理與宣傳衝擊。2012 年 9 月 11 日，中華民國外交部「重申對日本政府或任何政治人物所採影響我對釣魚臺列嶼主權的非法主張一概不予承認」，並呼籲「日本政府應自我克制，正視釣魚臺列嶼爭議存在的事實，並與相關各方共同擱置爭議，以理性對話方式，合作開發東海資源，維護區域和平穩定」。日本「國有化」釣魚臺之後約半年，臺灣與日本在 2013 年 4 月簽訂《臺日漁業協議》。毫無疑問，馬政府利用日本購島事件在時機掌握、政策推出與執行落實上，有幸運也有成功的部分，但沒有安倍首相的領導人意象，甚至是歐巴馬政府可能的建議，就可能使《東海和平倡議》形成官方文書而已。

9 月 25 日，12 艘行政院海巡署船艦在「925 為生存護漁權」行動中，護航臺灣的 52 艘漁船、292 位漁民前往釣魚臺海域進行保釣行動，雖然此舉被美國的政策觀察者視為國、共聯手，向日本政府施壓的意涵，也使日本政府在中國城市有示威抗議之下，重新檢視臺海兩岸合作的可能性。[57] 馬英九滿意這個「歷年最大規模的臺灣民間保釣行動」，並向美方表示若 2013 年 3 月漁季未能解決爭議，臺灣官方將繼續出海護漁。[58] 2012 年 11 月，臺日重啟漁業會談的預備會議與非正式協商，馬政府派遣國安會秘書長袁健生訪日（2013 年 3 月 26 至 27 日），安倍首相同意依袁健生建議《臺灣關係法》週年紀念日（4 月 10 日）與臺灣簽署協議。[59] 2013 年 4 月 10 日，臺日在第 17 次正式漁業會談，安倍政府依約同意與臺灣簽訂《臺日漁業協議》，臺灣漁民在釣魚臺周邊增加

┃ 表 5-5　臺日漁業十七次會談時間地點

會談項次	時間	地點	會談項次	時間	地點
第一次會談	1996.8.3	臺北	第十一次會談	2001.8.28-29	東京
第二次會談	1996.10.4	東京	第十二次會談	2003.3.27-28	臺北
第三次會談	1997.12.17	臺北	第十三次會談	2003.6.26-27	東京
第四次會談	1998.11.4	東京	第十四次會談	2004.9.20-21	臺北
第五次會談	1999.4.30	臺北	預備會談	2005.7.12	東京
第六次會談	2000.6.27-28	東京	第十五次會談	2005.7.29	東京
第七次會談	2000.7.21-22	臺北	預備會談（一）	2005.10.20-21	臺北
第八次會談	2000.8.14-15	東京	預備會談（二）	2006.1.24	東京
第九次會談	2000.8.24-25	臺北	第十六次會談	2009.2.26-7	臺北
第十次會談	2000.9.21-22	東京	第十七次會談	2013.4.10	臺北

資料來源：林廷輝，〈淺談臺日漁業爭端〉，全球觀止網站，引自 http://www. globalobserver.net/www/article2.php?article_id=4205&article_author= 林廷輝 &special1 =issue_diplomacy&sort1=inside_opinion&sort2=inside_opinion.

1,400 海里（4,530 平方公里）的漁捕作業區。2014 年 8 月，美國國務卿凱瑞首度針對《臺日漁業協議》予以肯認，因為「即使在主權宣稱衝突之下，仍有可能促進區域穩定」。[60]

　　美國海洋法專家瓦連西亞（Mark J. Valencia）認為馬政府隱含承認日本對於釣魚臺的主權，因為日本仍維持釣魚臺周邊 12 海里，臺灣漁民無法進入，而中方漁民也無法進入《臺日漁業協議》規範的海域（請見圖 10）。[61] 日本與台灣政府相互妥協達成協議海域共識，包括：一、排除適用於先島群島南方。二、「特別合作海域」、「倒三角海域」，雙方約定協商作業規則、降低延繩釣魚漁具纏繞風險的原則。三、臺灣「暫定執法線」之外，增加

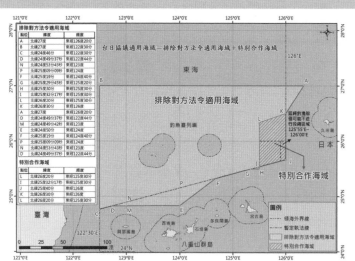

│圖 10 臺日漁業協議適用海域

資料來源：行政院農委會，https://www.fa.gov.tw/upload/fa/images/FisheriesAct_LAW
/7/2015040215125527391.png

的海域邊界曲折化，不便臺灣延繩釣漁船作業。[62] 不過，馬總統認為在此一協議，臺灣爭取到漁權，也沒有放棄主權的宣稱，協議第四條的「維權條款」提到相關措施不得被「認為影響雙方具權限之主管機關有關海洋法諸問題之相關立場」。此外，臺日協議「連帶產生正面影響」，使得 2013 年 5 月臺灣與菲律賓發生的廣大興 28 號事件，經由臺灣要求道歉、賠償、逞兇、軍艦進逼之後，菲律賓政府決定妥協，並於 2015 年 11 月簽署《臺菲漁業執法合作協議》，保護臺灣漁民的權益。[63] 馬英九政府在日本「國有化」釣魚臺的不利情勢，先後在釣魚臺海域與巴士海峽達成與日

本、菲律賓的漁業協議，雖有自身努力的因素，但安倍首相與艾奎諾三世總統與歐巴馬政府同時友好的關係，也不能忽略。

馬英九總統主張臺日擱置釣魚臺主權的爭議，尋求共同開發天然資源，他並以歐洲對北海油田爭議解決的模式。馬英九研究釣魚臺問題並著有專書，他認為解套的方案是「共同開發、資源共享」。2008 同年 7 月，馬英九對日本訪客提到「40 年前，歐洲北海各國對油田開發爭議也很嚴重，甚至還提交國際法庭裁判，直到 70 年代周邊國家達成共同開發的協議」。[64] 馬英九引用北海「布崙特原油」（Brent crude），說明德國、丹麥、荷蘭訴諸國際法院，終於在 1971 年解決爭端。中國與日本在 2007 年達成在東海油田共同開發的協議，馬英九肯定之餘也希望臺灣與日本可以「擱置爭議、共同開發」。

不過，《臺日漁業協議》是漁業資源共享，是在安倍首相回應臺灣政府長期要求、不希望馬政府與中國合作、符合歐巴馬政府期待之下所形成。馬政府期待石油資源的共同開發，臺灣與日本合作既無可能，臺海兩岸的可能性反而大一些，關鍵仍在臺灣內部的意見。臺海兩岸在臺海、南海東沙海域已有油氣勘探合作的基礎，在複雜的中國與日本紛爭的東海油源開發上，若要有兩岸的合作，極可能同時遭受日本與美國的反對。

臺灣對中國東海防空識別區的立場

2013 年 11 月，臺灣在中國大陸公布東海防空識別區之後，行政院表示北京「事前未與我方諮商」，由於極為快速，不能排除北

京有事先告知臺北的可能性，但稱將「循管道向陸方表達嚴正立場」，國家安全會議發表四點聲明如下：

一、釣魚臺列嶼的主權，不因中國大陸公布東海防空識別區而有任何改變，我政府仍將堅定捍衛釣魚臺列嶼的主權，保障漁民權益，持續進行護漁行動。

二、「東海和平倡議」，呼籲相關各方應自我克制，不升高對立行動；應擱置爭議，不放棄對話溝通；應遵守國際法，以和平方式處理爭端。中華民國政府呼籲，相關各方應持續透過和平對話的方式，解決區域爭端，避免升高區域緊張情勢。

三、鑒於中國大陸公布的東海防空識別區與我防空識別區部分重疊，國軍將遵循「東海和平倡議」的原則，以和平方式解決爭端，並採適切之處置，以確保我空域的安全。

四、中華民國政府高度關切中國大陸公布東海防空識別區後的區域情勢發展，將與相關各方密切溝通聯繫，以確保區域的和平與穩定。[65]

馬總統指出，臺灣的防空識別區與大陸公布的東海防空識別區有 23,000 平方公里的重疊，已向大陸表達此舉無益於兩岸關係，「國軍在我防空識別區內的演訓活動亦不受影響，照常進行，迄今未發現任何大陸航機飛入該區內」。臺灣與美國做法類似，「對於通過防空識別區的民航機，我民航局將應航空公司要求，就其

所提報的飛航資訊轉發中國大陸民航當局，以確保飛航安全」。[66]
然而，國民黨佔多數席次的立法院則通過共同聲明，要求「政府
應對此事表達嚴正抗議，並應與區域友邦一致行動，不向中國當
局遞交飛行計畫書」。[67] 民進黨民調中心公布針對馬總統稱東海防
空識別區不涉主權領土問題，有 75% 的國人不同意。2012 年總統
大選未能勝選而辭職民進黨主席的蔡英文，指出其他國家航空可
自行決定，質疑民航機關的做法，「是否表示馬政府已公開承認
中國劃設之防空識別區？」，並提醒馬總統，「兩岸關係固然需要
持續，但是必須建立在共同維護區域和平，及相互尊重和平等的
基礎上」。[68]

　　相較於日本的緊張、美國的高度關切，馬政府對習近平決定
劃設東海防空識別區的反應相對低調，主要原因是臺海兩岸人員
往來增多、航班增加與新航點的開設。在這一段時間，依據《海
峽兩岸空運補充協議修正文件七》（2014 年 1 月 8 日），兩岸航班
的總班次由每週 670 個往返航班增為每週 828 個往返航班，每方
每週增加 79 個往返航班。[69]

　　中國海警與日本海上保安廳船艦與自衛隊戰機的近距離對
峙，加上中國公布東海防空識別區，引起日本後續反制行動，使
釣魚臺爭端再度引起全球媒體的關注。從歐巴馬政府的角度，嘗
試改變現狀的是中國宣布東海防空識別區，而非日本將釣魚臺
「國有化」的行動。在中日兩國於釣魚臺周邊海空緊張之下，臺
灣與日本簽署《臺日漁業協議》，臺灣漁民擴大漁捕作業區，使馬
英九總統的《東海和平倡議》有落實的機會。這也顯示美日中三
國在釣魚臺的權力競逐之下，日本首相安倍不願見到臺海兩岸聯

手保釣，加上他對臺灣的長期友善立場，才使得日、臺之間可打破長期的談判僵局。臺灣的周邊環境也因日本安倍首相改變安全戰略，也起了微妙的有利變化。

東海與臺灣的國防安全

東海與臺灣國防安全 1996 年除臺海飛彈危機之外，日本宣布 200 海里專屬經濟區，及通過《專屬經濟區漁業等主權權利行使法》，引起臺灣、香港新一波保釣行動。但是，對日本首相橋本龍太郎而言，中國試射飛彈到宜蘭與鄰近日本的與那國附近海域，讓他數夜未能好眠，更下達四點指令：日本在臺僑民援救；大規模難民湧入對策；海上保安廳及恐怖行動因應；支持美國的軍事行動。[70] 這說明臺灣與日本西南諸島地理鄰近，兩國雖在釣魚臺主權有爭議，但不會以武力互相威脅。從臺灣安全的角度，日本在釣魚臺及西南諸島防禦措施的加強，可緩和臺灣直接面對來自東海的中國軍事威脅。

釣魚臺海空域成為日本監視中國軍機、軍艦的重心。中國大陸對臺灣的軍事行動若經由東海、釣魚臺，前往臺灣東部海域，較之從南海、巴士海峽北上來得便捷。日本關切釣魚臺安危的預警，提供了臺灣第一道防禦線。2018 年 1 月，中國 093B 核潛艦在釣魚臺鄰接海域潛行巡航，航行路線包括西太平洋、宮古海峽，引起日本抗議。2022 年 7 月底至 8 月初，裴洛西訪臺前後，中國海軍 054A 護衛艦安陽號、056A 護衛艦孝感號穿越與那國島與臺灣之間的海域，052D 驅逐艦太原號在臺灣東北海域巡弋。日本防

衛省統合幕僚監部均掌握動態，派機艦警戒監視，並予以公布。隨著中國戰機不斷侵入臺灣的防空識別區與海峽中線，臺灣東部也從過往較為平靜的後院，成為直接面對中國戰機、軍艦的海空前線。不過，《美日安保條約》涵蓋日本西南諸島及主權爭議的釣魚臺，軍事上可直接與間接牽制中國在東海與臺灣東部海空域的冒險行動。

　　日本在退居第三大經濟體之後，更加體認到必須加強與美國的安保合作，日本要有更大責任的承擔。日本與美國之外其他民主國家如澳洲、印度要進行安全合作之前，若日本無法有集體自衛權，更難以說服日澳、日印之間的安全合作。安倍首相在日本國會辯論新安保法制，原本不想提及在南海的可能適用，但實際上新安保法制可能適用的新地區正是南海海域。[71] 日本在釣魚臺／尖閣群島能否維持現狀，從短、長時期來看，有不大相同的判斷，隨著中國實力的提升，日本會愈來愈受到挑戰。日本若要維繫東海的現狀，一種前提是中國在南海受到許多的羈絆，致使北京無法他顧，「這對日本也算是一種緩和」。[72]

　　中國宣布東海防空識別區的一項負面效應是，其他國家擔心北京也在南海有類似的宣布，而日本經由安保法制的重新調整，更加明確顯示出它在南海海域協助美國的軍事想定。安倍在遇刺之前，在俄羅斯入侵烏克蘭前後，一再提出「臺灣有事，亦即日本有事」，美國應該放棄對臺灣防衛的「戰略模糊」政策。[73] 臺海與東海的安全相關，反映在 2022 年 8 月習近平在臺灣周邊海域的實彈演習，中國從浙江、江西分別發射五枚東風 15B 到臺灣東部海域，也是從日本西南諸島為中心劃定的 200 海里專屬經濟區之

內，引起日本政府嚴重抗議與關切，防衛預算也加倍提升。61%
日本民眾認為中國會侵略臺灣，高達 72% 認為美國應該防衛臺
灣。[74] 台灣受攻擊對日本影響的想定，更成為日本安全迫切的議題。

　　2021 年 3 月，拜登政府與臺灣簽署諒解備忘錄，共同成立工
作小組，在海岸巡防相關事務上「促進溝通、合作與資訊分享」。
這並非美國與臺灣的個別特殊安全安排。美國為反制中國海警和
海上民兵在東亞爭議水域的「灰色地帶衝突」行動，除了將海岸
防衛隊部署至西太平洋，也與主要相關國家有雙邊或多邊的海事
合作安排。臺灣與美國的諒解備忘錄，可望在海上安全、人道救
援、漁業執法、保護海洋環境方面，帶來更為緊密的合作。2022
年 9 月初，日本海上保安廳數艘巡邏船為躲避軒嵐諾颱風，進入
台灣海峽避風，引起中國關切。美國軍艦、海岸防衛隊船艦經常
穿越適合國際航行的臺灣海峽。在其他西方國家軍艦也行經臺
海，北京反對日本海上保安廳船艦因遭遇天候因素，為避免危難
進入臺灣海峽，顯有嚇阻日本軍艦日後進入臺海的用意。

　　在中國海上力量的多面向（漁船、海上民兵、海警、海軍）
挑戰之下，美國正以較為不敏感的面向，強化與東協國家如菲律
賓、越南的海事合作，臺灣也是其中的一環。中國對臺澎金馬的
海上侵入，從漁船越界撈捕、抽砂船破壞漁業資源與海底電纜、
調查船蒐集水文資料，到遼寧號航空母艦經常穿越臺灣海峽等，
有各種光譜的海上威脅。美國海岸防衛隊、海軍陸戰隊與海軍是
「三合一」的海上力量。美國海軍軍艦、海上防衛隊經常穿越臺
灣海峽，有了美、臺海巡合作的安排，亦對臺灣在周邊海域，與
相關國家的海事合作帶來更為方便的渠道。

本章重點

◆ 臺灣對南海的立場，與中國異大於同：從國際法上的主張
　 來看，臺灣與中國對南海的主權聲明，雖然有一些相似之
　 處，但主張的範圍與內涵並不相同。

◆ 兩岸在南海合作的紀錄：臺海兩岸智庫在南海議題上有許
　 多交流，倡議兩岸政府合作，而且中方的代表常有官方色
　 彩，不過相關交流在蔡英文政府上臺後也已經停止。

◆ 兩岸南海能源合作計畫：自李登輝政府時期開始，兩岸有
　 就油氣資源探勘展開合作，但美中衝突等因素，卻降低了
　 兩岸合作開發的可能性。

◆ 臺灣的南海政策與美方看法：臺灣沒有直接對南海仲裁案
　 表達贊成或反對，但 U 形線的主張卻形同受到挑戰。美方
　 希望臺灣澄清 U 形線主張的意義，不希望臺灣採取使得情
　 勢更複雜的舉措，也不支持兩岸在此問題上合作。

◆ 南海與共機擾臺：2020 年起，中國密集進入臺灣西南空域，
　 演練在戰時封鎖該空域，是蓄意的「灰色地帶衝突」，顯示
　 在中國對臺灣的軍事想定中，南海扮演重要角色。

◆ 釣魚臺與臺日漁業談判：2008 年聯合號撞船事件之後，臺
　 日雙方政府為避免提高緊張情勢，展開漁業談判；雙方在
　 領土主權及海域漁捕作業立場不相同，但同意建立漁業爭
　 端緊急通聯機制。

◆ 《東海和平倡議》的意外成功：2012 年，馬英九政府提出

《東海和平倡議》，在日中衝突的背景下，日本政府不希望臺灣與中國合作，因此願意與臺灣灣簽訂《臺日漁業協議》，增加臺灣漁民捕魚範圍。

◆ 臺灣對中國防空識別區的立場：馬英九政府雖不樂見中國在東海劃設防空識別區，但立場相對低調，原因是當時兩岸航班正在增加。

◆ 東海與臺灣國防安全：中國在海上挑戰美國，使得美國強化與盟友的海事合作，而臺灣也是其中的一環；而日本在釣魚臺及西南諸島防禦措施的加強，可緩和臺灣直接面對來自東海的中國軍事威脅；中國必須同時因應東海、臺海、南海連動的想定。

第六章

結論

　　美國長期忽略南海、東海釣魚臺的重要性，被動因應居多。
美軍先後涉入韓戰與越戰，遠比處理東亞爭議島礁來得迫切。中
國到進入聯合國前後，注意到釣魚臺問題涉及的國際因素，在中
美關係正常化的過程中，干擾美國與臺灣石油公司在東海的勘探
合作。中國在越戰結束前一年，與南越的西沙海戰後，完全掌控
西沙群島，但14年後（1988年）才首度佔領數個面積極小的島
礁。歐巴馬政府雖在「東協區域論壇」挑戰中國的南海政策，但
沒有表明當菲律賓部隊在南海受到攻擊會納入《美菲共同防禦條
約》的保護，一直到川普政府才有改變。美國也是到了2014年才
明確將釣魚臺納入《美日安保條約》。國際情勢、中美國力差距的
變動，折射出臺灣在南海與東海釣魚臺的角色由大變小。川普與
拜登對中國在南海步步進逼的挑戰，增加「航行自由行動」的次
數，並將東南亞置於印太戰略的重心，但旋即發現中國海空軍事
力量頻密出現臺海周邊，尤其是臺灣與東沙島之間的海空域。美

國與臺灣官方對臺海最危險的地方尚未有足夠的注意力，選擇將重心聚焦在臺灣本島，而非南海東沙島，更非東海釣魚臺。

1969 年至 1972 年，蔣介石與尼克森總統是釣魚臺爭端最關鍵的決策者，各自代表美國政府和中國唯一合法政府的中華民國，針對釣魚臺歸屬協商。在這個時期，檢視中央決策者個人的層次，就可大致掌握釣魚臺的動態。蔣介石是現實主義者，為了反攻大陸、維護聯合國安理會席次，需要美國與日本的支持，釣魚臺問題在其外交政策的優先排序比較低。蔣介石著重的是東海大陸礁層的油氣勘探，擱置主權的爭議，先爭取由主權衍生出來的主權權利。

中華人民共和國進入聯合國，中國與日本建交，帶來國際體系的變動，臺海兩岸邦交國數目也快速消長。1972 至 2011 年，釣魚臺周邊海域相對穩定，雖有零星小衝突，但極少捲入美國與中國，臺灣與日本在釣魚臺周邊海上衝突仍是主軸，中國的角色仍不明顯。尼克森在未與中華人民共和國建交之下，美國不與北京，而是與臺北協商釣魚臺問題。美中（中華人民共和國）建交之後，中國在 2012 年之前在釣魚臺問題採取「擱置爭議」，而非「製造爭議」的立場，東海釣魚臺問題也沒有出現在美中之間的協商。然而，2012 年起東海釣魚臺情勢出現根本性的變化。美中針對釣魚臺問題開始對話，美國在中日之間呼籲冷靜、和平解決的角色愈來愈明顯。

2012 年日本政府購買釣魚臺的風波，引起中國與日本關係緊張，歐巴馬總統扮演衝突避免者、中立者的角色。胡錦濤、習近平兩位中國的前後任領導人，因應日本民主黨野田佳彥到自

民黨安倍晉三的東海政策，採取積極、攻勢的角色，日本則扮演防衛、守勢的角色。歐巴馬政府的「亞太再平衡」戰略既不以中國為假想敵，又認為美國的國力與軍力遠在中國之上，再加上總統的個性與風格，不認為釣魚臺是總統的危機事件。美國與中國在釣魚臺問題上避免直接的對抗，但習近平倡議的「新型大國關係」，因東海、南海爭議也未能順利運作。美國與日本在安保同盟強化，也經歷了不同日本首相、美國總統而出現重大的調整，以因應釣魚臺現狀不時受到中國的挑戰。美國對中國的政策轉趨強硬，連帶影響到對東海、南海政策的因應，可經由新古典現實主義理論強調的決策者、國會、民意等國內因素，影響對國際安全環境的解讀，而獲得到答案。

2008 年 6 月，中日宣布東海油氣田共同開發區，自由主義經由能源合作途徑，的確在中日之間出現過機會，但之後的發展，顯示現實主義的考慮仍凌駕其上，2012 年至 2014 年兩國在釣魚臺的危機，就說明中日兩國合作的脆弱性。不過，中、日在 2015 年起恢復資深防衛官員的對話，探討如何避免東海海上空中的意外，經由「衝突避免措施」（conflict avoidance measures），甚至是「信心建立措施」降低危機的可能性。美國歐巴馬總統與習近平在 2014 年 11 月簽署《重大軍事行動相互通報機制》和《公海海域海空軍事安全行為準則》，多少影響中日之間思考類似的安排，但沒有為東海島礁主權爭議帶來真正的緩和。

美國總統對東海釣魚臺的政策，隨著中國崛起，而出現總統領導人意象上的變化。從尼克森總統到歐巴馬，由不願意介入中日爭端，不願明確納入《美日安保條約》領土範圍，到川普、拜

登更為公開直接的表態，明顯不同於歐巴馬的立場。川普與拜登政府沒有像歐巴馬總統需要面對釣魚臺潛在危機，但釣魚臺衝突的因子卻沒有解決或消失。東海釣魚臺衝突未來的演變，取決於中日兩國領導人能否掌控大局，不讓保釣人士、漁民、極端政客逼使民意，而升高衝突。從中國的角度，對臺灣的軍事想定，由南海面向出發的可能性，遠高於通過有美日防守、監視與偵察的東海。若日本與美國在「臺海有事」必須干預，無異增加釣魚臺的安全變數，但「釣魚臺有事」又將啟動《美日安保條約》的適用，無異增加臺灣的安全係數。

歐巴馬總統一上任就面對中國船艦在南海干擾美國軍艦航行自由的事件。但是，他著眼與中國建立「積極、建設與全面性關係」（positive, constructive, and comprehensive relationship）且無意與中國為敵。歐巴馬的「亞太再平衡」戰略重視的是美國要重返亞太，改善過去美國與東南亞國家的疏離，想要在中國崛起之下，美國能同時提升國際影響力。歐巴馬對美國在南海行使「航行自由權」相當克制，從次數就可以看出，顯示他既無意在東海、也不想在南海，將美國對日本、菲律賓的安保承諾做出清楚明確的表述。習近平一方面與歐巴馬政府達成以南海為想定的海空軍事互信協議，另一方面承諾不將南沙島礁軍事化，但連他也無法兌現此一承諾。中國轉而加速建設完成南沙三大島礁（渚碧礁、美濟礁、永暑礁）成為海、空兵力投射的基地。這抵觸習近平 2015 年在白宮公開表明不將南海島礁軍事化的國際承諾，即使連中國安全研究專家或官員也難以強力辯護，中方只能以提供公共服務、承擔國際責任和義務，解釋為何要進行島礁的建設。

中國與臺灣在 2016 年 7 月共同面對南海仲裁的挫敗，使得不願與中國在南海合作的蔡英文政府，在仲裁判斷上的反應上趨同。蔡英文與習近平均不接受仲裁的結果，兩人均不認為「太平島」只是「岩礁」。習近平因應仲裁案，在外交上鎖定新上任的菲律賓總統杜特蒂，另同時加快與東協在《南海行為準則》的協商，並在實質南海爭端上與各聲索國建立雙邊的談判機制。習近平沒有想到的是，歐巴馬的繼任的川普與拜登，兩個不同政黨總統卻在南海議題上一致採取對中國愈來愈強硬的立場，並大幅增加在南海「航行自由行動」的次數。拜登政府更結合美國盟邦與夥伴，調整視角與行動，將中國定位為「戰略競爭者」，經由國際統一戰線來加以制衡。

美國總統與習近平角力主要發生在南海

對習近平而言，若要結束美國的在印太地區的霸權，最重要及最可能的地區是東南亞，南海就是中國的「加勒比海」。中國的後院就在東南亞，不僅有數量眾多的華裔，而且雙邊投資與經貿往來龐大，使得東南亞成為中國最容易展現其政經實力的地區。中國歷經很長的時間，不重視南海，一直到 1988 年方始佔領南沙幾個小島礁，江澤民任內在 1995 年因佔領菲律賓宣稱的美濟礁才引起國際注意，但柯林頓政府的注意力尚未集中到南海，關注的是李登輝訪美及臺海局勢的緊張。

歐巴馬政府裁減國防預算，雖有「亞太再平衡」戰略，但對中國改變東海、南海現狀，基本的立場就是島嶼爭端聲索國之

間，自行透過協商緩和緊張，美國不能在軍事過於袒護盟邦。從日本、菲律賓的角度來看，歐巴馬總統顯然不夠強硬。川普政府在「自由開放印太」戰略與「航行自由行動」計畫之下，密集派遣美國軍艦進入南海海域，再加上提高美國國防預算，顯比歐巴馬的口號更為具體。相較而言，川普總統在東海爭議比起歐巴馬更為幸運，根本沒有處理中日爭端的機會，但他沿襲歐巴馬總統後來才調整的政策，將條約承諾適用於釣魚臺。習近平在釣魚臺周邊所面對的雖是日本海上保安廳的船艦，而非美國的軍艦，不過仍發現美日安保同盟的協作更為積極。

歐巴馬政府一上任發生 2009 年 3 月無瑕號南海航行被干擾的事件，原本要有較強硬的因應，但他的自由主義領導風格，又基於要與中國建立友好關係，使中國在南海的節節進逼，改變南海島礁的面貌。2012 年 4 月先有黃岩島事件，後有東京都釣魚臺購島的風波。中菲黃岩島衝突應是歐巴馬總統繼無瑕號之後的第二道南海警鐘，但他未採取強力干涉行動，雖要求中、菲兩國各自撤離黃岩島海域，卻發現菲律賓撤退，中國依仍控制該海域。這一事件對時任歐巴馬政府亞太助理國務卿的坎博有相當的警惕，他是拜登總統印太事務協調官，顯然記得此一教訓。[1] 2013 年 1 月，菲律賓針對中國九段線是否符合《聯合國海洋法公約》，提出國際仲裁，5 月，中國有意阻止、切斷菲國軍艦在仁愛礁以擱淺為名進行坐灘為實的後勤補給，再度使中菲南海衝突受到國際注意。菲律賓在 2014 年 3 月成功突破中國海警的封鎖，對仁愛礁的八名守軍進行運補與輪調，並正式提交 4,000 頁，超過 40 張南沙地圖，依《聯合國海洋法公約》組成臨時仲裁法庭審理。

　　東南亞國家因島礁主權爭議，主動同意送交國際法院仲裁的實例至少有兩個。2002 年，國際法院以 16 票對 1 票，判決在西里伯斯海（Celebes Sea）海上、婆羅洲東北海岸外的兩個小島利吉坦（Ligitan）與西巴丹（Sipadan）兩島礁歸屬馬來西亞。2008 年，國際法院在新加坡、馬來亞西的白礁（Petra Blanc）案，以 12 票對 4 票，判決該島礁歸屬新加坡。儘管北京在國際法院（International Court of Justice）或國際海洋法法庭（International Tribunal of Law of Sea）都有自己國籍的法官代表，中國仍無意將領土爭端訴求國際司法解決，這也使得東協與日本只能透過雙邊渠道與中國，在南海、東海釣魚臺管控緊張。

　　東南亞對歐巴馬政府要「轉向亞太」或尋求「亞太再平衡」政策是重中之重。歐巴馬在不破壞美中關係的原則下，尋求與菲律賓的安全合作，2014 年 4 月美菲簽署為期 10 年的《強化國防合作協定》（Enhanced Defense Cooperation Agreement），讓更多美軍「輪調」駐紮該地。歐巴馬與艾奎諾三世總統重申和平解決領土爭議的重要性，美國支持菲律賓決定將南海爭端，訴諸國際仲裁的決定。美國透過國防威脅降低局（Defense Threat Reduction Agency）協助菲律賓建立國家海岸監視中心（National Coast Watch Center），讓該國海岸防衛隊得以擁有更多即時資訊、海事安全部門有效協調。歐巴馬雖提到《美菲共同防禦條約》，但並未說明一旦南海主權紛爭引爆軍事衝突，美國將對菲律賓提供何種援助，或是否啟動該條約的運作。歐巴馬亦未增加美國在南海「航行自由行動」計畫的密度，而此一時期習近平正在南海採取密集、快速「填海造陸」的行動。

　　川普政府的《國家安全戰略》、拜登《國家安全戰略過渡指導方針》與《國家安全戰略》均認定中國是全面性議題的挑戰，是美國的「戰略競爭者」。中美兩國在臺灣議題之外，另一個核心是南海問題。臺海與南海不僅海域相通，在政治軍事的意涵上也是關連密切。美中涉及臺灣的衝突，必然需要確保南海航道的暢通，若美國控制南海北部東沙島附近海域，中國要繞道巴士海峽的困難度變大。若中國控制了相同的海域，就可進一步發揮反制美國軍事干預行動。

　　美國總統強調要有國際的聯盟力量，倡議南海、臺海問題的國際化，說明美國已經無法像冷戰時代一樣，在中國周邊海域暢通無止。川普、拜登政府國務卿先後重申《美菲共同防禦條約》，適用於遭到攻擊的菲國船艦與駐軍，一步一步將美國與菲律賓所佔領據點連帶在一起。雖然美臺之間沒有外交關係，《臺灣關係法》是否可延伸適用於東沙島也未明確，但很難想像比菲律賓南沙任何島礁都大的東沙島遭到中國攻擊時，美國靜觀其變，或只以口頭譴責及經濟制裁中國。

　　中國在 2012 年十八大宣示要建設海洋強國，而能夠讓中國大展身手，除了造艦之外，就是建設人工島礁，更何況美國有每年刪減國防預算 500 億美金的歐巴馬總統，對中國干擾美國船艦南海航行又沒有積極因應。習近平在南海黃岩島、東海釣魚臺緊張事件開始時，仍未正式就任中共總書記，但他在胡錦濤所打下的基礎上，立即在 2013 年採取前所未有的重大改變。習近平先在南沙開始建設島礁，後宣布劃設東海「防空識別區」。中國決策者了解美國在南海島礁爭議，沒有像琉球的美軍沖繩基地可以就近干

預釣魚臺衝突，更沒有一個像日本強大幫手的東南亞國家，可配合美國牽制中國的軍事作為。

中國雖控制黃岩島周邊海域，但沒有在歐巴馬政府時期「填海造陸」，喪失進一步改變現狀的機會。[2] 中國若要將已控制的黃岩島變成人工島嶼，美國即使譴責也很難予以阻止或破壞。習近平沒有在中菲長遠關係上冒險，卻面對艾奎諾三世總統訴諸國際仲裁，及凍結南海海域油氣開發作業六年的決定。一直持續到2020年，杜特蒂總統將其解凍，中國與菲律賓也重啟在禮樂灘附近的勘探協議，獲得更大的潛在經濟利益，也不致引起美國集結區域外勢力，反制中國拓展海上石油利益。小馬可仕上台之後，對中國在南海、臺海的海空活動更加疑慮，可能侷限中菲兩國在南海的合作空間。對習近平而言，菲律賓與臺灣領導人的更迭，顯然成為一項干擾中國對南海、臺海的政策因素。相對而言，美國、日本政府提高對中國崛起、習近平決策的警覺，將成為新常態，中國在東海、南海將面臨更大的壓力。習近平藉由臺灣、菲律賓日後出現新領導人與政策鬆動，突破美國總統在南海進逼的空間變得更小。

東海、臺海、南海連動，不大可能讓中國永遠定睛在臺灣。臺灣既然是中國最大目標，任何的軍事行動必發生在臺灣的周邊。美軍在地近臺灣的日本西南諸島部署因應危機的海軍陸戰隊，在2022年美菲「肩併肩」軍演，演練兩棲登陸將沖繩的美軍愛國者飛彈系統運送到菲律賓呂宋島北部卡加延省（Cagayan）上岸，但沒有試射飛彈。由此可見，美國的印太戰略無法單獨侷限在臺海，而是必須與東海的日本、南海的菲律賓，甚至是澳洲或

英國有事先的協作或想定。在歐巴馬時期，美國與中國和臺灣關係同時改善，類似「三邊家族」的三角關係，即使不是成為歷史，在未來也很少會再出現。

　　就地緣結構而言，美國印太司令部可經由大平洋航向東海，幾無地貌的障礙，加上沖繩的美軍使得中國難以推翻東海的權力平衡，或進一步藉由佔領釣魚臺改變東海的現狀，將東海變成中國的後院。美國要進入南海除了由太平洋進入巴士海峽，或由麻六甲海峽、印尼龍目海峽、菲律賓巴拉望島南北兩端的進入南海，繞遠路且耗時。若美國要確保南海不要成為中國的「加勒比海」，就必須藉由《美菲共同防禦條約》、《部隊到訪協定》、《強化防衛合作協定》，在菲律賓有經常性的駐留。菲律賓兩個空軍基地如馬尼拉西北的巴薩（Basa）及巴拉望公主港的巴帝斯達（Bautista）靠近黃岩島，對防範因應中國在南海的威脅特別重要。在杜特蒂卸任後，美菲軍事關係能否有效強化，仍有待觀察。因此，中國學者專家認為拜登政府藉由南海的佈局，不僅可遂行印太戰略的目標，更是達到「協防臺灣」的重要手段。

美日可嚇阻中國在東海進一步改變現狀

　　歐巴馬政府在東海釣魚臺事件的處置，使安倍首相更加了解日本需要強化防衛能力、增加防衛預算，分擔美國的防務責任。歐巴馬總統一直到 2014 年訪日期間，才以總統身分公開承諾美國政府視釣魚臺為《美日安保條約》的一部分，但此時已過了最緊張的時刻。歐巴馬一如他對南海爭端，以和平、低調的方式因

應，在東海釣魚臺亦採取相同的立場。日本政府在釣魚臺「國有化」之後十年能維持不被中國登島，在無法驅離中國「海警」船艦下幾乎是伴隨監視，接受共管釣魚臺周邊海域的事實。中國不同於在南海三大島礁有海空軍事投射能力，在東海只能透過海警幾乎定期駐留在釣魚臺周邊，同時又要控制中日關係大局不能被破壞。

日本安倍不願見到馬英九政府與習近平合作或協調，形成臺海兩岸在釣魚臺爭端對付日本的格局。習近平認為釣魚臺問題應該由中日雙方直接解決，雖認為釣魚臺是中國祖先留給兩岸的「家業」，但不可能將臺灣納入，成為中日臺的三方協商，除非臺灣願意接受成為中方代表團的一部分。2010 年 10 月，馬政府在閩晉漁 5179 號漁船事件後發表聲明，提到海峽兩岸都主張對釣魚臺的主權，但各自而非聯手向日本政府抗議。馬英九政府期待的協商對象是日本，但他的《東海和平倡議》從未排除在釣魚臺問題上，與中國大陸展開協商。2013 年 4 月，《臺日漁業協定》為歐巴馬政府所樂見，習近平少了可以繼續共同抗日的臺灣盟友。

在經過日本宣布釣魚臺「國有化」之後二年、中國宣布「防空識別區」之後一年，日本與中國緊張的關係，終於逐步緩和，習近平與安倍在北京、雅加達的會晤，就是關係緩和的表徵。日本、中國均先後改變東海的部分現狀。臺灣在中國積極於東海執法、中日海上較勁之下，尤其是中國公布東海防空識別區之後，逐漸退居第二線。臺灣兩個主要政黨，在東海、南海問題上，雖均堅守中華民國（臺灣）主權，但民進黨不考慮與中國合作、避免出現主權模糊的問題，相較而言，國民黨的堅持力道較小。然

而，即使民進黨執政，臺海兩岸在海上的石油天然氣勘探，仍未予以阻止，繼續在南海北部海域進行。

美日中在釣魚臺爭端上，逐漸釐清各方的底線。從中國的底線而言，日本不應在釣魚臺島上設置永久建築物、駐軍、住人、經常性登島從事活動，或在周邊進行海洋資源開發、軍事演習等。日本對臺灣、中國在釣魚臺活動亦有其底線，無法接受臺灣海巡署與中國海警聯合護衛漁船逼近釣魚臺岸邊。美國在認知日本可以獨力因應來自中國在釣魚臺周邊海域的海空挑戰，選擇從後方領導、聲援日本，讓日中可以和平處理爭端。對習近平與中國政府而言，不願訴諸國際司法，狀告國際法院，使被告日本在國際法院應訊答辯，或讓國際法院對中國控告日本的訴案擁有管轄權。日本政府不認為釣魚臺有主權爭議，雖有尋求國際法院裁決的聲音，但主調是不願訴諸於國際司法解決。中日兩大國的立場，加上美國對釣魚臺主權歸屬中立的立場，使東海爭端主要依靠中國海警、日本海岸防衛隊的險海較勁，維持不穩定的僵局，並極力避免暴力流血手段的出現。

美日中均了解釣魚臺涉入大國的國防較量，美日安保是東北亞、東海、日本或臺灣的重要基石。中國在 2010 年 9 月閩晉漁 5179 漁船事件之後，定期派遣農業部漁政船巡邏釣魚臺海域，但未進入釣魚臺周邊 12 海里。中國驅逐艦、戰機經常飛臨東海日中中間線、接近日本劃設的防空識別區，但日方均即時因應。基本上，中日不在最前線部署海軍艦艇，而是以海警的船艦短兵對峙，擔憂動用海空軍，將激起他方採取類似的反應。雖然中國人民解放軍的海空軍、日本海空自衛隊，避免在第一時間點，直

接涉入解決釣魚臺爭端，但中日海空軍在釣魚臺附近日漸增多的近接活動，就如同臺灣在西南防空識別區所面對的「灰色地帶衝突」。一項因應之道是，美國與日本在東海、臺灣東方海域、菲律賓海經常舉行軍事演習，可避免中國進一步改變釣魚臺、臺灣與南海的現狀。

美國政府只歸還釣魚臺的行政權，在中、日釣魚臺「國有化」危機未出現之前，對主權歸屬不表特定立場，也無意將其納入《美日安保條約》的範圍，柯林頓政府前駐日大使孟岱爾的談話即為一例。歐巴馬政府沒有批評野田政府「國有化」釣魚臺的決定，對中國公布東海防空識別區，出現模稜兩可的態度，認為中國嘗試改變現狀，但無意圍堵中國，美國國防預算也在「自動減支」之下持續下降，影響到美軍調遣行動與彈性部署的次數。歐巴馬的克制政策，使二度執政的安倍政府除增強日本防衛實力外，彌補美國能力的不足，更提出「亞洲民主安全鑽石」的倡議，成為後來美日澳印的「四方安全對話」。

歐巴馬政府在釣魚臺爭端，採取「被動中立」儘量不捲入中日的主權爭端，之後調整為「積極中立」政策，斡旋日中兩國協商但並未成功，更從未有制裁中國的計畫，符合相信自由主義國際關係的歐巴馬理念。中國宣布東海防空識別區之後，歐巴馬政府批評中國的做法，但也呼籲日本重視歷史問題，另一方面支持安倍政府強化國家安全等內外措施。習近平提出建立中美「新型大國關係」，期待兩國「不衝突、不對抗、相互尊重、合作共贏」，但中日在東海的衝突，使得中美兩國的戰略關係變得更為複雜。歐巴馬總統對「新型大國關係」雖不排斥，但警覺到在中

國宣稱的「核心利益」表達尊重的危險性。歐巴馬對釣魚臺危機的低調處理，可能讓習近平認為美國不會採取行動，干預或遏制中國在南海「填海造陸」的建設。歐巴馬除與中國「不衝突、不對抗」之外，更謹慎避免被第三方（如日本）引起的危機所捲入，也是歐巴馬採取低調的原因。

　　美國是釣魚臺主權爭端的重大利害關係者之一，也可能是美中為第三方（日本）軍事衝突的主角。歐巴馬政府與中國達成建立軍事互信機制之後，鼓勵日、中建立類似的機制，減緩東海的軍事緊張。中國認定美國在政治與安全上均偏袒日本，但只要能管控釣魚臺衝突的規模，就不至於與美國有軍事直接的衝突。隨著美日公布新版《防衛合作指針》，歐巴馬政府支持安倍政府鬆綁集體自衛權，擴增了美日防衛合作的適用範圍。日本依靠自己的海空實力，而不是美國軍艦、戰機一再出現釣魚臺周邊海域。這是南海島礁聲索國無法做到的目標。美國對釣魚臺最終主權的中立立場沒有改變，日本只擁有釣魚臺的行政權，但在《美日安保條約》納入釣魚臺，而使美國能否真正中立受到質疑。在日本宣布釣魚臺「國有化」之後，隨著中國海空執法與防衛能力愈強，中日共管釣魚臺的局面浮現，美國未來在釣魚臺的安全挑戰也愈大。

　　川普總統本人對中國貿易戰最為關切，但他的國家安全閣員對中國在安全上的威脅防範，較歐巴馬更傾向以直接的軍事途徑加以因應。2018 年的內閣備忘錄指出，讓中國無法在第一島鏈軍事衝突中取得海空持續掌控能力，防衛第一島鏈內國家包括臺灣，強化日本在東南亞積極領導的角色，促使日本成為區域

整合、先進科技的支柱，協助落實美國的印太戰略目標。川普與安倍建立親近友誼，而非歐巴馬與安倍的官式領導人關係。川普很快表態將釣魚臺納入《美日安保條約》範圍，拜登更是如此。川普與拜登政府不像歐巴馬對中國採取懷柔政策，而是將中國視為安全威脅的來源。拜登政府增加在東海的美日聯合巡弋，在菲律賓海的多國聯合軍演更是不斷。拜登更鼓勵日本在東海之外，加大在南海投入資源，與北大西洋公約組織合作，要求中國在東海、南海遵守以規則為基礎的國際秩序。在烏克蘭戰爭之後，中、俄增加在環繞日本海空域的軍事活動，俄羅斯更加表態支持中國領土的宣稱，但在東海安全上仍難與美國為主的陣營較勁。

美國正在南海布建牽制中國的國際戰線

在歐巴馬政府之前，美國對南海問題的政策位階較低。中國與越南在西沙、南沙海戰，尼克森與雷根總統均未有特別的反應。1995 年中國佔領美濟礁，迫使柯林頓政府發表較為完整的南海政策聲明。2001 年美中軍機在海南島附近上空擦撞，小布希總統雖發表遺憾聲明，但未深入解決專屬經濟區軍事活動所引起的南海緊張。歐巴馬總統上臺，美國軍艦在南海海域遭受中國船隻干擾，但他對此就如同他對中國網軍侵入美國政府網站的低調因應，未強烈反擊或制裁中方。中國軍事崛起、越南與菲律賓在南海受到中國的威脅，南海雖成為美國「亞太再平衡」戰略的焦點，但歐巴馬傾向以海洋法的法律途徑因應。歐巴馬未能說服共和黨參議員讓美國加入《聯合國海洋法公約》，支持菲律賓訴求國際仲

裁，雖讓中國九段線主張重挫，但菲律賓杜特蒂總統上台後，卻選擇與習近平擱置南海仲裁結果的爭議。

美國、越南對中國擴建海南島軍事基地、加強海上定期巡邏、在南沙「填海造陸」，疑慮愈來愈明顯。中、菲、越的南海衝突，提供歐巴馬「亞太再平衡」戰略、增加亞太軍事部署的合理性，原可藉機在中國南方形成包圍圈，回應盟邦對中國海上積極執法的憂慮，但真正具體有效的行動卻未能配合。歐巴馬政府對中國剪斷越南石油公司電纜（2011-2012 年）、干擾菲律賓對仁愛礁守軍的補給（2013 年）、警告有意在南沙海域勘探的跨國石油公司，只抱持口頭反對的立場。歐巴馬政府希望東協國家注意國防安全，分擔美國節制中國的重任，卻自身減少國防預算，美國軍艦在南海出現的頻率也降低。歐巴馬政府在在 2014 年和 2016 年兩度邀請中國參加「環太平洋軍演」（RIMPAC），一直到川普上臺在 2018 年因中方在南海的作為，在國會議員透過《國防授權法》才取消邀請。美中之間雖有多重對話渠道可協商南海問題，但中國一直不願將美國視為南海直接利益相關方。然而，美國藉由與菲律賓、越南的政治軍事合作，加上引入澳洲、日本的力量，支持菲律賓提出的國際仲裁案，使中國面臨強大的國際輿論壓力。

2010 年 7 月國務卿希拉蕊在「東協區域論壇」公開議題中國的南海作為。南海很難回復之前較為平靜的情勢，原因是中國在南海的軍事力量、執法能力愈來愈積極。中國在南海可以獨自舉行軍演、試射飛彈、在三大島礁強化軍事建設，海警在執法裝備與能力上也大為增強。除了經常在南海出現的美國機艦，沒有其他的大國甘冒與中國海空對峙的風險。越南、菲律賓、日本、澳

洲、英國、加拿大，與美國的立場相近，但沒有美國的領導，要集體抗衡中國在南海的作為幾無可能性。南海島礁各聲索方的能源需求日升，不可能放棄與區域外跨國石油公司合作的機會。除了美國之外，少有可以牽制中國海警執法的力量；到了川普、拜登政府時期，美國的海岸防衛隊、海軍船艦在南海的活動趨勢是增加而非減少。

從習近平的角度，中國與越南、中國與菲律賓的雙邊關係處理較單純，美國等國介入，加上中美對專屬經濟區航行自由的原則看法不一，將增加南海衝突管理的複雜度。中國難以確保南海事務可單方宰制，但在此同時，越南雖然希望與美國拉近距離，但也不希望被美國所掌控。越南一方面受到中國經濟、意識形態的左右，有俄羅斯武器的協助，另一方也希冀美國、日本更多的海事安全協助，尤其是美國海軍的到訪或巡防艦艇的贈與。越南在美中之間採取「避險」的戰略。菲律賓不同的總統決策者，使得原先國際仲裁結果有力牽制習近平的態勢頓時消失，杜特蒂改採美中大國之間「避險」且傾向中國的戰略。

南海衝突管理機制有東協本身的機制，也包括東協與中國之間的機制、美中之間的機制。美國支持所有協商的機制安排，以降低南海緊張。東協除了外交部長會議、高峰會、東協海事論壇（ASEAN Maritime Forum）之外，東協與其他非東協成員有「東協區域論壇」、東協與中日韓紐澳美俄印有「東亞高峰會」及其「東協擴大國防部長會議」、「東協擴大海事論壇」，東協南海島礁聲索國彼此之間有對話論壇、東協與中國之間有「執行南海各方行為宣言資深官員會議」與「聯合工作小組會議」。中國不像美國大

力支持以上述論壇來解決南海問題，而是偏好聲索國雙邊協商，或透過中國與東協的協商機制，排除區域外大國、尤其是美國的干預。

　　歐巴馬政府主張在「東亞高峰會」等區域性論壇，討論海事安全、防擴散、人道救援、災難救助等議題，但北京認為「東亞高峰會」不應討論南海問題。在歐巴馬時期，美國與中國曾有一些機制，可以進行南海對話。2011 年開啟的「亞太事務對話」機制，由美國助理國務卿坎博與外交部副部長崔天凱加以溝通，接續由助理國務卿羅素（Daniel Russel）與中方外交部長助理鄭澤光負責。美國與中國也有《海上軍事磋商協議》（Military Maritime Consultative Agreement，MMCA）、「國防諮商會議」（Defense Consultative Talk）、「戰略安全對話」（Strategic Security Dialogue）等，可以協商南海情勢的發展。歐巴馬政府開始，每一年的美中「戰略暨經濟對話」（Strategic and Economic Dialogue）亦討論南海問題，例如，2014 年 7 月北京年會，兩國同意探討「建立和完善溝通與合作機制，致力於及早建立兩軍重大軍事行動相互通報機制，並進一步就制定公海海域海空軍事安全行為準則加強磋商，增加兩軍聯演聯訓」。國務卿凱瑞在 2014 年 7 月北京的年會上，呼籲中方接受仲裁、調停及法律機制，不管是雙邊或多邊機制，不能接受以創造新現狀犧牲區域穩定與和諧。川普與中國的對話機制除了經貿之外幾乎都中斷，拜登也不像歐巴馬與中國有將近百個對話機制，美中對話雖可緩和緊張，卻不見得可解決領土衝突的利益。

　　在北京積極增強「海洋興國」及重視海洋國土之下，美中在

南海有直接交鋒，也各自爭取菲律賓、越南及東協的支持。南海問題表面上爭端聲索國最為核心，但是 2010 年希拉蕊在越南河內談話以來，卻演變成中國成為眾矢之的，北京的「三鄰」政策（睦鄰、安鄰、富鄰）成為空的承諾，遠在太平洋彼端的美國，卻成為受到歡迎與倚賴的安全保證者。但是，不管是川普或拜登終究不能否認中國在南海有主場優勢，拜登尤其相信在美國國力相對衰退之下，美國在南海領導一條國際統一戰線刻不容緩，除加強與東協國家關係之外，鼓勵東協成員肯認南海仲裁結果，尋求法律途徑解決海域爭議，也鼓勵環南海之外的大國，增加涉入印太事務與軍事活動。

拜登與川普政府最大的不同是，設立一位以印太事務協調官坎博為主的團隊，不像川普團隊幾乎是以博明（Matt Pottinger）個人為主，少有其他成員可協調對中國的政策推動。拜登不僅出動副總統賀錦麗、國務卿布林肯、國防部長奧斯汀到訪印太地區，更強化「四方安全對話」、成立「澳英美三邊同盟」，在南海牽制中國的動態。拜登也透過與日本、澳洲、韓國、七大工業國、歐洲聯盟等高峰會後的聯合聲明，持續強調南海安全、臺海和平、東海安全的重要性。即使烏克蘭戰爭爆發，坎博仍多次表明美國有能力同時因應歐洲與印太地區的危機。

2022 年 5 月，拜登與東協國家的特別高峰會聯合聲明提到「認知到讓南海成為和平、穩定和繁榮之海的好處，強調減少緊張局勢和事故、誤解和誤判風險的實際措施重要性，及採取建立信任和預防措施，增強各方之間信任和信心等的重要性，進一步重申，需要根據普遍公認的國際法原則，包括 1982 年《聯合國海

洋法公約》以和平解決爭端」。拜登與東協國家有關南海的聲明部分，與 2016 年 2 月歐巴馬與東協的聲明類似，只不過當時通篇不具體言明「南海」。由此可見，中國堅持不讓「南海」出現在區域外國家的聲明之中。

川普、拜登鼓勵區域外國家軍艦在南海展開「航行自由行動」。例如，2018 年 9 月，英國兩棲船塢登陸艦海神之子號（HMS *Albion*）進入中國西沙島礁 12 海里之內。2019 年 5 月，美國、印度、日本、菲律賓在南海的共同巡航；2020 年 2、7、9、10 月美國與日本、澳洲在南海的反潛與海上巡護演習。2021 年 4 月，法國兩棲攻擊艦雷電號（FS *Tonnerre*）訪問越南、澳洲海軍安赫克級巡防艦（HMAS *ANZAC*）與天狼星號補給艦（HMAS *Sirius*）等在南海演習。拜登政府在 2021 年 8 月，在南海舉行 40 年來首次有北約國家參與的美、英、日、澳演習，2022 年 3 月再度舉行美、日、澳南海演練。這一連串的南海軍事行動說明川普、拜登不要讓南海成為「中國海」，而是全球公共空間的一部分。

川普與拜登推動以中國為假想敵的印太戰略，川普任內國防部長馬蒂斯（James Mattis）在 2017 年 9 月訪問印度、2017 年 10 月訪問韓國、泰國及菲律賓；2018 年 1 月訪問印尼、越南。繼任者艾斯伯（Mark Esper）在 2018 年 9 月訪問印度參加「2+2」會議，10 月訪問越南；2019 年 11 月訪問韓國、泰國、菲律賓、越南，2020 年 8 月造訪帛琉，10 月訪問印度參加「2+2」會議。川普開除艾斯伯之後，代理國防部長米勒（Christopher Miller）2020 年 12 月訪問印尼與菲律賓。由上述可看出，美國國防部長除每年 6 月出席新加坡香格里拉會議、10 月參加東協國防部長擴大會議之外，訪問

東南亞重點國家是印度、越南與菲律賓。後兩者是南海島礁的聲索國，也是中國極力爭取的對象。拜登國防部長奧斯汀在 2021 年 7 月訪問新加坡、越南、菲律賓，增加對越南海上執法能力的贊助計畫。奧斯汀在菲律賓訪問，杜特蒂總統同意讓《部隊到訪協議》（Visiting Forces Agreement）繼續生效，談及菲律賓在中國與美國之間保持中立，但從未放棄與美國的關係。

中國認為東南亞是中間力量，是大國關係平衡的「制衡器」，不能讓東南亞倒向美國。南海是保障習近平「一帶一路」倡議的要道，中國雖不蓄意排除其他國家航行自由原則，但在其專屬經濟區、三大人工島礁周邊，就沒有美國的「航行自由權」。習近平了解與越南、菲律賓、馬來西亞發生海上軍事衝突，必然導致中國的國際環境惡化。習近平雖無意挑釁或主動攫奪越南、菲律賓、馬來西亞、臺灣所控制的島礁，但排除區域外國家與這些聲索方在南沙海域共同開發，或讓美軍使用島礁上的軍事設施。習近平任內將海上執法力量整改，由海監變海警，再經由武警指揮，完成島礁軍事化，山東號航空母艦部署南海，海上執法公務船與海上民兵更往南下，監控其他聲索方的石油探勘與開採，引起東協國家的不安，也使美國、日本等大國擴大在南海的外交與軍事投入。北京再因西方國家的加大涉入南海，而產生新一輪的單邊行動，引起美國更多的反制。

中國在南海難以獲得俄羅斯的軍事奧援，中、俄在南海定期的海空軍軍事演習也尚未出現。中國在南海雖有地緣、外交、軍事條件，但不像在東海有油氣開採的優勢。習近平運用龐大的經濟資源與外交政策工具，增強對東協的整體影響力。對東協而

言，中國太近，美國距離太遠，仍是遠親不如近鄰，要運用權力平衡牽制中國並非唯一的選項。在這種背景之下，《南海行為準則》即使到最終公布，仍無法確保南海的和平與穩定。東協要避免南海成為中國的加勒比海，不使中國成為南海唯一掌控者，還是要有美國領導的國際力量。

東沙島不容失守

　　對臺灣而言，影響臺海兩岸南海政策的變數，包括：臺海兩岸各自的南海政策發展、臺海兩岸關係緩和或緊張、中國與其他聲索國和美國有無海上衝突。若臺海兩岸關係緊張，不論中美有否在南海的衝突，兩岸在南海合作的空間極小，甚至是沒有機會。2008 年至 2016 年，在一些較無爭議性、美國沒有參與的場域，臺海兩岸關係緩和，則發揮南海議題合作功效。

　　「灰色地帶衝突」是從 0（平時）到 1（開戰）的光譜，使中國具有話語、敘事的優勢，方便連結中美臺三方的議題，涉及的層面有民事介入（漁船）、空中自由航行原則、中國軍事前沿存在、臺美軍事聯盟。「灰色地帶衝突」有非軍事（心理壓力、輿論假訊息）、準軍事手段（海上民兵）、軍事手段（戰機、無人機），也是修正主義強權如中國、俄羅斯所喜用，意在改變現有的國際環境，在領土或其他利益事項獲得利益，取得不必透過戰爭，就可取勝的目標。「灰色地帶衝突」採取一步步、漸進方式，逐漸改變現狀，避免升級到武力作戰，避免跨過早已建立的紅線，讓己方不必承擔被武力與經濟處罰或國際羞辱的風險。俄羅斯兼併克

里米亞、中國在南海修建人工島嶼分屬高強度與低強度的「灰色地帶衝突」類型。

對臺灣安全而言，太平島周邊有越南控制的島礁（敦謙沙洲、鴻麻島）、中國佔領的南薰礁，雖有複雜的地緣政治環境，卻有較高的安全性。中國一旦攻擊太平島，從政治、民族主義角度，北京不可能放任越南繼續佔領敦謙沙洲、鴻麻島。從軍事角度看，越南也不可能攻擊太平島，因為更擔心中國的軍事反應。然而，東沙島雖是南海的一環，卻只有臺海兩岸有主權的宣稱，其他東協國家沒有主權的聲索。東沙島不在美國、日本的嚴重安全關切範圍之內，也沒有正式公開、明確宣稱過此一立場。

中國戰機對東沙島可以使用「灰色地帶衝突」的行動，如轟6K飛越東沙島，降落西沙永興島、海上民兵衝撞海巡公務船、干擾對東沙外島補給、戰機持續擾臺壓縮臺灣訓練空域、瓦解臺灣海峽中線、在重要航道軍事演習等。一旦中國升級為穿越臺灣上空的飛彈試射、無人載具干擾重要設施、網路散播假訊息、切斷海底電纜、防空系統往前靠海峽部署、仿真攻臺演練等行動時，孤懸一隅的東沙島固守陣地愈久，就愈有外援的機會。

中國的「灰色地帶衝突」戰略，改變臺灣周邊的軍事安全現狀，例如臺海中線被跨越，臺灣「防空識別區」的西南角被經常突破。2022年8月臺海周邊實彈演習危機之前，中國戰機跨越臺海中線是偶發，進出臺灣「防空識別區」西南角卻是常態，兼具有政治目的與軍事目的。裴洛西訪臺之後，中國戰機跨越臺海中線次數大幅增加。中國也意在反制川普、拜登政府對臺灣的政治及軍事支持。毫無疑問，2021年10月初，中國為因應美國領銜

多國在菲律賓海的演習，戰機侵入臺灣防空識別區的數量打破記錄，致使全世界媒體報導，關切臺海與印太地區的緊張。這也使得各主要國家有一個印象，臺灣海峽具有高度軍事衝突的可能性，忽略中國「灰色地帶衝突」或東沙島周邊，在北京對臺軍事方案所扮演的角色。

中國意圖塗抹臺海中線之外，也可能於必要時執行切斷東沙島對外聯繫，東沙距離臺灣本島較遠，又無他國干擾的外部因素，不同日本近鄰臺灣東北角。反之，若美國控制南海北部東沙島附近海域，中國要繞道巴士海峽的困難度變大，而若中國控制了相同的海域，就可進一步發揮反制美國軍事干預行動。中國可在臺灣緊張或危機時，降低美國自由進出巴士海峽與南海的軍事可能性，是對美國與日本「反介入與區域拒止」戰略的要件。中共解放軍戰機頻密進入臺灣西南防空識別區，克服在臺灣西南空域的訓練難度。中國戰機將從該空域穿過巴士海峽後，進入西太平洋，或者南下至南海，繞行東沙島上方空域。中國軍機目標既是測試臺灣軍力，也意在耗損臺灣戰機及飛行員的戰力。東沙島位於臺灣海峽南端與巴士海峽西端，雙方交界附近。中國若能將東沙島建造成軍事基地，便能控制東亞最重要的兩個海峽，一旦發生戰事，中共解放軍可以採取的作戰選項將大幅增加。

對習近平而言，南沙群島的軍事基地化，再加上東沙島的軍事基地化，對於牽制美國、日本、菲律賓將起很大的作用。中國將東沙島建造成軍事基地，並非難事，可在短時間內建造出配置3,000公尺飛機跑道的基地。東沙島位於南海的東北海域，若能掌控東沙島，再將實際掌控的黃岩島建造成軍事基地，中國將在南

海的不同方位完成關鍵的海空基地，使南海成為真正屬於中國的「內海」。中國攻佔東沙島的行動比起進犯臺灣本島更容易，可在極短時間內迅速完成，美軍卻難以介入或協助臺灣進行歸復作戰。一旦成為「既成事實」(*fait accompli*)，對美國、臺灣、日本與南海國家如菲律賓、越南在南海的地位與發言權，將造成嚴重的影響。

對日本而言，臺灣海峽和巴士海峽對日本而言是極重要的海上要道，東沙島若歸屬易手，對日本的國家安全，將帶來重大影響。日本在《舊金山和約》放棄臺灣、澎湖等島嶼，及南沙群島與西沙群島的一切權利、權利名義與要求，東沙島沒有被提及，自有歷史的考量。川普政府國防部長艾斯伯於 2020 年針對奪取東沙島的想定，提到將增加中國誤算的可能性，不容否認，對美國而言，臺灣本島安危遠甚於東沙島的重要性，此外，《臺灣關係法》是否涵蓋東沙島也未明確，但也不容忽視東沙島對臺灣防衛與美日菲安全的重要性。中國一旦掌控東沙島，勢必對臺灣安全造成更大的威脅，而當臺灣受到封鎖或其他非和平方式的威脅時，美國總統與國會依據《臺灣關係法》就需要採取適當因應的法律義務。

中國掌控東沙島將使對黃岩島的控制變得不具關鍵。美國要維持臺海現狀，需要將東沙島確保在臺灣手中視為要務，協助臺灣有能力打消中共解放軍的軍事意圖。美國、日本、臺灣、菲律賓，甚至澳洲、英國經常在鄰近東、南海的菲律賓海有軍事存在，多少可避免「既成事實」的出現。

2002 年陳水扁政府雖未受邀參與《南海各方行為宣言》，但

接受此一宣言的相關原則、精神。臺海兩岸在南海的合作,除可由海基會、海協會簽署的協議加以延伸之外,《南海各方行為宣言》的多項宣示,也可以是兩岸南海合作的基礎。例如,(一)保證對處於危險境地的所有公民予以公正和人道的待遇;(二)在自願基礎上向對方通報即將舉行的軍事演習;(三)在自願基礎上相互通報有關情況;(四)探討在海洋環保、海洋科學研究、海上航行和交通安全、搜尋與救助、打擊跨國犯罪(打擊毒品走私、海盜和海上武裝搶劫及軍火走私)等領域的合作。

蔣介石總統在反共大纛之下,曾有聯合美國、菲律賓抵制中共南下南海的戰略。隨著重大的國際、國內時空背景轉變,臺灣在中國、美國之間的南海政策也有所調整。在馬政府時期,臺灣海峽緊張持續降低,臺海兩岸在中美、中菲、中越在南海針鋒相對之際,在南海卻有較大的合作空間。馬英九政府迴避與中國聯合巡邏南海的提議,但兩岸石油公司繼續合作,兩岸外交部門合作舉辦南海相關研討會,兩岸學者合作共同出版南海評估報告,致使美國提醒臺灣宜謹慎處理。臺灣在兩岸緊張之下,未被邀請參加《南海各方行為宣言》的協商,即使兩岸關係改善,臺灣也同樣未能參與《南海行為準則》的磋商。習近平想維護「和平崛起」的形象,與東協國家維持睦鄰、安鄰、富鄰的關係,但2014年起在所佔領島礁「填海造陸」卻根本改變南海的地形地貌,軍事化趨勢更使得外交協商的空間縮小。

南海島礁主權、石油天然氣、軍事部署是三個連鎖的議題。不管是民進黨籍或國民黨籍的總統均同意「有責任捍衛中華民國的主權和領土」,除軍事部署之外,對太平島或東沙島均持續建

設，強化主權作為。臺灣與中國大陸依據《海峽兩岸海運協議》，在國民黨執政時，可在南海海域，針對特定的突發事件，「建立海難搜救聯繫合作機制，共同保障海上航行和人身、財產、環境安全」，也有「發生海難事故，雙方除及時通報外，並按就近、就便原則及時實施救助」的相關規定，進行在南海人道救援的合作。即使民進黨執政，兩岸出現緊張，源起李登輝政府的石油協約至今一直存在。兩岸油源勘探在東沙附近海域的合作，臺海兩岸與法國的「臺陽合約」延期，即為一例。對臺灣而言，兩岸在南海東沙島石油能源的勘探，敏感性較低，有助緩和軍事緊張。若在南沙太平島附近海域勘探石油，對美國、菲律賓、越南而言，將使南海發展更為複雜化。

參考文獻

中文部分

專書

中共中央宣傳部，2021。《習近平外交思想學習綱要》。北京：人民出版社。

中國南海研究院（編），2012。《黃岩島十問》。海口：海南出版社與三環出版社。

中國南海研究院，2009。《南海形勢評估報告》。海南：中國南海研究院。

王軍敏，2014。《聚焦釣魚島─釣魚島主權歸屬及爭端解決》。北京：中共中央黨校出版社

何思慎、王冠雄（編），2012。《東海及南海爭端與和平展望》。臺北：遠景基金會。

吳寄南、陳鴻斌，2004。《中日關係"瓶頸"論》。北京：時事出版社。

宋燕輝，2016。《美國與南海爭端》。臺北：元照出版公司。

阮宗澤等，2015。《權力盛宴的黃昏：美國「亞太再平衡」戰略與中國對策》。北京：時事出版社。

岡田充、黃稔惠譯，2014。《釣魚臺列嶼問題：領土民族主義的魔力》。臺北：聯經出版公司。

林文程，2019。《中國海權崛起與美中印太爭霸》。臺北：五南圖書出版公司。

俞寬賜、陳鴻瑜（編），1995。《外交部南海諸島檔案彙編》（上下冊）。臺北：外交部研究設計委員會。

郁志榮，2012。《東海維權》上海：文匯出版社。

唐世平，2003。《塑造中國的理想安全環境》。北京：中國社會科學出版社。

張良福，1996。《南沙群島大事記（1949-1995）》。北京：中國科學院南沙綜合科學考察隊。

孫國祥，2017。《南海之爭的多元視角》。香港：香港城市大學出版社。

孫國祥，2021。《論越南以法律途徑解決南海爭端之探討》。臺北：五南圖書出版公司。

張劍鋒，2015。《波起東海—中日海上島嶼爭端的由來與發展》。北京：海軍出版社。

陳鴻瑜，1997。《南海諸島之發現、開發與國際衝突》。臺北：國立編譯館。

劉復國、吳士存（編），2011。《2010 年南海地區形勢評估報告》。臺北：國立政治大學國際關係研究中心。

劉復國、吳士存（編），2012。《2011 年南海地區形勢評估報告》。臺北：國立政治大學國際關係研究中心。

劉復國、吳士存（編），2015。《2013 年南海地區形勢評估報告》。臺北：臺灣安全研究中心。

劉復國、吳士存（編），2015。《2014 年南海地區形勢評估報告》。臺北：臺灣安全研究中心。

劉復國、吳士存（編），2016。《2015 年南海地區形勢評估報告》。臺北：臺灣安全研究中心。

劉復國、吳士存（編），2019。《2017-2018年南海地區形勢評估報告》。
　　臺北：臺灣安全研究中心。

劉鋒，2013。《南海開發與安全戰略》。海口：海南出版社。

蔡明彥（編），2014。《海洋安全與治理》。臺北：鼎茂圖書出版。

蔣介石，1917-1972。《蔣介石日記（1917-1972）》。美國史丹福大學
　　胡佛研究所檔案館藏。

黎蝸藤，2014。《釣魚臺是誰的 —— 釣魚臺的歷史與法理》。臺北：
　　五南圖書出版公司。

黎蝸藤，2017。《從地圖開疆到人工造島—南海百年紛爭史》。臺北：
　　五南圖書出版公司。

蕭旭岑，2018。《八年執政回憶錄》。臺北：天下文化。

鍾志東編，2020。《多元視角的南海安全》。臺北：五南圖書出版公
　　司。

期刊論文

〈「中國周邊海洋爭端及美國因素」研討會暨中華美國學會年會舉
　　行〉，2014。《世界知識》，第2期，頁29。

方曉志，2012。〈對美國南海政策的地緣安全解析〉，《太平洋學報》，
　　第20卷第7期，頁44-52。

王建民，2012。〈海峽兩岸南海政策主張與合作問題探討〉，《中國
　　評論月刊》，第176期（2012年8月），頁44-46。

何思慎，2012。〈日本國有化釣魚臺對日中關係的影響〉，《展望與
　　探索》，第10卷第10期，頁14-18。

吳士存，2012。〈南海問題面臨的挑戰和應對思考〉，《法制資訊》，
　　第8期，頁36-44。

宋燕輝，2014。〈兩岸南海合作：原則、策略、機制及國際參與研析〉，《臺海研究》，第 3 期，頁 4-14。

李國強，2014。〈南海爭端是中美之間的較量和博奕〉，《世界知識》，第 10 期，頁 26-27。

沈振勝，2014。〈臺灣海洋礦區－太平島南沙紀行〉，《臺灣礦業》，第 66 卷第 3 期，頁 60-64

周琪，2014。〈冷戰後美國南海政策的演變及其根源〉，《世界經濟與政治》，第 6 期，頁 23-44, 156-157

林賢參，2013。〈臺日締結漁業協議之意涵〉，《展望與探索》，第 11 卷第 5 期，2013 年，頁 17-25。

馬建英，2014。〈美國對中國周邊海洋爭端的介入—研究文獻評述與思考〉，《美國研究》，第 2 期，頁 70-82。

郭育仁，2015。〈日本新安保法對日中關係及東海爭議之影響〉，《亞太評論》，第 1 卷第 6 期，頁 1-16。

陳鴻瑜，2011。〈美國、中國和東協三方在南海之角力戰〉，《遠景基金會季刊》，第 12 卷第 1 期，頁 43-80。

趙國材，2010。〈從國際法觀點論海峽兩岸共同合作開發南海油氣資源〉，《軍法專刊》，第 56 卷第 5 期，頁 45-69。

劉江永，2016。〈論美國在釣魚島爭議中偏袒日本的背景和原因〉，《日本學刊》，2016 年第 1 期，頁 20-49。

鄭雷，2011。〈論中國對專屬經濟區內他國軍事活動的法律立場—以「無暇號」事件為視角〉，《法學家》，第 1 期，頁 137-179。

鄭劍，2012。〈海峽兩岸南海合作路線圖〉，《中國評論月刊》，第 177 期，頁 22-23。

官方文件

中華人民共和國外交部，2010/7/25。〈楊潔篪外長駁斥南海問題上的歪論〉，《中華人民共和國外交部》，<http://www.fmprc.gov.cn/mfa_chn/zyxw_602251/t719371.shtml>。

中華人民共和國外交部，2011a/11/18。〈溫家寶在第十四次中國－東盟領導人會議上的講話（全文）〉，《中華人民共和國外交部》，<http://www.fmprc.gov.cn/mfa_chn/wjb_602314/zzjg_602420/yzs_602430/dqzz_602434/dnygjlm_602436/zyjh_602446/t878623.shtml>。

中華人民共和國外交部，2011b/11/20。〈溫家寶就南海問題闡明中方立場〉，《中華人民共和國外交部》，<http://www.fmprc.gov.cn/chn///pds/ziliao/zt/ywzt/2011nzt/wjbdyldrhy/t879057.htm>。

中華人民共和國外交部，2012/9/11。〈中華人民共和國外交部聲明〉，《中華人民共和國外交部》。

中華人民共和國外交部，2014/12/7。〈中華人民共和國政府關於菲律賓共和國所提南海仲裁案管轄權問題的立場文件〉，《中華人民共和國外交部》，<http://www.fmprc.gov.cn/mfa_chn/zyxw_602251/t1217143.shtml>。

中華人民共和國國家海洋局，2013/4/29。〈中國海監84、74船編隊圓滿完成南海定期維權巡航任務返航〉，《中華人民共和國國家海洋局》，<http://www.soa.gov.cn/xw/hyyw_90/201304/t20130429_25586.html>。

中華人民共和國國務院新聞辦公室，2013/4，〈中國武裝力量的多樣化運用〉，《中華人民共和國國務院》，<http://www.mod.gov.cn/affair/2013-04/16/content_4442839.htm>。

中華民國外交部，2012/4/20。〈中華民國外交部嚴正重申中沙群島所

屬黃岩島及其週遭水域為我國固有領土及水域〉，《中華民國外交部》，<http://www.mac.gov.tw/ct.asp?xItem=101916&ctNode=5630&mp=1>。

中華民國立法院，2014/10/30。〈立法院第 8 屆第 6 會期外交及國防委員會第 9 次全體委員會議紀錄〉，《立法院公報》，第 103 卷第 64 期，頁 197-264。

網際網路

人民日報，2021/2/5。〈中日舉行第十二輪海洋事務高級別磋商〉。《人民網》。<http://cpc.people.com.cn/BIG5/n1/2021/0205/c64387-32023243.html>。

中國網，2012/12/31，〈中國海監接收 11 艘退役軍艦 包括 2 艘 051 級驅逐艦〉，《新華社》，<http://big5.china.com.cn/gate/big5/ocean.china.com.cn/2012-12/31/content_27555349.htm>。

中國網，2013/7/31，〈習近平：做好應對複雜局面準備 提高海洋維權能力〉，《新華社》，<http://big5.china.com.cn/news/txt/2013/07/31/content_29587569.htm>。

新華社，2011/5/6，〈中國海洋維權形勢將更嚴峻〉，《新華網》，<http://news.xinhuanet.com/herald/2011-05/06/c_13861795.htm>。

新華社，2013/10/13，〈李克強與越南總理阮晉勇舉行會談〉。《新華網》。<http://news.xinhuanet.com/world/2013-10/13/c_117697587.htm>。

環球時報，2011/10/11，〈崔天凱：南海不是中美之間的問題〉，《新華社》。<http://news.xinhuanet.com/world/2011-10/11/c_122142721.htm2015/4/22>。

英文部分

專書

Bader, Jeffrey A., 2012. *Obama and China's Rise*. Washington, DC: Brookings Institution Press.

Bateman, Sam & Ralf Emmers (Eds.), 2009. *Security and International Politics in the South China Sea: Toward a Cooperative Management Regime*. London: Routledge.

Barber, James D., 1992. *The Presidential Character: Predicting Performance in the White House*, 4th Edition. Englewood, New Jersey: Prentice Hall

Bouchat, Clarence J., 2014. *The Paracel Islands and U.S. Interests and Approaches in the South China Sea*. Carlisle Barracks, PA: United States Army War College Press.

Bush, George W., 2010. *Decision Points*. New York: Crown.

Bush, Richard, 2010. *The Perils of Proximity: China-Japan Security Relations*. Washington, DC: Brookings Institution Press.

Buszynski, Leszek and Do Thanh Hai (Eds), 2019. *The South China Sea: From a Regional Maritime Dispute to Geo-Strategic Competition*. London: Routledge.

Campbell, Kurt, 2016. *The Pivot: The Future of American Statecraft in Asia*. New York: Hachette Book Group.

Chansonria, Monika, 2018. *China, Japan, and Senkaku Islands*. New York: Routledge.

Christensen, Thomas J., 2015. *The China Challenge: Shaping the Choices of a Rising Power*. New York: W.W. Norton & Company.

Clinton, Hillary R., 2014. *Hard Choices: A Memoirs*. New York: Simon & Schuster.

Cossa, Ralph. A.,1998. *Security Implications of Conflict in the South China Sea: Exploring Potential Triggers of Conflict*. Honolulu: Pacific Forum CSIS.

Cronin, Patrick M. (Eds), 2012. *Cooperation from Strength: The United States,*

China and the South China Sea. Washington, DC: Center for a New American Security.

Djalal, Hasim, 1995. *Indonesia and the Law of the Sea.* Jarkarta: Center for Strtegic and Internaitonal Studies.

Friedberg, Aaron L., 2011. *A Contest for Supremacy: China, America, and the Struggle for Mastery in Asia.* New York: W.W. Norton & Company

Gates, Robert M., 2014. *Duty: Memoirs of a Secretary at War.* New York: Alfred A. Knopf.

Hass, Ryan. 2021. *Stronger: Adapting America's China Strategy in an Age of Competitive Interdependence.* New Haven: Yale University Press.

Hayton, Bill, 2014. *The South China Sea: The Struggle for Power in Asia.* New Haven: Yale University Press.

Hernandez, Carolina G., & Ralph Cossa (Eds), 1997. *Security Implications of Conflict in the South China Sea: Perspectives from Asia-Pacific.* Manila: Institute for Strategic and Development Studies.

Kaplan, Robert D. 2014. *Asia's Cauldron: the South China Sea and the End of a Stable Pacific.* New York: Random.

Kerry, John, 2018. *Every Day Is Extra.* New York: Simon & Schuster.

Lim Joo-Jock, 1979. *Geo-Strategy and the South China Sea Basin.* Singapore: Singapore Univeristy Press.

Lu Ning, 1995. *Flashpoint Spratly.* Singapore: Dolphin Books.

Morris, Lyle J., Mazarr, M. J., Hornung, J. W., Pezard, S., Binnendijk, A. & Kepe, M., 2019. *Gaining Competitive Advantage in the Gray Zone: Response Options for Coercive Aggression Below the Threshold of Major War.* Santa Monica, CA: RAND Corporation.

Obama, Barack, 2020. *A Promised Land.* New York: Crown, 2020.

Poling, Gregory B., 2022. *On Dangerous Ground: Ameica's Century in the South China Sea.* Oxford: Oxford University Press.

Rudd, Kevin, 2018. *The PM Years.* Sydney, NSW: Pan Macmillan Australia.

Samuels, M. S., 1982. *Contest for the South China Sea*. New York: Methuen.

Schofield, Clive. (Eds), 2011. *Maritime Energy Resources in Asia: Energy and Geopolitics*. Washington, DC: National Bureau of Asian Studies.

Schofield, Clive, Townsend-Gault, I., Djalal, H., Storey, I., Miller M., & Cook, T., 2011. *From Disputed Waters to Seas of Opportunity: Overcoming Barriers to Maritime Cooperation in East and Southeast Asia*. Washington, DC: National Bureau of Asian Studies.

Song, Yann H., & Keyuan Zou (Eds), 2014. *Major Law and Policy Issues in the South China Sea: European and American Perspectives*. Farnham, Surrey: Ashgate.

Steinberg, James & Michael E. O'Hanlon, 2014. *Strategic Reassurance and Resolve: U.S.-China Relations in the Twenty-First Century*. Princeton: Princeton University Press.

Storey, Ian & Cheng-Yi Lin (Eds). 2016. *The South China Sea Dispute: Navigating Diplomatic and Strategic Tensions*. Singapore: Yusof Ishak Institute.

Talmon, Stefan, & B. B. Jia (Eds), 2014. *The South China Sea Arbitration: A Chinese Perspective*. Oxford: Hart Publishing.

The National Institute for Defense Studies, 2014. *East Asian Strategic Review 2014*. Tokyo: The National Institute for Defense Studies.

The National Institute for Defense Studies, 2015. *East Asian Strategic Review 2015*. Tokyo: The National Institute for Defense Studies.

Zakaria, Fareed, 2008. *The Post-American World*. New York: W. W. Norton & Company.

期刊論文

Brzezinski, Z., 2012. "Balancing the East, Upgrading the West: U.S. Grand Strategy in an Age of Upheaval." *Foreign Affairs*, Vol. 91, No. 1, 2012, pp. 97-104.

Clinton, H. R., 2011. "America's Pacific Century." *Foreign Policy*, Vol. 189, pp. 56-63.

Colby, E., & Ely R, 2014. "Roiling the Waters." *Foreign Policy*, Vol. 204: pp. 10-13.

Gao, Zhiguo & B. B. Jia, 2013. "The Nine-dash Line in the South China Sea: History, Status, and Implications." *American Journal of International Law*, Vol. 107, 1, pp. 98-124.

Gelb, Leslie H., & Dimitri K. Simes, 2013. "Beware Collusion of China, Russia," *National Interest*, Vol. 126: 5-9.

Glaser, Charles L., 2015. "A U.S.-China Grand Bargain? The Hard Choice between Military Competition and Accommodation." *International Security*, Vol. 39, Issue 4, pp. 61-68.

Goldstein, Avery, 2013. "First Thing First: The Pressing Danger of Crisis Instability in U.S.-China Relations." *International Security*, Vol. 37, Issue 4, pp. 53-57.

Grove, S., 2011/8/24. "Accession to the U.N. Convention on the Law of the Sea is Unnecessary to Secure U.S. Navigational Rights and Freedoms." *Backgrounder*, Vol.2599, pp. 1-38.

Hughes, Christopher W., 2016. "Japan's 'Resentful Realism' and Balancing China's Rise," *The Chinese Journal of International Politics*, Vol. 9, No. 2, pp. 109-150.

Kaplan, Robert D., 2011. "The South China is the Future of Conflict." *Foreign Policy*, Vol. 188, pp. 76-83.

Katagiri, N. 2020. "Shinzo Abe's Indo-Pacific Strategy: Japan's Recent Achievement and Future Direction" *Asian Security*, Vol. 16, Issue 2, pp. 179-200.

Kupchan, Charles A., 2012. "The Democratic Malaise: Globalization and the Threat to the West." *Foreign Affairs*, Vol. 91, Issue 1, pp. 63, 67.

Montgomery, Evan B., 2014. "Contested Primacy in the Western Pacific: China's Rise and the Future of U.S. Power Projection." *International Security*, Vol. 38,

Issue 4, pp. 118-124.

Pei, Minxin. 2014. "How China and America See Each Other: And Why They Are on A Collision Course." *Foreign Affairs*, Vol. 93, Issue 2, pp. 143-147.

Rose, Gideon. 1998. "Review: Neoclassical Realism and Theories of Foreign Policy." *World Politics*, Vol. 51, Issue 1, pp. 144-172

Rose, Gideon. 2015 "What Obama Gets Right: Keep Calm and Carry the Liberal Order On." *Foreign Affairs*, Vol. 94, Issue 5, pp. 2-12

Smith, Paul J. 2013. "The Senkaku/Diaoyu Island Controversy: A Crisis Postponed." *Naval War College Review*, Vol. 66, Issue 2, pp. 27-44.

Valencia, Mark J. 2014. "The East China Sea Disputes: Status, and Ways Forward." *Asian Perspectives*, Vol. 38, pp. 199-200.

Yarhi-Milo, Keren, 2013. "In the Eye of the Beholder: How Leaders and Intelligence Communities Assess the Intentions of Adversaries." *International Security*, Vol. 38, Issue 1, pp. 7-8.

Zhao, Sui-sheng, 2017. "American Reflections on the Engagement with China and Responses to President Xi's New Model of Major Power Relations." *Journal of Contemporary China*, Vol. 26, Issue 106, pp. 489-503.

官方文件

Abe, S., 2014/5/30. *The 13th IISS Asian security summit-the Shangri-La Dialogue-Keynote Address.* Japan: Ministry of Foreign Affairs of Japan, < http://www. mofa.go.jp/fp/nsp/page4e_000086.html>

Beijing as an Emerging Power in the South China Sea (2012/9/12). Hearing before the Committee on Foreign Affairs, House of Representatives, 112th Congress, 2nd Session. Washington, DC: Government Printing Office.

Burns, William J., 2012/10/15. *Media Roundtable in Tokyo, Japan.* Washington, DC: U.S. Department of State, <http://www.state.gov/s/d/former/burns/remarks/2012/199122.htm>.

Clinton, Hillary R., 2013/1/18. *Remarks With Japanese Foreign Minister Fumio Kishida After Their Meeting.* Washington, DC: U.S. Department of State, <http://www.state.gov/secretary/ 20092013clinton/rm/2013/01/203050.htm>.

Davidson, Philip S. 2019/2/12. *Statement of Admiral Philip S. Davidson, U.S. Navy Commander, U.S. Indo-Pacific Command before the Senate Armed Service Committee on U.S. Indo-Pacific Command Posture.* Washington, DC: U.S. Senate Committee on Armed Services, <https://www.armed-ervices.senate.gov/ imo/media/doc/Davidson_02-12-19.pdf>.

Davidson, Philip S. 2021/3/9. *Statement of Admiral Philip S. Davidson, U.S. Navy Commander, U.S. Indo-Pacific Command before the Senate Armed Service Committee on U.S. Indo-Pacific Command Posture.* Washington, DC: U.S. Senate Committee on Armed Services, <https://www.armed-ervices.senate.gov/ imo/media/doc/Davidson_03-09-21.pdf>.

Department of Foreign Affairs, the Philippines, 2012/7/14. *Philippines Deplores Non-issuance of 45th ASEAN Foreign Ministers' Meeting Joint Communique.* Philippines: Department of Foreign Affairs, <http://ptvnews.ph/bottom-news-life2/12-12-world/2137-philippines-deplores-non-issuance-of-45th-asean-foreign-ministers-meeting-joint-communique>

Digital National Security Archive, 2006-2015. Washington, DC: U.S Digital National Security Archive (online data base), <http://nsarchive.chadwyck.com/>

Dolven, B. Kan, S. A., & Manyin, M. E., 2013/1/30. *Maritime Territorial Disputes in East Asia: Issues for Congress.* Washington, DC: Congressional Research Service.

Dolven, Ben, Mark E. Manyin, & Kan, Shirley A. 2014. *Maritime Territorial Disputes in East Asia: Issues for Congress.* Washington, DC: Congressional Research Service.

Dumbaugh, K., Ackerman, D., Cronin, R., Kan, S., & Niksch, L., 2001/12/12. *China's Maritime Territorial Claims: Implications for U.S. Interests.* Washington, DC: Congressional Research Service.

Kan, S. A., 2013/7/23. *Taiwan: Major U.S. Arms Sales since 1990.* Washington,

DC: Congressional Research Service.

Kerry, John, 2014/8/13. *U.S. Vision for Asia-Pacific Engagement*. Washington, DC: U.S. Department of State, <http://www.state.gov/secretary/ remarks/2014/08/230597.htm>.

Manyin, Mark E., 2021. *The Senkakus (Diaoyu/Diaoyutai) Dispute: U.S. Treaty Obligations*. Washington, DC: Congressional Research Service.

Ministry of National Defense, 2013. *Defense of Japan 2013*. Tokyo: Ministry of National Defense.

Ministry of National Defense, 2013/12/17. *Medium Term Defense Program (FY2014-FY2018)*. Japan: Ministry of National Defense Japan, <http://www. mod.go.jp/j/approach/agenda/ guideline/2014/pdf/Defense_Program.pdf>.

Ministry of National Defense. 2014. *Defense of Japan 2014*. Tokyo: Ministry of National Defense.

Ministry of National Defense. 2016. *Defense of Japan 2016*. Tokyo: Ministry of National Defense.

Ministry of National Defense. 2017. *Defense of Japan 2017*. Tokyo: Ministry of National Defense.

Ministry of National Defense. 2018. *Defense of Japan 2018*. Tokyo: Ministry of National Defense.

Ministry of National Defense. 2019. *Defense of Japan 2019*. Tokyo: Ministry of National Defense.

Ministry of National Defense. 2020. *Defense of Japan 2020*. Tokyo: Ministry of National Defense.

Ministry of National Defense. 2021. *Defense of Japan 2021*. Tokyo: Ministry of National Defense.

O'Rourke, R., 2010/8/26. *China Naval Modernization: Implications for U.S. Navy Capabilities—Background and Issues for Congress*. Washington, DC: Congressional Research Service.

O'Rourke, R., 2013/9/5. *China Naval Modernization: Implications for U.S.*

Navy Capabilities—Background and Issues for Congress. Washington, DC: Congressional Research Service.

O'Rourke, Ronald, 2015. *China Naval Modernization: Implications for U.S. Navy Capabilities—Background and Issues for Congress*. Washington, DC: Congressional Research Service.

O'Rourke, Ronald, 2015. *Maritime Territorial and Exclusive Economic Zone (EEZ) Disputes Involving China: Issues for Congress*. Washington, DC: Congressional Research Service.

O'Rourke, Ronald, 2022. *U.S.-China Strategic Competition in South and East China Seas: Background and Issues for Congress*. Washington, DC: Congressional Research Service.

Office of Ocean and Polar Affairs, 2014/12/5. *China: Maritime Claims in the South China Sea (Limits in the Seas, No. 143)*. Washington, DC: Bureau of Oceans and International Environmental and Scientific Affairs, U.S. Department of State, <http://www.state.gov/documents/organization/234936.pdf>

Rinehart, Ian E., and Bart Elias, 2015. *China's Air Defense Identification Zone (ADIZ)*. Washington, DC: Congressional Research Service.

Russel, Daniel R., 2013/9/9. *Media Roundtable at U.S. Embassy Tokyo*. Washington, DC: U.S. Department of State, <http://www.state.gov/p/eap/rls/rm/2013/09/212696.htm >.

Russel, Daniel R.,2015. *Maritime Issues in East Asia. Testimony, Assistant Secretary, Department of State, Before the Senate Foreign Relations Committee, (2015, May 13)*. Washington, DC: The Senate Foreign Relations Committee, <http://www.foreign.senate.gov/imo/media/doc/051315_REVISED_Russel_Testimony.pdf>

Russel, Daniel R., 2015/4/22. *ASEAN and America: Partners for the Future. Assistant Secretary Remarks, Bureau of East Asian and Pacific Affairs, Commonwealth Club San Francisco, CA (2014/7/28)*. Washington, DC: Remarks, Bureau of East Asian and Pacific Affairs, <http://www.foreign.senate. gov/imo/media/doc/Russel_Testimony.pdf>

The Advisory Panel on the History of the 20th Century, 2015/8/6. *Report of the Advisory Panel on the History of the 20th Century and on Japan's Role and the World Order in the 21st Century*. Japan: Japan kantei (Prime Minister of Japan and His Cabinet), <http://www.kantei.go.jp/jp/singi/21c_koso/pdf/report_en.pdf>.

The Committee on Foreign Relations, Senate, 2013. *The Law of the Sea Convention (Treaty Doc. 103-39)*, Hearings before Committee on Foreign Relations, Senate, 112th Cong., 2nd Session (2012/5/23, 6/14, & 6/28). Washington, DC: Government Printing Office.

The Public Papers of the Presidents of the United States, Jimmy Carter, 1977. Washington, DC: Office of the Federal Register.

The Subcommittee on Asia and the Pacific of the Committee on Foreign Affairs, House of Representatives, 2014. *2014 America's Future in Asia: From Rebalancing to Managing Sovereignty Dispute*. Hearing before the Subcommittee on Asia and the Pacific of the Committee on Foreign Affairs, House of Representatives, 103rd Cong., 2nd Session (2014/2/5). Washington, DC: Government Printing Office.

The Subcommittee on East Asian and Pacific Affairs, Senate Foreign Relations Committee, 2009. *Maritime Disputes and Sovereignty Issues in East Asia, 2009*. Hearing before the Subcommittee on East Asian and Pacific Affairs, Senate Foreign Relations Committee, 111th Cong., 1st Session. (2009/7/15). Washington, DC: Government Printing Office.

The U.S.-China Economic and Security Review Commission, 2012. *2012 Report to Congress of the U.S.-China Economic and Security Review Commission*. 112th Congress, 2nd Session (2012/12). Washington, DC: Government Printing Office.

The U.S.-China Economic and Security Review Commission, 2013. *2013 China's Maritime Disputes in the East and South China Seas: Hearing before the U.S.-China Economic and Security Review Commission*. 103th Cong., 1st Session (2013/4/4). Washington, DC: Government Printing Office, <http://www.uscc.

gov/Hearings/hearing-chinas-maritime-disputes-east-and-south-china-seas-webcast>

The White House, 2013/11/20. *Remarks As Prepared for Delivery by National Security Advisor Susan E. Rice.* Washington, DC: The White House, <https://www.whitehouse.gov/the-press-office/2013/11/21/remarks-prepared-delivery-national-security-advisor-susan-e-rice>.

The White House, 2014/4/25. *U.S.-Japan Joint Statement: The United States and Japan: Shaping the Future of the Asia-Pacific and Beyond,* Washington, DC: The White House, <https://www.whitehouse.gov/the-press-office/2014/04/25/us-japan-joint-statement-united-states-and-japan-shaping-future-asia-pac>.

The White House, Office of the Press Secretary, 2010/9/24. *Joint Statement of the 2ND U.S.-ASEAN Leaders Meeting.*" Washington, DC: The White House, <https://www.whitehouse.gov/the-press-office/2010/09/24/joint-statement-2nd-us-asean-leaders-meeting>

The White House, Office of the Press Secretary, 2012/11/15. *Remarks by National Security Advisor Tom Donilon.* Washington, DC: The White House, <https://www.whitehouse.gov/the-press-office/2012/11/15/remarks-national-security-advisor-tom-donilon-prepared-delivery>

The White House, Office of the Press Secretary, 2012/11/19. *Joint Statement of the 4th ASEAN-U.S. Leaders' Meeting.*" Washington, DC: The White House, <https://www.whitehouse.gov/the-press-office/2012/11/20/joint-statement-4th-asean-us-leaders-meeting>

The White House, Office of the Press Secretary, 2013/3/11. *Remarks by Tom Donilon, National Security Advisor to the President, on the United States and the Asia-Pacific in 2013.* Washington, DC: The White House, <https://www.whitehouse.gov/the-press-office/2013/03/11/remarks-tom-donilon-national-security-advisory-president-united-states-a>

The White House, Office of the Press Secretary, 2013/11/20. *Remarks by National Security Advisor Susan E. Rice on America's Future in Asia.* Washington, DC: The White House, <https://www.whitehouse.gov/the-press-office/2013/11/21/>

remarks-prepared-delivery-national-security-advisor-susan-e-rice>

The White House, Office of the Press Secretary, 2014/4/28. *Remarks by President Obama and President Benigno Aquino III of the Philippines in Joint Press Conference.* Washington, DC: The White House, <https://www.whitehouse.gov/the-press-office/2014/04/28/remarks-president-obama-and-president-benigno-aquino-iii-philippines-joi>

The White House, Office of the Press Secretary, 2014/4/28. *United States-Philippines Bilateral Relations.* Washington, DC: The White House, <https://www.whitehouse.gov/the-press-office/2014/04/28/fact-sheet-united-states-philippines-bilateral-relations>

The White House, Office of the Press Secretary, 2014/5/28. *Remarks by the President at the United States Military Academy Commencement Ceremony.* Washington, DC: The White House, <http://www.whitehouse.gov/the-press-office/2014/05/28/remarks-president-united-states-military-academy-commencement-ceremony>

U.S. Congress, 2014/4/7. *Text: S.Res.412—113th Congress (2013-2014).* Washington, DC: U.S. Congress, <https://www.congress.gov/bill/113th-congress/senate-resolution/412/text>.

U.S. Congress, 2014/9/8. *Text: H.Res.714—113th Congress (2013-2014).* Washington, DC: U.S. Congress, <https://www.congress.gov/bill/113th-congress/house-resolution/714/ text>.

U.S. Congress, Hearing, 2013. *National Defense Authorization Act for Fiscal Year 2014 and Oversight of Previously Authorized Programs before the Committee on Armed Forces.* House of Representatives, 113th Congress, 1st Session, Full Committee Hearing on the Posture of the U.S. Strategic Command and U.S. Pacific Command Hearing Held (2013/3/5). Washington, DC: U.S. Government Printing Office.

U.S. Department of Defense News, 2015. *Secretary of Defense Ashton Carter's Remarks on 'Strategic and Operational Innovation at a Time of Transition and Turbulence' at Reagan Defense Forum.* Washington, DC: U.S. Department of Defense, <https://www.defense.gov/Newsroom/Transcripts/Transcript/Article/628147/remarks-on-strategic-and-operational-innovation-at-a-time-of-transition-and-tur/>.

U.S. Department of Defense, 2012/1. *Sustaining U.S. Global Leadership: Priorities for 21st Century Defense*. Washington, DC: U.S. Department of Defense, <http://www.defense.gov/news/Defense_Strategic_Guidance.pdf>

U.S. Department of Defense, 2013/7/31. *Statement on Strategic Choices and Management Review*. Washington, DC: U.S. Department of Defense, <http://www.defense.gov/speeches/speech.aspx?speechid=1798>

U.S. Department of Defense, 2014. *Quadrennial Defense Review 2014*. Washington, DC: Department of Defense, <http://www.defense.gov/pubs/2014_Quadrennial_Defense_Review.pdf>

U.S. Department of Defense, 2014/8/22. *Remarks by Deputy Secretary Work and Japanese Parliamentary Senior Vice Minister of Defense Takeda in a Press Conference in Tokyo, Japan*. Washington, DC: U.S. Department of Defense, <http://www.defense.gov/News/News-Transcripts/Transcript-View/Article/606918/remarks-by-deputy-secretary-work-and-japanese-parliamentary-senior-vice-ministe>.

U.S. Department of Defense, 2015/4/27. *Statement on New Guidelines for U.S.-Japan Defense Cooperation*. Washington, DC: U.S. Department of Defense, <https://archive.defense.gov/pubs/20150427--GUIDELINES_FOR_US-JAPAN_DEFENSE_ COOPERATION.pdf>.

U.S. Department of Defense. 2015. *Military and Security Developments Involving the People's Republic of China 2015*. Washington, DC: U.S. Department of Defense.

U.S. Department of Defense. 2020. *Military and Security Developments Involving the People's Republic of China 2020*. Washington, DC: U.S. Department of Defense.

U.S. Department of State, 1986. *Rights and freedoms in international waters*. (1986/5). Washington, DC: Department of State Bulletin, 86, 2110, p. 79.

U.S. Department of State, 2006. *Foreign Relations of the United States, 1969-1976 (Vol. 17, China, 1969-1972).* Washington, DC: U.S. Government Printing Office.

U.S. Department of State, 2008. *Foreign Relations of the United States, 1969-1976 (Vol. 18, China, 1973-1976).* Washington, DC: U.S. Government Printing Office.

U.S. Department of State, 2011/7/22. *The South China Sea.* Washington, DC: U.S. Department of State, <http://www.state.gov/secretary/20092013clinton/rm/2011/07/168989.htm>

U.S. Department of State, 2011/11/16. *Presentation of the Order of Lakandula, Signing of the Partnership for Growth and Joint Press Availability with Philippines Foreign Secretary Albert Del Rosario.* Washington, DC: U.S. Department of State, <http://www.state.gov/secretary/20092013clinton/rm/2011/11/177234.htm>

U.S. Department of State, 2012/4/30. *Remarks with Secretary of Defense Leon Panetta, Philippines Foreign Secretary Albert del Rosario, and Philippines Defense Secretary Voltaire Gazmin after Their Meeting."* Washington, DC: U.S. Department of State, <http://www.state.gov/secretary/20092013clinton/rm/2012/04/188982.htm>

U.S. Department of State, 2012/8/3. *South China Sea.* Washington, DC: U.S. Department of State, <http://www.state.gov/r/pa/prs/ps/2012/08/196022.htm>

U.S. Department of State, 2013/8/9. *U.S.-ASEAN Engagement.* Washington, DC: U.S. Department of State, <http://www.state.gov/r/pa/prs/ps/2013/10/215228.htm>

U.S. Department of State, 2013/11/23. *Statement on the East China Sea Air Defense Identification Zone.* Washington, DC: U.S. Department of State, <http://www.state.gov/secretary/remarks/2013/11/218013.htm>

U.S. Department of State, 2014/3/30. *Philippines: South China Sea Arbitration Case Filing.* Washington, DC: U.S. Department of State, <http://www.state.gov/r/pa/prs/ps/2014/03/224150.htm>

U.S. Department of State, 2014/7/11. *Fourth Annual South China Sea Conference."*

Washington, DC: U.S. Department of State, <http://www.state.gov/p/eap/rls/rm/2014/07/229129.htm>

U.S. Energy Information Administration, 2013/2/7. *South China Sea*. Washington, DC: U.S. Energy Information Administration, <http://www.eia.gov/countries/regions-topics.cfm?fips=scs>

U.S. Office of the Secretary of Defense, 2013. *Annual Report to Congress: Military and Security Developments Involving the People's Republic of China 2013*. Washington, DC: U.S. Office of the Secretary of Defense, <http://www.defense.gov/pubs/2013_China_Report_FINAL.pdf>

U.S. Senior State Department Official. 2013. *Preview of Secretary's Trip to Japan*. Washington, DC: U.S. Department of State, <http://www.state.gov/r/pa/prs/ps/2013/10/215027.htm>.

報紙雜誌

"A Deepening Partnership with Vietnam," 2014/10/25. *New York Times*, p. A20.

"Chinese Mischief at Mischief Reef," 2015/4/12. *New York Times*, p. SR10.

Associated Press, 2010/11/2. *China Objects to US Offer over Disputed Islands*." Washington Post, <https://www.washingtonpost.com/wp-dyn/content/article/2010/11/02/AR2010110200224.html>.

Auslin, M., 2014/6/6. "Japan Steps Up as Regional Counterweight," *Wall Street Journal*, p. 9.

Baker, Peter, and Jane Perlez, 2013/11/30. "Airlines Urged By U.S. to Give Notice to China," *New York Times*, A1.

Browne, A., 2015/5/14. "U.S. Gambit in South China Sea Risks Conflict," *Wall Street Journal*, p. 14.

Burke, Matthew M., and Aya Ichihashi, 2021/1/5. "Japan Moving on Pledge to Strengthen Senkaku Defense in Face of China Claims," *Stars and Stripes*.

Burns, Nicholas, 2014a. "Obama's 2014 Foreign-policy Challenges," *Boston Globe*.

Burns, Nicholas. 2014. "The Trouble with China," *Boston Globe*.

Cui, Tiankai. 2014. "Shinzo Abe Risks Ties with China in Tribute to War Criminals," *Washington Post*.

Editorial. "Once More on the Law of the Sea," 2012/5/25. *New York Times*, p. A30.

Editorial. "Risky Games in the South China Sea," 2014/4/2. *New York Times*.

Fackler, Martin, 2015/3/9. "In a Test of Wills, Japanese Fighter Pilots Confront Chinese," *New York Times*, p. A4;

Gemba, Koichiro, 2012/11/21. "Japan-China Relations at a Crossroads," *International Herald Tribune*.

Gordon, M. R., 2014/8/11. "Kerry Urges Myanmar to Stay on Path to Democracy, Despite Stumbles," *New York Times*, p. A8.

Gordon, Michael R., 2014/8/11. "Kerry Urges Myanmar to Stay on Path to Democracy, Despite Stumbles," *New York Times*, A8.

Hartcher, Peter, 2021/8/24. "Biden's Afghanistan Botch-up Will Invite Beijing to Try Its Luck," *Sydney Morning Herald*.

Kristof, Nicholas D. 1996/10/20. "Would You Fight for These Islands?" *New York Times*, <https://www.nytimes.com/1996/10/20/weekinreview/would-you-fight-for-these-islands.html>.

Kristof, Nicholas D., 1996/9/16. "An Asian Mini-Tempest Over Mini-Island Group." *New York Times*, <https://www.nytimes.com/1996/09/16/world/an-asian-mini-tempest-over-mini-island-group.html>.

Kyodo, 2021/12/23."Japan and U.S. draft operation plan for Taiwan contingency," *Kyodo*, https://www.japantimes.co.jp/news/2021/12/23/national/taiwan-con.

Landler, M., 2012/5/24. "Law of the Sea Treaty Is Found on Capitol Hill, Again," *New York Times*, p. A15.

Landler, M., 2014/4/28. "U.S. and Philippines Agree to a 10-year Pact on the Use of Military Bases," *New York Times*, p. A6.

Landler, M., 2014/11/12. "U.S. and China Reach Climate Accord after Months of Talks," *New York Times*, p. A1.

Landler, Mark. 2013/12/5. "Biden Arrives in China, Seeking Restraint Over New Air Zone," *New York Times*.

Mearsheimer, John J., 2014/3/14. "Getting Ukraine Wrong," *New York Times*.

Mullany, G., & Barbozav, D., 2014/5/8. "Vietnam Squares Off with China in Disputed Seas," *New York Times*, p. A5.

New York Times Editorial, 2013/11/26. "China's Coercive Play," *New York Times*.

Oshima, Takashi, 2013/12/27. "U.S. Expresses Disappointment at Abe Visit to Yasukuni Shrine." *Asahi Shimbun*, <http://ajw.asahi.com/article/behind_news/politics/AJ201312270048>.

Perlez, J., & Gladstone, R., 2014/5/9. "China Flexes Its Muscles in Dispute with Vietnam," *New York Times*, p. A8.

Perlez, J., 2013/12/15. "American and Chinese navy ships nearly collided in South China Sea," *New York Times*, p. A21.

Perlez, J., 2014/4/1. "Philippines and China in Dispute over Reef," *New York Times*, p. A7.

Perlez, J., 2014/8/17. "In China's Shadow, U.S. Courts Old Foe Vietnam," *New York Times*, p. A4.

Perlez, J., 2014/9/14. "Malaysia Risks Enraging China by Inviting U.S. Spy Flights," *New York Times*, p. A12.

Perlez, J., 2014/11/24. "China Said to Turn Reef Into Airstrip in Disputed Water," *New York Times*, p. A6.

Perlez, J., 2015/4/11. "China's Naval Buildup Starts to Yield Results, U.S. Report Says," *New York Times*, p. A4.

Perlez, Jane, 2013/7/11. "China and Russia, in a Display of Unity, Hold Naval Exercises," *New York Times*.

Perlez, Jane, 2014/1/24. "Japan's Leader Compares Strain with China to Germany and Britain in 1914," *New York Times*.

Perlez, Jane, 2015/5/1. "China and Russia to Hold Mediterranean Exercises," *New York Times*.

Rachman, Gideon, 2014/1/22. "Davos Leaders: Shinzo Abe on WW1 Parallels, Economics and Women at Work," *Financial Times*.

Rosenberg, Matthew, 2015/7/10. "Threat of Russian Aggression and Arms Is Singled Out by Joint Chiefs Nomine," *New York Times*.

Sanger, D. E., & Gladstone, R., 2015/4/9. "Piling Sand in a disputed sea, China Literally Gains Ground," *New York Times*, p. A1

Sasae, Kenichiro, 2014/1/17. "China's Propaganda Campaign against Japan," *Washington Post*.

Shanker, Thom, 2013/7/31. "Hagel Gives Dire Assessment of Choices He Expects Cuts to Force on the Pentagon," *New York Times*.

Shanker, Thom, 2013/11/27. "U.S. Sends Two B-52 Bombers Into Air Zone Claimed by China," *New York Times*.

Shigeta, Shunsuke, 2021/12/21. "Suga 'surprised' by Biden's swift commitment to Senkakus: Former Japan leader stresses shared concern over China and need for stronger defenses," *Nikkei*, https://asia.nikkei.com/Editor-s-Picks/Interview/Suga-surprised-by-Biden-s-swift-commitment-to-Senkakus.

Solomon, J., 2010/7/25. "China Rejects U.S. Efforts in Maritime Spat," *Wall Street Journal*.

Wall Street Journal Editorial, 2013/11/28. "Flight of the B-52s," *Wall Street Journal*, p. 11.

Washington Post Editorial, 2013/11/25. "China Must Rescind Its Air Zone over Disputed Islands," *Washington Post*.

Whaley, F., 2012/4/17. "U.S.-Philippine War Games Start amid China Standoff." *New York Times*, p. A8.

Wong, E., 2011/3/31. "China Hedges over Whether South China Sea is a 'Core Interest' Worth War," *New York Times*, p. A12.

Yoshida, Reiji, 2013/11/25. "Tokyo Cries Foul over China's Declaration of Air Defense Zone," *Japan Times*.

網際網路

Asia Society, 2013/3/11. "Complete Transcript: Thomas Donilon at Asia Society New York," *Asia Society*, <http://asiasociety.org/new-york/complete-transcript-thomas-donilon-asia-society-new-york>.

Bader, J. A., 2014/2/6. *The U.S. and China's Nine-dash Line: Ending the Ambiguity*. Washington, DC: Brookings. <http://www.brookings.edu/research/opinions/2014/02/06-us-china-nine-dash-line-bader>

Browne, A., 2013/10/15. *Q&A: Taking China to Court over the South China Sea*. Wall Street Journal, <http://blogs.wsj.com/chinarealtime/2013/10/15/qa-the-philippines-vs-china-in-south-china-sea-claims/>

Coren, Courtney. 2014/1/17. "PACOM Chief Says US Losing Military Dominance to China in Asian-Pacific." *Newsmax*, <http://www.newsmax.com/Newsfront/PACOM-china-locklear-dominance/2014/01/17/id/547656>.

Cronin, P. M., 2014/9. *The Challenge of Responding to Maritime Coercion*." Washington, DC: Center for a New American Security, <http://www.cnas.org/sites/default/files/publications-pdf/CNAS_Maritime1_Cronin.pdf>

CSIS, 2012/11/15. "President Obama's Asia Policy and Upcoming Trip to the Region." *CSIS*, <http://csis.org/files/attachments/121511_Donilon_Statesmens_Forum_TS.pdf>.

Dizon, N., 2014/8/23. *Itu Aba: On This Rock Stands PH Suit Against China*. Philippine Daily Inquirer, <http://globalnation.inquirer.net/109791/itu-aba-on-this-rock-stands-ph-suit-against-china/>

Dutton, P., 2011a/6/5-6. *Viribus Mari Victoria? Power and Law in the South China Sea*. Paper presented at conference on the Managing Tensions in the South China Sea, CSIS. <http://csis.org/files/attachments/130606_Dutton_ConferencePaper.pdf>

Dutton, P., 2011b/7/20. *Three Dispute and Three Objectives: China and the South China Sea*. Naval War College Review, <https://digital-commons.usnwc.edu/cgi/viewcontent.cgi?article=1553&context=nwc-review>

Economist, 2012/9/22. "Could Asia Really Go to War over These?" *Economist*, <https://www.economist.com/leaders/2012/09/22/could-asia-really-go-to-war-over-these>.

Glaser, B. S., 2014/4/15. *A Role for Taiwan in Promoting Peace in the South China Sea*. CSIS, <http://csis.org/publication/role-taiwan-promoting-peace-south-china-sea>

Goldberg, Jeffrey, 2020/11/16. "Why Obama Fears for Our Democracy?" *Atlantic*, <https://www.theatlantic.com/ideas/archive/2020/11/why-obama-fears-for-our-democracy/617087/>.

Hagel, C., 2013/6/1. *International Institute for Strategic Studies* (Shangri-La Dialogue) [speech]. Singapore, <http://www.defense.gov/speeches/speech.aspx?speechid=1785>

Josef Joffe, Josef. 2016/3/11. "Obama Is Not a Realist," *The Atlantic*, <https://www.theatlantic.com/international/archive/2016/03/obama-doctrine-goldberg-realist-isolationist/473205/>

Josef Joffe, Josef. 2016/3/11. "Obama Is Not a Realist," *The Atlantic*, <https://www.theatlantic.com/international/archive/2016/03/obama-doctrine-goldberg-realist-isolationist/473205/>

Kagan, Robert, 2012/1/11. "Not Fade Away: The Myth of American Decline." *News Republic*, <http://www.tnr.com/article/politics/magazine/99521/america-world-power-declinism>.

Kelly, T., & Kubo, N., 2015/1/30. "U.S. Would Welcome Japan Air Patrols in South China Sea," *Reuters*. <http://www.reuters.com/article/2015/01/29/us-japan-southchinasea-idUSKBN0L20HV20150129>

Law of the Sea Treaty as a Peace Tool for US, 2012/5/9. Christian Science Monitor (Editorial), < http://www.csmonitor.com/>

Lieberman, J., 2012/6/28. *The South China Sea and Asia Pacific in Transition*. CSIS, <http://csis.org/files/attachments/120628_southchinasea_lieberman_transcript.pdf>

Mogato, M., 2013/8/6. "Eyeing China, Philippines Gains U.S. Ship in Military Upgrade," *Reuters*, <http://www.reuters.com/article/2013/08/06/us-philippines-military-idUSBRE97506920130806>

People's China, 2011/7/20. "China, ASEAN Nations Agree on Guidelines for Implementation of DOC in South China Sea." *People's China Online*, <http://english.people.com.cn/90001/90776/90883/7446480.html>

Percival, B., 2011/7/15. *The South China Sea: An American perspective.* <http://nghiencuubiendong.vn/en/conferences-and-seminars-/second-international-workshop/584-the-south-china-sea-an-american-perspective-by-bronson-percival>

Permanent Court of Arbitration, 2014/12/17. *Arbitration between the Republic of the Philippines and the People's Republic of China.* Permanent Court of Arbitration, <http://www.pca-cpa.org/showfile.asp?fil_id=2846>

Pomfret, J., 2010/7/30. "US Takes a Tougher Tone with China," *Washington Post*, <http://www.washingtonpost.com/wp-dyn/content/article/2010/07/29/AR2010072906416.html>

Pomfret, J., 2010/7/31. "Beijing Claims 'Indisputable Sovereignty' over South China Sea," *Washington Post*, <http://www.washingtonpost.com/wp-dyn/content/article/2010/07/30/AR2010073005664.html>

Romberg, Alan D., 2013/4/11. "American Interests in the Senkaku/Diaoyu Issue, Policy Considerations-Prepared for the CNA Maritime Asia Project: Workshop on Japan's Territorial Disputes Panel on the Senkaku/Diaoyutai Islands Dispute: A Regional Flashpoint." *Stimson Center*, <http://www.stimson.org/images/uploads/esearchdfs/Romberg-ADR_paper_8-3-13.pdf>.

Voice of America (VOA), 2010/7/26. "China Put on Defensive at ARF over Spratlys." *VOA*, <http://www.voatibetanenglish.com/content/china-tells-us-not-to-internationalize-south-china-sea-territorial-issue-99242409/1275308.html>

Walt, Stephen M. 2016/4/7. "Obama Was Not a Realist President," *Foreign Policy*, <https://foreignpolicy.com/2016/04/07/obama-was-not-a-realist-president-jeffrey-goldberg-atlantic-obama-doctrine/>

注　釋

第一章

1. "Remarks By President Obama to the Australian Parliament," November 17, 2011, https://obamawhitehouse.archives.gov/the-press-office/2011/11/17/remarks-president-obama-australian-parliament; Kenneth Lieberthal, "The American Pivot to Asia," *Foreign Policy,* December 21, 2011, https://foreignpolicy.com/2011/12/21/the-american-pivot-to-asia/

2. "Remarks by President Obama and President Xi of the People's Republic of China in Joint Press Conference," September 25, 2015, https://obamawhitehouse.archives.gov/the-press-office/2015/09/25/remarks-president-obama-and-president-xi-peoples-republic-china-joint

3. Hillary Rodham Clinton, "America's Pacific Century," *Foreign Policy*, Issue 189 (November 2011), pp. 56-63.

4. "Joint Press Conference with President Obama and Prime Minister Abe of Japan," Akasaka Palace Tokyo, April 24, 2014, https://obamawhitehouse.archives.gov/the-press-office/2014/04/24/joint-press-conference-president-obama-and-prime-minister-abe-japan

5. "America's Future in Asia," Remarks As Prepared for Delivery by National Security Advisor Susan E. Rice, November 20, 2013, http://www.whitehouse.gov/the-press-office/2013/11/21/remarks-prepared-delivery-national-security-advisor-susan-e-rice. 此一演講旨在消弭盟邦及對手國，對歐巴馬取消出席「亞太經合會」（APEC）與「東亞高峰會」（East Asia Summit）的質疑。

6. 美國史丹福大學胡佛檔案館，《蔣介石日記》，1956 年 6 月 8 日。

7. 美國史丹福大學胡佛檔案館，《蔣介石日記》，1960 年 4 月 4 日；1964 年 1 月 30 日

8. 美國史丹福大學胡佛檔案館，《蔣介石日記》，1970 年 9 月 11 日。

9. 美國史丹福大學胡佛檔案館，《蔣介石日記》，1970 年 12 月 7 日。

10. 美國史丹福大學胡佛檔案館，《蔣介石日記》，1971 年 3 月 4 日；
1971 年 3 月 16 日。

11. Bill Hayton, "The Modern Origins of China's South China Sea Claims: Maps, Misunderstaings, and the Maritime Geobody,"*Modern China*, May 2018, pp. 1-44.

12. Ralph A. Cossa, *Security Implications of Conflict in the South China Sea: Exploring Potential Triggers of Conflict* (Honolulu, Hawaii: Pacific Forum CSIS, 1998), pp. 12-14; Carolina G. Hernandez and Ralph Cossa (eds.), *Security Implications of Conflict in the South China Sea: Perspectives from Asia-Pacific* (Manila: Institute for Strategic and Development Studies, 1997), pp. 232-236.

13. 印尼南海會議之下有第二層的技術工作小組涵蓋法律事務、海洋科學研究、海洋航運安全、海洋環境保護等議題，第三層的專家會議討論水文資訊交換、海洋科學研究、海洋環境保護、海員教育及訓練、生物多樣性計畫，及第四層的研究小組處理南海共同合作區域範圍研究。會議緣起請參考 Hasjim Djalal, *Indonesia and the Law of the Sea*（Jarkarta: Center for Strtegic and Internaitonal Studies, 1995）, pp. 384-403.

14. 參加 1991 年印尼南海會議代表有駐印尼代表鄭文華、秘書周莉音、臺大法律係教授俞寬賜與傅崑成。社論，〈樂見兩岸積極推動在南海合作探油〉，《中央日報》，1995 年 8 月 31 日，版 2 有關兩岸在印尼南海會議架構下合作，請見後文。

15. John Grady, "State Dept. Official: U.S. Will Oppose Chinese 'Gangster Tactics' in South China Sea; U.S. Warship Conducts Freedom of Navigation Operation," USNI, July 14, 2020, https://news.usni.org/2020/07/14/state-dept-official-u-s-will-oppose-chinese-gangster-tactics-in-south-china-sea-u-s-warship-conducts-freedom-of-navigation-operation

16. Joseph Lieberman's speech at Conference on The South China Sea and Asia Pacific in Transition: Exploring Options for Managing Disputes, Center for Strategic and International Studies, June 28, 2012, http://csis.org/files/attachments/120628_southchinasea_lieberman_transcript.pdf

17. Clive Schofield, Ian Townsend-Gault, Hasjim Djalal, Ian Storey, Meredith Miller and Tim Cook, *From Disputed Waters to Seas of Opportunity: Overcoming Barriers to Maritime Cooperation in East and Asia* (Washington, DC: National

Bureau of Asian Studies, 2011).

18. "Competing Claims in the South China Sea Potential Paths Forward and Implications for the United States," National Bureau of Asian Research, February 24, 2014, https://www.nbr.org/publication/ competing-claims-in-the-south-china-sea-potential-paths-forward-and-implications-for-the-united-states/

19. Patrick M. Cronin and Robert D. Kaplan, "Cooperation from Strength: U.S. Strategy and the South China Sea," in Patrick M. Cronin (ed.), *Cooperation from Strength: The United States, China and the South China Sea* (Washington, DC: Center for a New American Security, 2012), p.6.

20. Carlyle Thayer, "Indirect Cost Imposition Strategies in the South China Sea: U.S. Leadership and ASEAN Centrality, "April 24, 2015, https://www.cnas.org/publications/reports/indirect-cost-imposition-strategies-in-the-south-china-sea-u-s-leadership-and-asean-centrality

21. Robert D. Kaplan, "The South China Is the Future of Conflict," *Foreign Policy*, Issue 188 (September/October 2011), pp. 76-83; Robert D. Kaplan, *Asia's Cauldron: the South china Sea and the End of a Stable Pacific* (New York: Random, 2014), p. 14, 19, 28, 32-50, 63..

22. Peter Dutton, "Viribus Mari Victoria? Power and Law in the South China Sea," paper presented at conference on the "Managing Tensions in the South China Sea, sponsored by CSIS, June 5-6, 2013; Peter Dutton, "Three Dispute and three Objectives: China and the South China Sea,"July 2011, http://nghiencuubiendong.vn/en/conferences-and-seminars-/second-international-workshop/592-592-. 另位美國前海軍戰爭學院教授波西珀（Bronson Percival）針對南海持續緊張，認為南海議題已經無法自美國及中國的東南亞政策脫離；美國想要強化東協在南海的角色，特別會關注印尼、馬來西亞及菲律賓，並樂於見到美國與越南關係的改善。Bronson Percival, "The South China Sea: an American Perspective," July 2011, 請見 http://nghiencuubiendong.vn/en/conferences-and-seminars-/second-international-workshop/584-the-south-china-sea-an-american-perspective-by-bronson-percival

23. Fu-kuo Liu, "The US-China Competition in the South China Sea: Strategic Implication for Regional Security" July 15, 2011, https://en.nghiencuubiendong.vn/the-us-china-competition-in-the-south-china-sea-strategic-implication-for-

regional-security-by-fu-kuo-liu.50918.anews

24. 宋燕輝，《美國與南海爭端》（臺北：元照出版公司，2016 年），頁 175-185。

25. Richard Pearson, "How Taiwan Can Upstage China," *Diplomat,* July 2, 2011, http://the-diplomat.com/2011/07/02/how-taiwan-can-upstage-china/; Gary Sans, "Rethinking Taiwan's Claims in the South China Sea," *Diplomat,* June 28, 2019, https://thediplomat.com/2019/06/rethinking-taiwans-claims-in-the-south-china-sea/

26. Huang Tzu-ti, "Taiwan wants say over South China Sea as US rejects China's claims," *Taiwan News,* July 14, 2020, https://www.taiwannews.com.tw/en/news/3966429

27. 〈楊潔篪外長駁斥南海問題上的歪論〉，中國外交部，2010 年 7 月 25 日。http://big5.fmprc.gov.cn/gate/big5/www.mfa.gov.cn/chn/pds/wjdt/wjbxw/t719371.htm

28. 〈溫家寶在第十四次中國－東盟領導人會議上的講話（全文）〉，中國外交不，2011 年 11 月 18 日，http://www.mfa.gov.cn/chn/gxh/tyb/zyxw/t878623.htm；〈溫家寶就南海問題闡明中方立場〉，中國外交部，2011 年 11 月 20 日，http://www.mfa.gov.cn/chn/gxh/tyb/zyxw/t879057.htm

29. Bill Hayton, *The South China Sea: The Struggle for Power in Asia*（New Haven: Yale University Press, 2014）, pp. 247-249.

30. 中國南海研究院，《2009 年南海形勢評估報告》（海口：中國南海研究院，2009 年）。

31. 鞠海龍，〈美國奧巴馬政府南海政策研究〉，《當代亞太》，2011 年第 3 期，頁 97-112。

32. 李金明，〈南海爭議現狀與區域外大國的介入〉，《現代國際關係》，2011 年第 7 期，頁 1-8；李金明，《南海波濤：東南亞國家與南海問題》，（南昌：江西高校出版社，2005 年）。

33. 何志工、安小平，〈南海爭端中的美國因素及其影響〉，《當代亞太》，2010 年第 1 期，頁 132-145。

34. 劉復國、吳士存編，《2010 年南海地區形勢評估報告》（臺北：國立政治大學國際關係研究中心，2011 年），頁 37, 102。

35. 林紅，〈論兩岸在南海爭端中的戰略合作問題〉，《臺灣研究集刊》，2010 年第 1 期，頁 67-75。

36. 李金明，〈海峽兩岸在南海問題上的默契與合作〉，《臺灣研究集刊》，2010 年第 5 期，頁 7-13；李鵬，〈兩岸怎麼看東海、南海爭端〉，《兩岸公評網》，2012 年 8 月，http://www.kpwan.com/news/viewNewsPost.do?id=514

37. 王建民，〈海峽兩岸南海政策主張與合作問題探討〉，頁 44；鄭劍，〈海峽兩岸南海合作路線圖〉，《中國評論》，2012 年 9 月號，頁 22-23。

38. 孫國祥，《南海之爭的多元視角》（香港：香港城市大學出版社，2017 年）。

39. 鍾志東編，《多元視角下的南海安全》（臺北：五南圖書出版公司，2020 年）。

40. 林文程，《中國海權崛起與美中印太爭霸》（臺北：五南圖書出版公司，2019 年），頁 361。

41. 俞寬賜、陳鴻瑜（編），1995。《外交部南海諸島檔案彙編》（上下冊）。臺北：外交部研究設計委員會。

42. 張良福，1996。《南沙群島大事記（1949-1995）》。北京：中國科學院南沙綜合科學考察隊。

43. 黎蝸藤，2017。《從地圖開疆到人工造島—南海百年紛爭史》。臺北：五南圖書出版公司。

44. 發表之後有後續更新資料，請見 Ben Dolven, Mark E. Manyin, and Shirley A. Kan. *Maritime Territorial Disputes in East Asia: Issues for Congress* (Washington, DC: Congressional Research Service, 2014), pp. 3-5; Ronald O'Rourke, *Maritime Territorial and Exclusive Economic Zone (EEZ) Disputes Involving China: Issues for Congress* (Washington, DC: Congressional Research Service, 2015), pp. 32-47; Ronald O'Rourke, *China Naval Modernization: Implications for U.S. Navy Capabilities—Background and Issues for Congress* (Washington, DC: Congressional Research Service, 2015), pp. 60-68.

45. 請見"Chinese Land Reclamation in the South ChinaSea: Implications and Policy Options," June 18, 2015; "The Senkakus (Diaoyu/Diaoyutai) Dispute:U.S. Treaty

Obligations," Updated March 1, 2021; "U.S.-China Strategic Competition in South and East China Seas: Background and Issues for Congress," Updated January 26, 2022.

46. Richard Bush, *The Perils of Proximity: China-Japan Security Relations* (Washington, DC: Brookings Institution Press, 2010), p. 75.

47. Alan D. Romberg, "American Interests in the Senkaku/Diaoyu Issue, Policy Considerations--Prepared for the CNA Maritime Asia Project: Workshop on Japan's Territorial Disputes Panel on the Senkaku/Diaoyutai Islands Dispute: A Regional Flashpoint," *The Henry L. Stimson Center*, April 11, 2013），https://www.stimson.org/wp-content/files/file-attachments/Romberg-ADR_paper_8-3-13_1.pdf（檢索日期：2021 年 12 月 1 日）

48. 吳寄南、陳鴻斌，《中日關係"瓶頸"論》（北京：時事出版社，2004 年），頁 112。

49. 郁志榮，《東海維權》（上海：文匯出版社，2012 年），頁 166；王軍敏，《聚焦釣魚島—釣魚島主權歸屬及爭端解決》（北京：中共中央黨校出版社，2014 年），頁 251；張劍鋒，《波起東海—中日海上島嶼爭端的由來與發展》（北京：海軍出版社，2015 年），頁 153。

50. 張生，《釣魚島問題文獻集》（南京：南京大學出版社，2017 年）。

51. 朱鋒，〈奧巴馬政府『轉身亞洲』戰略與中美關係〉，《現代國際關係》，第 4 期（2012 年），頁 1-7；崔立如等，〈中國邊海問題與中國對外戰略〉，《現代國際關係》，第 8 期（2012 年），頁 7-9；陶文釗，〈如何看待美國的戰略調整？〉，《國際關係學院學報》，第 4 期（2012 年），頁 10-19。

52. 韓旭東、趙大鵬，〈從美日聯盟看釣魚島爭端及我國的對策〉，《亞非縱橫》，第 5 期（2012 年），頁 47-52。

53. 趙景芳，〈美國在釣魚島問題上的策略及中國的應對〉，《戰略決策研究》，第 3 期（2013 年），頁 3-11。

54. 中華民國政府在 2011 年 5 月 27 日發表「中華民國對釣魚臺列嶼主權的立場與主張」，認為 1895 年 4 月馬關條約條約第二條，有關「臺灣全島及所有附屬各島嶼」及澎湖列島（東經 119~120 度；北緯 23~24 度）割讓給日本時，釣魚臺包括在被割讓的臺灣「所有附屬各島嶼」

之內。日本在 1972 年 3 月 8 日，外務省發表「關於尖閣列島所有權問題的基本見解」。日本政府宣稱在 1895 年 1 月內閣會議即已將尖閣群島（釣魚臺）編入沖繩縣。

55. 不過，日本在 1952 年「中華民國與日本國間的和平條約」重申依照「舊金山和約」第 2 條，「放棄對於臺灣及澎湖群島以及南沙群島之一切權利、權利名義與要求」，但沒有提及「所有附屬各島嶼」。中華民國對於琉球群島交由美國託管的《舊金山和約》（San Francisco Peace Treaty）第 3 條規定，亦未提出異議，因此，中國大陸出身的學者鄭海麟解讀這造成一大的失誤（鄭海麟，1998:172-173）。

56. 林正義、陳鴻鈞，〈中美對東海石油勘探與釣魚臺主權的爭議（1969-1972）〉，《國史館館刊》，第 53 期（2017 年 9 月），頁 109-172。「海灣油公司」（Gulf Oil Company）經過多年的勘探、鑽井卻無法進一步產出石油天然氣，「大洋公司」（Oceanic Exploration Company）、「克林敦公司」（Clinton International Corporation）只有勘探而未鑽井，並先後申請暫停履約，使中華民國政府對釣魚臺主權的宣稱，失去一個強而有力的基礎與動力。

57. 龍村倪，《釣魚臺列嶼與東海春曉油田》（香港：大風出版社，2008 年），頁 33。

58. 美國史丹福大學胡佛檔案館，《蔣介石日記》，1970 年 9 月 12 日；1970 年 9 月 14 日。

59. 美國史丹福大學胡佛檔案館，《蔣介石日記》，1970 年 8 月 11 日；1970 年 8 月 14 日。

60. 馬英九，《從新海洋法論釣魚臺列嶼與東海劃界問題》（臺北：正中書局，1986 年），頁 iv；丘宏達，《關於中國領土的國際法問題論集》（臺北：商務印書館，2004 年）。

61. 宋燕輝，《美國國會就東、南海爭端所採立法行動之研究》，載於宋燕輝，《美國與南海爭端》（臺北：元照出版公司，2016 年），頁 175-185。

62. 邵玉銘，《保釣風雲錄》（臺北：聯經出版社，2012 年），頁 58。

63. 劉源俊，〈參加保釣四十年〉，載於劉容生、王智明、陳光興編，《東亞脈絡下的釣魚臺：繼承、轉化、再前進》（新竹：國立清華大學出

版社，2012 年），頁 79-95。

64. 何思慎、王冠雄編，《東海及南海爭端與和平展望》（臺北：遠景基金會，2012 年）。

65. Gideon Rose, "Review: Neoclassical Realism and Theories of Foreign Policy," *World Politics*, Vol. 51, No.1, 1998, p. 154; Norrin M. Ripsman, Jeffrey W. Taliaferro, and Steven E. Lobell, *Neoclassical Realist Theory of International Politics* （Oxford: Oxford University Press, 2016）, pp. 2-7.

66. 有關現實主義的理論探討，請見林碧炤，《國際政治與外交政策》（臺北：五南圖書出版公司，2013 年），頁 44-50。

67. Ripsman, Taliaferro, and Lobell, *Neoclassical Realist Theory of International Politics,* pp. 39-42.

68. *Ibid.,* pp. 64-65.

69. Alastair Iain Johnston, "Thinking about Strategic Culture," *Internaitonal Security*, Vol. 19, No. 4 (Spring 1995), pp. 32-64; Colin S. Gray, "Strategic Culture as Context: The First Generation of Theory Strikes Back," *Review of International Studies*, Vol. 25, No. 1 (January 1999), pp. 49-69.

70. Ripsman, Taliaferro, and Lobell, *Neoclassical Realist Theory of International Politics,* pp.75-77.

第二章

1. Charles A. Kupchan, *No One's World: The West, the Rising Rest, and the Coming Global Turn* (New Yoerk: Oxford University Press, 2012), pp. 75-76; Charles A. Kupchan, *The End of American Era: U.S. Foreign Policy and the Geopolitics of the Twenty-First Century* (New York: Alfred A. Knopf, 2003), p. 159, 275.

2. 第一波是西方的崛起，創造了包括科技、商業、資本主義、農業及工業革命的現代化社會；第二波是 20 世紀美國的崛起，第三波是「世界其他地區的崛起」，請見 Fareed Zakaria, *The Post-American Word* (New York: W.W. Norton, 2012), pp. 1-2.

3. Robert Kagan, *The World America Made* (New York: Aflred A. Knopf, 2012), p. 105.

4. Robert Kagan, "Not Fade Away: The Myth of American Decline," *New Republic*, January 11, 2012, http://www.tnr.com/article/politics/magazine/99521/america-world-power-declinism.

5. Charles A. Kupchan, "The Democratic Malaise: Globalization and the Threat to the West," *Foreign Affairs*, Vol. 91, No. 1 (January /February 2012), p. 63, 67.

6. Evan Braden Montgomery, "Contested Primacy in the Western Pacific: China's Rise and the Future of U.S. Power Projection," *International Security*, Vol. 38, No. 4 (Spring 2014), pp. 118-124; Minxin Pei, "How China and Ameica See Each Other: And Why They Are on A Collision Course," *Foreign Affairs,* Vol. 93, No. 2 (March/April 2014), pp. 143-147.

7. Richard Wike, Bruce Stokes and Jacob Poushter, "Views of China and the Global Balance of Power," http://www.pewglobal.org/2015/06/23/2-views-of-china-and-the-global-balance-of-power/

8. Edward Luce, "The Reality of American Decline," *Financial Times,* February 5, 2012, http://www.ft.com/cms/s/0/8268fb6e-4e65-11e1-aa0b-00144feabdc0.html#axzz3rirzuGxn

9. Arvind Subramanian, "Inevitable Superpower: Why China's Dominance Is a Sure Thing," *Foreign Affairs*, Vol. 90, No. 5 (September/October 2011), pp. 68-69.

10. Savlvatore Babones, "The Middle Kingdom: The Hype and the Reality of China's Rise," *Foreign Affairs*, Vol. 90, No. 5 (September/October 2011), pp. 88.

11. Robert Kagan, *The Return of History and the End of Dreams* (London: Atlantic Books, 2008), pp. 12-36.

12. Secretary of Defense Ashton Carter's Remarks on "Strategic and Operational Innovation at a Time of Transition and Turbulence" at Reagan Defense Forum, November 7, 2015, http://www.defense.gov/News/News-Transcripts/Transcript-View/Article/628147/remarks-on-strategic-and-operational-innovation-at-a-time-of-transition-and-tur 引述原文為"We are also changing fundamentally our operational plans and approaches to deter aggression, fulfill our statutory obligations to Taiwan, defend allies, and prepare for a wider-range of contingencies in the region than we have traditionally."

13. Jane Perlez, "China and Russia, in a Display of Unity, Hold Naval Exercises,"

New York Times, July 11, 2013, p.A8; Jane Perlez, "China and Russia to Hold Mediterranean Exercises," *New York Times*, May 1, 2015, p.A8. Matthew Rosenberg, "Threat of Russian Aggression and Arms Is Singled Out by Joint Chiefs Nomine," *New York Times*, July 10, 2015, p. A17; John J. Mearsheimer, "Getting Ukraine Wrong," *International New York Times*, March 14, 2014; Leslie H. Gelb and Dimitri K. Simes, "Beware Collusion of China, Russia," *National Interest*, Issue 126 (July/August 2013), p. 7; Douglas Schoen and Melik Kaylan, *The Russia-China Axis: The New Cold War and America's Crises of Leadership* (New York: Encounter books, 2014), chapter 1.

14. Zbigniew Brzezinski, "Balancing the East, Upgrading the West," *Foreign Affairs*, January /February 2012.

15. Ken Jimbo, "Japan's Security Strategy toward China: Integration, Balancing, and Deterrence in the Era of Power Shift," October 31, 2011, Tokyo foundation, https://www.tkfd.or.jp/en/research/detail.php?id=5; Ministry of Defense, "Trend in Defense-Related Expenditures Over the Past 15 Years," *Defense of Japan 2015*, Appendix, reference 4; Yoichi Funabashi, "Japan's Gray-Haired Pacifism," *International New York Times*, August 13, 2015

16. "Report of the Advisory Panel on the History of the 20th Century and on Japan's Role and the World Order in the 21st Century," August 6, 2015, http://www.kantei.go.jp/jp/singi/21c_koso/pdf/report_en.pdf

17. 訪談青山學院大學 K 教授，2015 年 7 月 24 日，地點：青山學院大學。

18. Odd Arne Westad, "The Sources of Chinese Conduct: Are Washington and Beijing Fighting a New Cold War?" *Foreign Affairs,* Vol. 98, Issue 5 (September/ October 2019), pp.86-95; Graham Allison, "The New Spheres of Influence: Sharing the Globe With Other Great Powers," *Foreign Affairs*, Vol. 99 Issue 2 (Mar/Apr2020), pp. 30-40.

19. Julian Gewirtz, "China Thinks America Is Losing: Washington Must Show Beijing It's Wrong," *Foreign Affairs*, Vol. 99, No. 6 (November/December 2020), pp. 62-72.

20. Ryan Hass, *Stronger: Adapting, America's China Strategy In An Age Of Competitive Interdependence* (New Haven: Yale University Press, 2021), pp. 15-16, 20-22.

21. White House, *U.S. National Security Strategy,* December 2017, p. 25; Department of Defense, *U.S. National Defense Strategy*, January 2018, p.1, 5.

22. Department of Defense, Nuclear Posture Review, February 2018, p. 7, https://media.defense.gov/2018/Feb/02/2001872886/-1/-1/1/2018-NUCLEAR-POSTURE-REVIEW-FINAL-REPORT.PDF

23. Kurt M. Campbell and Rush Doshi, "The China Challenge Can Help America Avert Decline," *Foreign Affairs*, December 3, 2020, https://www.foreignaffairs.com/articles/china/2020-12-03/china-challenge-can-help-america-avert-decline; Rush Doshi, *The Long Game: China's Grand Strategy to Displace American Order* (New York: Oxford University Press, 2021), pp. 298-299, 318-324.

24. *Ibid.*, pp. 64-76.

25. Kurt M. Campbell and Ely Ratner, "The China Reckoning," *Foreign Affairs,* Vol. 97, Issue 2 (March/April 2018), pp. 60-70.

26. Ely Ratner, "There Is no Grand Bargain with China," *Foreign Affairs,* November 27, 2018, https://www.foreignaffairs.com/articles/china/2018-11-27/there-no-grand-bargain-china

27. Kurt M. Campbell and Jake Sullivan, "Competition Without Catastrophe: How America Can Both Challenge and Coexist With China," *Foreign Affairs*, Vol. 98, Issue 5 (Sep/Oct 2019): 96-110.

28. Kurt Campbell and Rush Doshi, "The Coronavirus Could Reshape the Global Order," *Foreign Affairs,* March 18, 2020. https://www.foreignaffairs.com/articles/china/2020-03-18/coronavirus-could-reshape-global-order

29. Rush Doshi, *The Long Game: China's Grand Strategy to Displace American Order* (New York: Oxford University Press, 2021), pp. 298-299.

30. *Ibid.,* pp. 318-324.

31. Kurt M. Campbell and Mira Rapp-Hooper, "China Is Done Biding Its Time: The End of Beijing's Foreign Policy Restraint?" *Foreign Affairs,* July 15, 2020, https://www.foreignaffairs.com/articles/china/2020-07-15/china-done-biding-its-time

32. *Interim National Security Strategic Guidance* (Washington, DC: White House, 2021), p. 8.

33. 王緝思，〈努力消解國際社會對中國和平發展道路的疑慮〉，《當代世界》，2011 年 10 月，頁 1；王緝思等，〈未來十年的中國與美國〉，《國際經濟評論》，2011 年第 3 期，頁 21。

34. 阮宗澤等，《權力盛宴的黃昏》，頁 303-344。習近平在 2013 年正式提出「戰略西進」，先是在哈薩克提出陸上絲路，再來是在印尼提出海上絲路，形成中國對外的絲綢「一帶一路」倡議，輔以「亞洲基礎設施投資銀行」（亞投行）的開發資金募集。2013 年 10 月，習近平在中國周邊外交工作座談會強調，「要著力加強對周邊國家的宣傳工作、公共外交、民間外交、人文交流，廣交朋友，廣結善緣，把中國夢同周邊各國人民過上美好生活的願望、同地區發展前景對接起來，讓命運共同體意識在周邊國家落地生根」。2014 年 11 月，習近平在中國「中央外事工作會議」上指出「要切實運籌好大國關係，構建健康穩定的大國關係框架，擴大同發展中大國的合作」。

35. "Views from China's Vice President," *Washington Post,* February 2012, https://www.washingtonpost.com/world/asia_pacific/views-from-chinas-vice-president/2012/02/08/gIQATMyj9Q_story.html

36. "GDP, PPP (current international $)," World Bank, https://data.worldbank.org/indicator/NY.GDP.MKTP.PP.CD?end=2020&start=1990&view=chart&year_high_desc=true

37. Peter Roberson, "Debating Defence Budgets: Why Military Purchasing Power Parity Matters," The Centre for Economic Policy Research, October 9, 2021, https://voxeu.org/article/why-military-purchasing-power-parity-matters

38. Bergsten, *The United States vs. China,* pp. 88-89.

39. Ronald L. Tammen, Jacek Kugler, Douglas Lemke, Allan C. Stam III, Mark Abdollahian, Carole Alsharabati, Brian Efird and A.F.K. Organski, *Power Transitions: Strategies for the 21st Century* (New York: Chatham house Publishers, 2000), pp. 21, 167-176; Sabastian Rosato, "The Inscrutable Intentions of Great Politics," *International Security,* Vol. 39, No. 3 (Winter 2014/15), p. 48, 88.

40. Christensen, *The China Challenge,* p. 112.

41. 朱瑞卿、宋盈、劉健，〈煽動、栽贓、抹黑—起抵美國捏造事實打擊對手十大案例〉，《新華社》，2021 年 10 月 13 日。〈以亂治亂，拜登

政府依然亂麻一團〉，《中央廣播電視總臺央視新聞》，2021 年 10 月 3 日，https://news.cctv.com/2021/10/03/ARTIXuJ31IvmcwGviD1c60AU211003.shtml

42. 滕建群，〈拜登政府對華戰略競爭的前景分析〉，《當代世界》，2021 年第 7 期。

43. 〈中國常駐聯合國副代表：基於規則的國際秩序是對法治精神的違背〉，《新華社》，2021 年 10 月 12 日。

44. 鐘聲，〈澳核問題將打開潘多拉魔盒〉，《人民日報》，2021 年 10 月 3 日，版 3。

45. 社評，〈澳大利亞既然要出這個風頭 那麼就請他們多做最壞準備吧〉，《環球時報》，2021 年 9 月 16 日。

46. 〈習近平同美國總統拜登舉行視頻會晤〉，中國外交部，2021 年 11 月 16 日。

47. 朱鋒，〈對華戰略競爭已適得其反〉，《環球時報》，2021 年 9 月 24 日。

48. 〈王毅：中美關係的未來關鍵在於美國能否接受中國和平崛起，是否承認中國人民有追求更美好生活的權利〉，《中國外交部》，2021 年 4 月 24 日，https://www.fmprc.gov.cn/web/ziliao_674904/zt_674979/dnzt_674981/qtzt/kjgzbdfyyq_699171/t1871220.shtml

49. Christian Shepherd and Lyric Li,"Are Biden and Xi forging a Tentative U.S.-China Détente? It's Complicated," *Washington Post,* October 7, 2021; 阮宗澤，〈中國平視外交令美國碰壁〉，《環球時報》，2021 年 9 月 30 日；宋珂嘉，〈孟晚舟回國解決了中美之間重要爭端？專家解讀〉，《鳳凰網》，2021 年 9 月 27 日，https://news.ifeng.com/c/89r3AoAJwq5

50. 傅小強，〈中美需在阿富汗問題上相向而行〉，《中美聚焦網》，2021 年 8 月 23 日，https://zh.chinausfocus.com/m/42382.htm/

51. Robert W. Merry, "The Psychilogy of Barack Obama," *National Interest,* November 6, 2014, https://nationalinterest.org/commentary/the-psychology-barack-obama-9244; John Dean, "Active/Negative Trump Is Doomed to Follow Nixon," *Newsweek,* May 29, 2017, https://www.newsweek.com/activenegative-trump-doomed-follow-nixon-616641

52. Anne Marie Griebie and Aubrey Immelman, "The Political Personality of 2020

Democratic Presidential Nominee Joe Biden," College of Saint Benedict and Saint John's University, July 2020. https://digitalcommons.csbsju.edu/cgi/viewcontent.cgi?article=1123&context=psychology_pubs

53. 請參閱 Stephen M. Walt, "Obama Was Not a Realist President," *Foreign Policy,* April 7, 2016, https://foreignpolicy.com/2016/04/07/obama-was-not-a-realist-president-jeffrey-goldberg-atlantic-obama-doctrine/; Gideon Rose, "What Obama Gets Right: Keep Calm and Carry the Liberal Order On," *Foreign Affairs,* Vol. 94, No. 5 (September/October 2015), pp. 6-10; Josef Joffe, "Obama Is Not a Realist," *The Atlantic,* March 11, 2016, https://www.theatlantic.com/international/archive/2016/03/obama-doctrine-goldberg-realist-isolationist/473205/; 歐巴馬總統推動簽署《巴黎協定》、《跨太平洋夥伴關係協定》，代表美國首次出席第六屆東亞高峰會等，可推論他是「自由機制主義」的奉行者。

54. Gideon Rose, "What Obama Gets Right: Keep Calm and Carry the Liberal Order On," *Foreign Affairs*, Vol. 94, No. 5, 2015, pp. 6-10; Barack Obama, *A Promised Land* (New York: Crown, 2020), pp. 310-311, 513-515.

55. Obama, *A Promised Land,* pp. 315-323.

56. *Ibid.,* pp. 654-655.

57. Kevin Rudd, *The PM Years* (Sydney, NSW: Pan Macmillan Australia, 2018); Peter Hartcher, "Biden's Afghanistan Botch-up Will Invite Beijing to Try Its Luck," *Sydney Morning Herald*, August 24, 2021. 澳洲總理陸克文（Kevin Rudd）回憶兩度接到歐巴馬電話，加拿大總理哈伯（Stephen Harper）也接到電話，要他們呼籲請求美國強力因應化武攻擊事件，但後來卻無下文，讓他們懸在半空中。

58. Thom Shanker, "Hagel Gives Dire Assessment of Choices He Expects Cuts to Force on the Pentagon," *New York Times*, July 31, 2013, <https://www.nytimes.com/2013/08/01/us/politics/hagel-sees-2-paths-for-cuts-paring-militarys-size-or-capability.html>（檢索日期：2021 年 12 月 1 日）

59. U.S. Congress, *Hearing, National Defense Authorization Act for Fiscal Year 2014 and Oversight of Previously Authorized Programs before the Committee on Armed Forces*, House of Representatives, 113th Congress, 1st Session, Full Committee Hearing on the Posture of the U.S. Strategic Command and U.S. Pacific

Command Hearing Held, March 5, 2013, (Washington, DC: U.S. Government Printing Office, 2013), pp. 5-11.

60. Obama, *A Promised Land*, pp. 475-476; Jeffrey Goldberg, "Why Obama Fears for Our Democracy?" *Atlantic*, November 16, 2020, <https://www.theatlantic.com/ideas/ archive/2020/11/why-obama-fears-for-our-democracy/617087/>（檢索日期：2021 年 12 月 1 日）

61. *National Security Strategy* (Washington, DC: The White House, 2015), p. 24.

62. Kurt Campbell, *The Pivot: The Future of American Statecraft in Asia* (New York: Hachette Book Group, 2016), pp. 147-151.

63. "U.S.-China Joint Statement," November17, 2009, https://obamawhitehouse.archives.gov/ realitycheck/the-press-office/us-china-joint-statement

64. James Steinberg and Michael E. O'Hanlon, *Strategic Reassurance and Resolve: U.S.-China Relations in the Twenty-First Century* (Princeton: Princeton University Press, 2014), pp. 203-208; Thomas J. Christensen, *The China Challenge: Shaping the Choices of a Rising Power* (New York: W.W. Norton & Company, 2015), p. 252.

65. "President Obama's Asia Policy and Upcoming Trip to the Region," *CSIS*, November 15, 2012. <http://csis.org/files/attachments/121511_Donilon_Statesmens_Forum_TS.pdf>（檢索日期：2021 年 12 月 1 日）

66. "Complete Transcript: Thomas Donilon at Asia Society New York," *Asia Society*, March 11, 2013, <http://asiasociety.org/new-york/complete-transcript-thomas-donilon-asia-society-new-york>（檢索日期：2021 年 12 月 1 日）

67. Johnathan Swan, "Trump 101: His On-the-Edge Management Style," *Axios*, April 20, 2017, https://www.axios.com/trump-101-his-on-the-edge-management-style-1513301558-89ed32f0-f2bd-468f-8b5d-0e00550d987a.html

68. Bob Woodward, *Rage* (New York: Simon& Schuster, 2020), pp.386-392. 一對一訪談共 541 分鐘。

69. Bob Woodward and Robert Costa, *Peril* （New York: Simon& Schuster, 2021）, pp.6-10.

70. Barry Posen, "The Rise of Illiberal Hegemony," *Foreign Affairs,* Vol. 97, Issue 2 (March/April 2018), pp. 20-27.

71. Joseph R. Biden, "Why America Must Lead Again: Rescuing U.S. Foreign Policy After Trump," *Foreign Affairs*, Vol. 99, Issue 2 (Mar/Apr 2020), pp. 64-68,70-76.

72. Graham Allison, *Destined for War: Can America and China Escape Thucydides's Trap?* (Boston: Houghton Miffin Harcourt, 2017), pp. 116-118.

73. 委員包括：王岐山（國家副主席）、楊潔篪（中央政治局委員）、王毅（國務委員兼外交部部長）、宋濤（中央對外聯絡部部長）、黃坤明（中央政治局委員、中央宣傳部部長）、魏鳳和（中央軍委委員、國務委員兼國防部部長）、趙克志（國務委員兼公安部部長）、陳文清（國家安全部部長）、鐘山（商務部部長）、劉結一（國務院臺灣事務辦公室主任）、張曉明（國務院港澳事務辦公室主任）、徐麟（國務院新聞辦公室主任）、許又聲（國務院僑務辦公室主任）。辦公室主任由楊潔篪（兼）擔任；副主任為樂玉成（外交部常務副部長）。

74. 一、堅持以維護黨中央權威為統領，加強黨對對外工作的集中統一領導；二、堅持以實現中華民族偉大復興為使命，推進中國特色大國外交；三、堅持以維護世界和平、促進共同發展為宗旨推動構建人類命運共同體；四、堅持以中國特色社會主義為根本增強戰略自信；五、堅持以共商共建共用為原則推動「一帶一路」建設；六、堅持以相互尊重、合作共贏為基礎走和平發展道路；七、堅持以深化外交佈局為依託，打造全球夥伴關係。八、堅持以公平正義為理念，引領全球治理體系改革；九、堅持以國家核心利益為底線，維護國家主權、安全、發展利益；十、堅持以對外工作優良傳統和時代特徵相結合為方向，塑造中國外交獨特風範。

75. 中央宣傳部，《習近平外交思想學習綱要》，（北京：人民出版社，2021 年），頁 125。

76. 2015 年《國防授權法》文本請見 https://www.congress.gov/113/plaws/publ291/PLAW-113publ291.pdf

77. *China's Maritime Disputes in the East and South China Seas*, Hearing before the U.S.-China Economic and Security Review Commission, 103th Congress, 1st Session, April 4, 2013

78. *2012 Report to Congress of the U.S.-China Economic and Security Commission*, 112th Congress, 2nd Session, November 2012 (Washington, DC: government Printing Office, 2012), p. 239.

79. *Ibid.*, p. 274.

80. 原文為 "China also lays claim to the Senkaku Islands, Spratly Islands and Paracel Islands. Despite Japan's control over the Senkaku Islands since the end of World War II—and the recognition by others, including the United States, of Japan's sovereignty over these islands—China still claims publicly its sovereignty over the Senkakus. Furthermore, the Chinese Communist Party has never officially recognized Japan's sovereignty over the Ryukyu Islands, which includes Okinawa." 請見 U.S. Congress, *Maritime Disputes and Sovereignty Issues in East Asia*, Hearing before the Subcommittee on East Asian and Pacific Affairs of the Committee on Foreign Relations, Senate, 111th Congress, 1st Session, July 15, 2009 (Washington, DC: Government Printing Office, 2009).

81. Ben Dolven, Shirley A. Kan, Mark E. Manyin, *Maritime Territorial Disputes in East Asia: Issues for Congress*, Congressional Research Service, January 30, 2013, p. 27.

82. Ronald O'Rourke, *Maritime Territorial and Exclusive Economic Zone (EEZ) Disputes Involving China: Issues for Congress*, Congressional Research Service, December 24, 2014, pp. 99-103.

83. *Ibid.*, pp. 92-99.

84. Dolven, Kan, Manyin, *Maritime Territorial Disputes in East Asia*, p. 28.

85. O'Rourke, *Maritime Territorial and Exclusive Economic Zone (EEZ) Disputes Involving China*, p. 71.

86. U.S. Congress, *Beijing as an Emerging Power in the South China Sea*, Hearing before the Committee on Foreign Affairs, House of Representatives, 112th Congress, 2nd Session, September 12, 2012, http://archives.republicans.foreignaffairs.house.gov/hearings/view/?1467.

87. U.S. Congress, *America's Future in Asia: From Rebalancing to Managing Sovereignty Dispute*, Hearing before the Subcommittee on Asia and the Pacific of the Committee on Foreign Affairs, House of Representatives, 103rd Congress, 2nd Session, February 5, 2014 (Washington, DC: Government Printing Office, 2014), p. 2, 4.

88. Andrea Shalal, "McCain Blasts Lack of U.S. Patrols in South China Sea,"

Reuters, January 5, 2016, https://www.reuters.com/article/us-southchinasea-usa-mccain-idUSKBN0UI1Z320160104

89. 宋燕輝，《美國與南海爭端》，頁 206, 212。

90. 《2018 年亞洲再保證倡議法》文本參見 https://www.congress.gov/115/plaws/publ409/PLAW-115publ409.pdf

91. 2019 年《國防授權法》文本請見 https://www.congress.gov/115/bills/hr5515/BILLS-115hr5515enr.pdf

92. Jim Inhofe and Jack Reed, "The Pacific Deterrence Initiative: Peace through Strength in the Indo-Pacific," War on the Rocks, May 28, 2020, https://warontherocks.com/2020/05/the-pacific-deterrence-initiative-peace-through-strength-in-the-indo-pacific/

93. "S.1657 - South China Sea and East China Sea Sanctions Act of 2021," https://www.congress.gov/bill/117th-congress/senate-bill/1657

第三章

1. Sam Bateman and Ralf Emmers (eds.), *Security and International Politics in the South China Sea: Toward a Cooperative Management Regime* (London: Routledge, 2009)；此前討論南沙衝突熱點的書亦不見美國的角色，請見 Lu Ning, *Flashpoint Spratly* (Singapore: Dolphin Books, 1995); Lim Joo-Jock, *Geo-Strategy and the South China Sea Basin* (Singapore: Singapore Univeristy Press, 1979).

2. 李敦謙，〈進駐南沙群島記實〉，《中外雜誌》，卷 64 期 6（1998 年 12 月），頁 25-30。

3. 蔣介石曾否決外交部長葉公超、內政部長余井塘建議先由菲律賓「派兵接防南沙群島」，代管直至國府重新回防，請見「密（南沙撤守後的問題處理意見）」，1950 年 5 月 20 日，請見俞寬賜、陳鴻瑜編，《外交部南海諸島檔案彙編》（臺北：外交部研究設計委員會，1995 年），頁 805-806。

4. 蔣介石總統因南沙珊瑚小島成群，暗礁甚多，航行甚難，同意國防部長俞大維建議，「先派艦巡視後，再定方針」，請見《蔣介石日記》，1956 年 5 月 31 日；1956 年 6 月 8 日。黎蝸藤，《從地圖開疆到人工

造島─南海百年紛爭史》，頁 202-206。

5. 〈外交部長葉公超邀約美駐華大使藍欽來部晤談之節要記錄〉，1956
年 6 月 5 日，請見俞寬賜、陳鴻瑜編，《外交部南海諸島檔案彙編》，
頁 860。

6. 〈美駐菲代辦稱美未承認任一國對南沙群島之主權〉，1956 年 6 月 1
日，俞寬賜、陳鴻瑜編，《外交部南海諸島檔案彙編》，頁 986。

7. 〈南沙群島〉，《外交部檔案》，檔號 019.3/0008，1956/8~1958/1。

8. 〈為呈報東南沙島增設高空風觀測籌辦情形，恭請鑒核由〉，1958 年
5 月 24 日；〈關於越南抗議我南沙開發計劃事〉，1959 年 10 月 6 日，
請見俞寬賜、陳鴻瑜編，《外交部南海諸島檔案彙編》，頁 1149、
1229。

9. 〈南海史料原件彙編〉，《國軍檔案》，總統府秘書長張群分別於
1960 年 3 月 15 日、12 月 24 日針對太平島、東沙島設置機場呈轉蔣總
統。

10. "Message from the Government of the United States to the Government of the
People's Republic of China," Washington, undated. *China, 1969-1972*, Vol. 17,
Foreign Relations of the United States, 1969-1976 (Washington, DC: Government
Printing Office, 2007), p. 873. 南越佔有西沙群島永樂環礁的珊瑚島，請
見 Clarence J. Bouchat, *The Paracel Islands and U.S. Interests and Approaches
in the South China Sea* (Carlisle Barracks, PA: United States Army War College
Press, 2014), p. 15.

11. Marwyn S. Samuels, *Contest for the South China Sea* (New York: Methuen,
1982), p. 111；Lu Ning, *Flashpoint Spratlys,* pp.74-86; 陳鴻瑜，《南海諸島
之發現、開發與國際衝突》（臺北：國立編譯館，1997 年），頁 175。.

12. "Memorandum of Conversation," January 23, 1974, *China, 1973-1976*, Vol. 18,
Foreign Relations of the United States, 1969-1976 (Washington, DC: Government
Printing Office, 2007), p. 452.

13. "Secretary Staff's Meeting, January 31, 1974," *Digital National Security Archive*,
p. 9.

14. "Capability Studies of the People's Republic of China Naval Forces," Prepared
by Navy Field Operational Intelligence Office, Naval Intelligence Command,

April 16, 1975, *Digital National Security Archive.*

15. Nicholas D. Kristof, "An Asian Mini-Tempest Over Mini-Island Group," *New York Times*, September 16, 1996; Nicholas D. Kristof, "Would You Fight for These Islands?," *New York Times*, October 20, 1996, on Page 4004003.

16. 〈南海史料原件彙編〉,《國軍檔案》,總統府第二局收文 1176 號,1965 年 10 月 2 日。

17. "PRC Military Options in the East and South China Seas," Interagency Intelligence Memorandum, December 1975, *Digital National Security Archive.*

18. Steven Grove, "Accession to the U.N. Convention on the Law of the Sea Is Unnecessary to Secure U.S. Navigational Rights and Freedoms," *Backgrounder,* Heritage Foundation, No. 2599 (August 24, 2011), p. 6.

19. "Rights and Freedoms in International Waters,"*Department of State Bulletin* (May 1986), p. 79.

20. "China-Vietnam: Territorial and Jurisdictional Disputes," An Intelligence Assessment, Central Intelligence Agency, April 1979, *Digital National Security Archive.*

21. 劉鋒,《南海開發與安全戰略》(海口:學習出版社與海南出版社,2013 年),頁 138。該次海戰請見 Lu Ning, *Flashpoint Spratlys*, pp. 87-93.

22. 陳鴻瑜,《南海諸島之發現、開發與國際衝突》,頁 203。

23. Kerry Dumbaugh, David Ackerman, Richard Cronin, Shirley Kan, and Larry Niksch, *China's Maritime Territorial Claims: Implications for U.S. Interests*, Congressional Research Service, November 12, 2001, p. 14; 原 文 請 見 U.S. Department of State Daily Press Briefing, May 10, 1995, http://dosfan.lib.uic.edu/ERC/briefing/daily_briefings/1995/9505/950510db.html. 陳鴻瑜,《南海諸島之發現、開發與國際衝突》,頁 243。

24. Dumbaugh, Ackerman, Cronin, Kan, and Niksch, *China's Maritime Territorial Claims: Implications for U.S. Interests*, p. 15.

25. *Ibid.*, p. 16.

26. George W. Bush, *Decision Points* (New York: Crown Publishers, 2010), p. 426.

27. "Remarks by National Security Advisor Tom Donilon -- As Prepared for

Delivery," White house, November 15, 2012, http://www.whitehouse.gov/the-press-office/2012/11/15/remarks-national-security-advisor-tom-donilon-prepared-delivery. 有關歐巴馬在南海政策的立場，請見宋燕輝，《美國與南海爭端》，頁 75-117。

28. Daniel R. Russel, Assistant Secretary-Designate, Bureau of East Asian and Pacific Affairs Before the Senate Foreign Relations Committee, June 20, 2013, http://www.foreign.senate.gov/imo/media/doc/Russel_Testimony.pdf; 請亦見 Jeffrey A. Bader, *Obama and China's Rise* (Washington, DC: Brookings Institution Press, 2012), p. 103.

29. U.S. Department of Defense, Sustaining U.S. Global Leadership: Priorities for 21st Century Defense, January 2012, p. 7; "Statement on Strategic Choices and Management Review," Secretary of Defense Chuck Hagel, July 31, 2013, http://www.defense.gov/speeches/speech.aspx?speechid=1798. 2013 年 3-9 月，歐巴馬政府迫於「自動減支」（sequestration），國防部進行「戰略選擇與管理評估」（Strategic Choices and Management Review），決定降低兵力規模。

30. "International Institute for Strategic Studies (Shangri-La Dialogue)," Secretary of Defense Chuck Hagel, June 1, 2013, http://www.defense.gov/speeches/speech.aspx?speechid=1785

31. *Quadrennial Defense Review 2014*（Washington: Department of Defense, 2014), pp. 6, 36.

32. "America's Future in Asia," Remarks As Prepared for Delivery by National Security Advisor Susan E. Rice, November 20, 2013, http://www.whitehouse.gov/the-press-office/2013/11/21/remarks-prepared-delivery-national-security-advisor-susan-e-rice. 此一演講旨在消弭盟邦及對手國，對歐巴馬取消出席「亞太經合會」（APEC）與「東亞高峰會」（East Asia Summit）的質疑。

33. 有關本案的說明，見黎蝸藤，《從地圖開疆到人工造島—南海百年紛爭史》（臺北：五南圖書出版公司，2017 年），頁 490-502。

34. Ronald O'Rourke, *China Naval Modernization: Implications for U.S. Navy Capabilities— Background and Issues for Congress*, Congressional Research Service, August 26, 2010, p. 11；Jonathan G. Odom, "The True "Lies" of the Impeccable Incident: What Really Happened, Who Disregarded International

Law, and why Every Nations (Outside of China) Should be Concerned," *Michigan State Journal of International Law*, Vol. 18, No. 3 (2010), pp. 1-42; "China Seeks Reduction in Surveillance Ship Activitiy for Sucessful Summit," *wikileaks*, March 25, 2009, https://wikileaks.org/plusd/cables/09BEIJING781_a.html; 鄭雷，〈論中國對專屬經濟區內他國軍事活動的法律立場—以『無暇號』事件為視角〉，《法學家》（北京），2011 年第 1 期，頁 144。

35. U.S. Congress, *Maritime Disputes and Sovereignty Issues in East Asia*, Hearing before the Subcommittee on East Asian and Pacific Affairs of the Committee on Foreign Relations, Senate, 111th Congress, 1st Session, July 15, 2009 （Washington, DC: Government Printing Office, 2009), p. 6. 中方反對美國「艾克森公司」（Exxon Mobil Corp.）與其他南沙島礁聲索方的勘探合作。

36. *Ibid.*, p. 11.

37. Bader, *Obama and China's Rise*, pp. 104-105.

38. 原文為："Legitimate claims to maritime space in the South China Sea should be derived solely from legitimate claims to land features." 請見 John Pomfret, "Beijing Claims 'Indisputable Sovereignty' over South China Sea," *Washington Post*, July 31, 2010; John Pomfret, "US Takes a Tougher Tone with China," *Washington Post,* July 30, 2010；Hillary Rodham Clinton, *Hard Choices* (New York: Simon & Schuster, 2014), p. 79..

39. "Joint Statement of the 2ND U.S.- ASEAN Leaders Meeting," White House, September 24, 2010, http://www.whitehouse.gov/the-press-office/2010/09/24/joint-statement-2nd-us-asean-leaders-meeting.

40. Hillary Rodham Clinton, "America's Pacific Century," *Foreign Policy*, Issue 189 (November 2011), pp. 56-63.

41. Edward Wong, "China Hedges Over Whether South China Sea Is a 'Core Interest' Worth War," *New York Times*, March 31, 2011, p.A12.

42. "The South China Sea," Press Statement of Hillary Rodham Clinton, July 22, 2011, http://www.state.gov/secretary/rm/2011/07/168989.htm.

43. "Presentation of the Order of Lakandula, Signing of the Partnership for Growth and Joint Press Availability with Philippines Foreign Secretary Albert Del

Rosario," November 16, 2011, http://www.state.gov/secretary/rm/2011/11/177234. htm; 希拉蕊本人在 2012 年 4 月，美菲外長與國防部長「2+2」會議記者會，不使用西菲律賓海」而是使用「南中國海」，請見 "Remarks With Secretary of Defense Leon Panetta, Philippines Foreign Secretary Albert del Rosario, and Philippines Defense Secretary Voltaire Gazmin After Their Meeting," April 30, 2012, http://www.state.gov/secretary/rm/2012/04/188982.htm

44. Clinton, *Hard Choices*, pp. 113-114.

45. "Joint Statement of the 4th ASEAN-U.S. Leaders' Meeting," Phnom Penh, Cambodia, 19 November 2012, http://iipdigital.usembassy.gov/st/english/texttra ns/2012/11/20121120138917.html# axzz2iz3Zaw9V.

46. "U.S.-ASEAN Engagement," Fact Sheet, Office of the Spokesperson, Department of State, October 9, 2013, http://www.state.gov/r/pa/prs/ps/2013/10/215228.htm.

47. 中菲黃岩島衝突，起因是菲律賓海軍軍艦德爾畢拉爾號（PF 15 BRP Gregorio del Pilar）準備在該海域扣押中國漁船與漁民之際，遭及時趕到的國家海洋局海監 75 與海監 84 予以阻止。隨後中菲兩國在黃岩島、國內民意、國際輿論上，展開長時間的對峙。

48. 2012 年 7 月，東協外長達成「東協關於解決南海問題六項原則」，包括：全面落實「南海各方行為宣言」；落實「南海各方行為宣言」後續指針；儘快就「南海地區行為準則」達成一致；全面尊重包括《聯合國海洋法公約》在內的、被國際社會廣泛認可的國際法原則；各方繼續保持克制，不使用武力；各方要依據《聯合國海洋法公約》在內的、被國際社會廣泛認可的國際法，和平解決有關爭議。

49. "South China Sea," Press Statement by Patrick Ventrell, Acting Deputy Spokesperson, Department of State, August 3, 2012, http://www.state.gov/r/pa/ prs/ps/2012/08/196022.htm.

50. "Keynote Address by H.E. Mr. Shinzo Abe, Prime Minister of Japan at the 13th IISS Asian Security Summit "Shangri-La Dialogue," May 30, 2014, http://www. mofa.go.jp/fp/nsp/page4e_000086.html; Michael Auslin, "Japan Steps Up as Regional Counterweight," *Wall Street Journal*, June 6-8, 2014, p. 9. 日本防衛器材如救難、交通、預警、監測、掃雷等，在未來有輸出的可能。安倍亦闡釋集體防衛權的必要性及「新日本人」的概念，說明日本可以積極對亞洲和平做出貢獻。

51. Tim Kelly and Nobuhiro Kubo, "U.S. Would Welcome Japan Air Patrols in South China Sea," *Reuters*, January 30, 2015, http://www.reuters.com/article/2015/01/30/us-japan-southchinasea-idUSKBN0L20HV20150130

52. Manuel Mogato, "Eyeing China, Philippines Gains U.S. Ship in Military Upgrade," *Reuters,* August 6, 2013, http://www.reuters.com/article/2013/08/06/us-philippines-military-idUSBRE97506920130806; White House, "FACT SHEET: United States-Philippines Bilateral Relations," April 28, 2014, http://www.whitehouse.gov/the-press-office/2014/04/28/fact-sheet-united-states-philippines-bilateral-relations

53. Mark Landler, "U.S. and Philippines Agree to a 10-Year Pact on the Use of Military Bases," *New York Times,* April 28, 2014, p. A6; Floyd Whaley, "U.S.-Philippine War Games Start Amid China Standoff," *New York Times,* April 17, 2012, p. A8.

54. Marie Harf, "Philippines: South China Sea Arbitration Case Filing," Press Statement, Office of the Spokesperson, Washington, DC, March 30, 2014; "Remarks by President Obama and President Benigno Aquino III of the Philippines in Joint Press Conference," April 28, 2014, http://www.whitehouse.gov/the-press-office/2014/04/28/remarks-president-obama-and-president-benigno-aquino-iii-philippines-joi

55. 菲律賓的主要論點是：九段線不符合《聯合國海洋法公約》的規定，沿海國家只能有 12 海里的領海，以及 200 海里的專屬經濟區。黃岩島只是個淺灘，根據《聯合國海洋法公約》第 121 條第 3 項規定，只有 12 海里的領海權利，而非 200 海里的大陸棚或專屬經濟區。中國大陸占領南沙群島其中的 8 座島嶼，其中 5 座島嶼是暗礁或低潮高地，3 座島嶼只是「岩石」，只能有 12 海里的領海權利。國際仲裁法庭主席為 Judge Thoma A. Mensah （加納），其餘成員有 Judge Jean-Pierre Cot（法國）、Judge Stanislaw Pawlak（波蘭）、Professor Alfred Soons（荷蘭）、Judge Rüdiger Wolfrum（德國）；支持菲律賓尋求國際仲裁包括美國、日本、歐洲議會等。Editorial, "Risky Games in the South China Sea," *New York Times*, April 2, 2014; Andrew Browne, "Q&A: Taking China to Court over the South China Sea," *Wall Street Journal*, October 15, 2013, http://blogs.wsj.com/searealtime/2013/10/15/qa-the-philippines-vs-china-in-south-

china-sea-claims/.

56. Gerry Mullany and David Barbozav, "Vietnam Squares Off With China in Disputed Seas," *New York Times*, May 8, 2014, p. A5.

57. Jane Perlez, "In China's Shadow, U.S. Courts Old Foe Vietnam," *New York Times*, August 17, 2014, p. A4; Editorial, "A Deepening Partnership With Vietnam," *New York Times*, October 25, 2014, p. A20.

58. 宋燕輝，《美國與南海爭端》，頁 280-301。

59. 美國參議院外交委員會在 2003 年 10 月由參議員魯嘉（Richard Lugar；共和黨，印第安那州）主持兩次聽證會，並於 2004 年 2 月 25 日，全數通過批准《聯合國海洋法公約》的決議案，但隨後因為多數黨領袖佛瑞斯特（Bill Frist；共和黨，田納西州）不願送交全院表決而未有結果。2007 年 9-10 月，參議員拜登（Joseph Biden；民主黨，德拉瓦州）、孟南德茲（Bob Menendez；民主黨，新澤西州）先後舉行聽證會討論加入此一公約的利弊，並以 17:4 通過送交全院表決，但因多數黨領袖瑞德（Harry Reid；民主黨，內華達州）不願送交表決，也同樣沒有結果。

60. 三人的證詞請見 U.S. Congress, *The Law of the Sea Convention：The U.S. National Security and Strategic Imperatives for Ratification,* Hearing, Committee on Foreign Relations, Senate, May 23, 2012, http://www.foreign.senate.gov/hearings/the-law-of-the-sea-convention-treaty-doc-103-39-the-us-national-security-and-strategic-imperatives-for-ratification.

61. 2012 年 6 月 14 日，洛克里爾將軍在參議院證詞，請見 http://www.foreign.senate.gov/imo/media/doc/Admiral_Samuel_Locklear_III_Testimony.pdf.

62. 2012 年 6 月 14 日，前國防部長倫斯斐在參議院證詞，請見 http://www.foreign.senate.gov/imo/media/doc/Rumsfeld_Testimony.pdf.

63. Editorial, "Law of the Sea Treaty as a Peace Tool for US," *Christian Science Monitor*, May 9, 2012; Editorial, "Once More on the Law of the Sea," *New York Times*, May 25, 2012, p. A30; Mark Landler, "Law of the Sea Treaty Is Found on Capitol Hill, Again," *New York Times*, May 24, 2012, p. A15.

64. Daniel R. Russel, "Maritime Disputes in East Asia," Testimony Before the House Committee on Foreign Affairs Subcommittee on Asia and the Pacific, Washington,

DC, February 5, 2014, http://www.state.gov/p/eap/rls/rm/2014/02/221293.htm

65. "Remarks by the President at the United States Military Academy Commencement Ceremony," May 28, 2014, http://www.whitehouse.gov/the-press-office/2014/05/28/remarks-president-united-states-military-academy-commencement-ceremony

66. "China: Maritime Claims in the South China Sea," *Limits in the Seas*, No. 143, December 5, 2014, Office of Ocean and Polar Affairs, Bureau of Oceans and International Environmental and Scientific Affairs, U.S. Department of State, p.23.

67. Michael Fuchs, "Fourth Annual South China Sea Conference," Remarks Delivered at Center for Strategic and International Studies, Washington, DC, July 11, 2014, http://www.state.gov/p/eap/rls/rm/2014/07/229129.htm

68. Michael R. Gordon, "Kerry Urges Myanmar to Stay on Path to Democracy, Despite Stumbles," *New York Times*, August 11, 2014, p. A8.

69. Niharika Mandhana, "Beijing Builds Power in Strategic Waters," *Wall Street Journal*, March 13, 2023.

70. David E. Sanger and Rick Gladstone, "Piling Sand in a Disputed Sea, China Literally Gains Ground,"*New York Times*, April 9, 2015, p. A1; Editorial,"Chinese Mischief at Mischief Reef," *New York Times*, April 12, 2015, p. SR10.

71. Ronald O'Rourke, *U.S.-China Strategic Competition in South and East China Seas: Background and Issues for Congress*, (Washington, DC: Congressional Research Service, 2021), p. 30.

72. Mark Landler, "U.S. and China Reach Climate Accord After Months of Talks," *New York Times*, November 12, 2014, p. A1.

73. "Statement by U.S. Department of State Spokesperson John Kirby Decision in the Philippines-China Arbitration," July 12, 2016, https://web-archive-2017.ait. org.tw/en/officialtext-from-dos-07122016.html; "Background Briefing on South China Sea Arbitration," July 12, 2016, https://2009-2017.state.gov/r/pa/prs/ps/2016/07/259976.htm

74. "Each Party recognizes that an armed attack in the Pacific area on either of the Parties would be dangerous to its own peace and safety and declares that it would act to meet the common dangers in accordance with its constitutional processes."

75. Ben Werner, "Destroyer USS Decatur Has Close Encounter With Chinese Warship," *USNI News*, October 1, 2018, https://news.usni.org/2018/10/01/37006

76. "Acting Secretary Shanahan's Remarks at the IISS Shangri-La Dialogue 2019," June 1, 2019, https://www.defense.gov/News/Transcripts/Transcript/Article/1871584/acting-secretary-shanahans-remarks-at-the-iiss-shangri-la-dialogue-2019/

77. "Statement by Secretary Michael R. Pompeo, U.S. Position on Maritime Claims in the South China Sea," July 13, 2020, https://la.usembassy.gov/statement-by-secretary-michael-r-pompeo-u-s-position-on-maritime-claims-in-the-south-china-sea/

78. 2009 年 5 月，馬來西亞與越南聯合提交聲索在南海南部的大陸礁層延伸至 200 海里之外。其他國家之後致函聯合國的內容，請見 "Commission on the Limits of the Continental Shelf（CLCS）Outer Limits of the Continental Shelf beyond 200 Nautical Miles from the Baselines: Submissions to the Commission: Partial Submission by Malaysia in the South China Sea," February 27, 2022, https://www.un.org/depts/los/clcs_new/submissions_files/submission_mys_12_12_2019.html；請亦參見孫國祥，《論越南以法律途徑解決南海爭端之探討》（臺北：五南圖書出版公司，2021 年），頁 206-209。

79. 柯芙特向聯合國秘書長提出的信函，2020 年 6 月 1 日，請見 https://documents-dds-ny.un.org/doc/UNDOC/GEN/N20/136/09/PDF/N2013609.pdf?OpenElement

80. 謝志淵，〈美國南海「航行自由」與中共島礁軍事化爭端之研究〉，《國防雜誌》，卷 35 期 2（2020 年 6 月），頁 27-29。

81. Mark Esper, *A Sacred Oath: Memoirs of A Secretary of Defense During Extraordinary Times* (New York: William Morrow, 2022), pp. 525-526.

82. Kari Soo Lindberg, "US Cuts Taiwan Transits Even as China Steps Up Military Pressure," *Bloomberg*, January 7, 2023. https://www.bloomberg.com/news/articles/2023-01-07/us-cuts-taiwan-transits-even-as-china-steps-up-military-pressure?leadSource=uverify%20wall

83. 在此次演習之前，2019 年美國與部分東協國家進行第 25 屆「海上戰

備與訓練合作」（Cooperation Afloat Readiness and Training, CARAT）與第 18 屆「東南亞合作與訓練」（Southeast Asia Cooperation and Training, SEACAT）演習。

84. Lalit Kapur, "The ASEAN-U.S. Martitime Exercise and Maritime Security," September 11, 2019, https://amti.csis.org/the-asean-u-s-military-exercise-and-maritime-security/

85. 馬來西亞、印尼、寮國、柬埔寨沒有派遣軍艦，其餘國家如汶萊派遣 KDB Darulaman（OPV-08） 海岸巡邏艦、菲律賓派遣 BRP Ramon Alcaraz （PS-16）、新加坡 RSS Tenacious （71）拉法葉級巡防艦、緬甸 UMS Kyan Sittha 巡防艦（F-12）、越南 18 號浦項級反潛護衛艦、泰國 HTMS Krabi 海岸巡邏艦。"First ASEAN-US Maritime Exercise Successfully Concludes," September 6, 2019, https://www.c7f.navy.mil/Media/News/Display/Article/1954403/first-asean-us-maritime-exercise-successfully-concludes/

86. "S.1657 - South China Sea and East China Sea Sanctions Act of 2021," https://www.congress.gov/bill/117th-congress/senate-bill/1657

87. "Remarks by Secreatary Esper at an Internaitonal Institute for Strategic Studies Webinar," July 21, 2020, https://china.usembassy-china.org.cn/remarks-by-secretary-esper-at-an-international-institute-for-strategic-studies-webinar/

88. Antony J. Blinken, "Fifth Anniversary of the Arbitral Tribunal Ruling on the South China Sea," Press Statement, July 11, 2021, https://www.state.gov/fifth-anniversary-of-the-arbitral-tribunal-ruling-on-the-south-china-sea/

89. 牛軛礁距離巴拉望島（Palawan Island）約 170 海里。

90. O'Rourke, U.S.-China Strategic Competition in South and East China Seas: Background and Issues for Congress, p. 41.

91. Christine Chung, "U.S. Says Chinese Fighter Jet Flew Dangerously Close to American Plane," New York Times, December 29, 2022, https://www.nytimes.com/2022/12/29/world/asia/us-china-military-jet-intercept.html

92. "U.S. Indo-Pacific Command Joint Force Conducts Dual Carrier Operations in the South China Sea," Carrier Strike Group 1 Public Affairs, January 24, 2023. https://www.navy.mil/Press-Office/News-Stories/Article/2910170/us-indo-pacific-command-joint-force-conducts-dual-carrier-operations-in-south-c/

93. Frances Mangosing, "US Gets Access to More PH Bases," *Philippine Daily Inquirer*, February 3, 2023, https://globalnation.inquirer.net/210321/us-gets-access-to-more-ph-bases#ixzz7sDqCWWO2; Sui-Lee Wee, "Deal Gives U.S. Military Access to Four More Locations in the Philippines," *New York Times*, February 3, 2023, p. A6.

94. 鞠海龍、林愷鋮，〈拜登政府的南海政策：地區影響及其限度〉，《國際問題研究》，2022 年第 2 期，頁 102-118。

95. Andrew Chubb, "PRC Assertiveness in the South China Sea: Measuring Continuity and Change, 1970–2015," *Internaitonal Security*, Vol. 45, No. 3 (January 2021), pp. 79-121. 有關中國在南沙島礁的資訊作戰能力，請見 J. Michael Dahm, "Introduction to South china Sea Military Capability studies," Johns Hopkins University Physics Laboratory, 2020, pp, 1-15

96. 劉鋒，《南海開發與安全戰略》，頁 140。

97. 同上註，頁 143。

98. 〈中國周邊海洋爭端及美國因素研討會暨中華美國學會年會舉行〉，《世界知識》（北京），2014 年第 2 期（2014 年 2 月），頁 29；李國強，〈南海爭端是中美之間的較量和博奕〉，《世界知識》，2014 年第 10 期（2014 年 2 月），頁 26-27。

99. 《南海形勢評估報告》（海南：中國南海研究院，2009 年），頁 50。

100. 〈崔天凱：南海不是中美之間的問題〉，《環球時報》，2011 年 10 月 11 日。

101. 周琪，〈冷戰後美國南海政策的演變及其根源〉，《世界經濟與政治》（北京），2014 年第 6 期，頁 40-44；馬建英，〈美國對中國周邊海洋爭端的介入〉，《美國研究》（北京），2014 年第 2 期，頁 74。

102. 吳士存，〈南海問題面臨的挑戰和應對思考〉，《法制資訊》（北京），2012 年第 8 期（2012 年 8 月），頁 42；方曉志，〈對美國南海政策的地緣安全解析〉，《太平洋學報》（北京），卷 20 期 7（2012 年 7 月），頁 49-50。

103. 「楊潔篪外長駁斥南海問題上的歪論」，中國外交部，2010 年 7 月 25 日，http://big5.fmprc.gov.cn/gate/big5/www.mfa.gov.cn/chn/pds/wjdt/wjbxw/t719371.htm.

104."China, ASEAN Nations Agree on Guidelines for Implementation of DOC in South China Sea," *People's China Online*, July 20, 2011, http://english.people. com.cn/90001/90776/90883/7446480.html

105.〈溫家寶在第十四次中國－東盟領導人會議上的講話（全文）〉，2011 年 11 月 18 日，http://www.mfa.gov.cn/chn/gxh/tyb/zyxw/t878623.htm；〈溫家寶就南海問題闡明中方立場〉，中國外交部，2011 年 11 月 20 日，http://www.mfa.gov.cn/chn/gxh/tyb/zyxw/t879057.htm

106.例如，北京支持 2013 年 11 月在印尼舉辦「中國 - 東協海洋合作論壇」。其他專案有「東南亞海洋環境預報與災害預警系統建設」、「中國東盟瀕危海洋物種合作研究」、「東亞海洋合作平臺」、「中國東盟海洋公園生態服務網路平臺建設」、「中印尼海洋與氣候中心及聯合觀測站建設」等。

107.副總參謀長章沁生在 2007 擔任團長，馬曉天自 2008-2010 代表出席，戚建國代表出席 2013 年年會，孫建國在 2015-2016 年兩度率團。2012 年由中國軍事科學院副院長任海泉擔任團長，2017-2018 年中國軍事科學院副院長何雷兩年率團參加。

108."Philippines Deplores Non-Issuance of 45th ASEAN Foreign Ministers' Meeting Joint Communique," Department of Foreign Affairs, Republic of the Philippines, July 14, 2012, http://www.dfa.gov.ph/main/index.php/newsroom/ dfa-releases/5912-philippines-deplores-non-issuance-of-45th-asean-foreign- ministers-meeting-joint-communique.

109."China Put on Defensive at ARF Over Spratlys,"*VOA*, July 26, 2010; Jay Solomon, "China Rejects U.S. Efforts in Maritime Spat," *Wall Street Journal,* July 25, 2010.

110.中國南海研究院編，《黃岩島十問》（海口：海南出版社與三環出版社，2012 年），頁 1-10。

111.Jane Perlez, "Philippines and China in Dispute Over Reef," *New York Times,* April 1, 2014, p. A7.

112.「中國海監 8474 船編隊圓滿完成南海定期維權巡航任務返航」，國家海洋局，2013 年 4 月 29 日，http://www.soa.gov.cn/xw/hyyw_90/201304/ t20130429_25586.html.

113. Jane Perlez, "China's Naval Buildup Starts to Yield Results, U.S. Report Says," *New York Times*, April 11, 2015, p. A4.

114. 陳鴻瑜，〈美國、中國和東協三方在南海之角力戰〉，《遠景基金會季刊》，卷 12 期 1（2011 年 1 月），頁 59-63。

115. 〈李克強與越南總理阮晉勇舉行會談〉，《新華網》，2013 年 10 月 13 日，http://news.xinhuanet.com/world/2013-10/13/c_117697587.htm

116. Jane Perlez, "American and Chinese Navy Ships Nearly Collided in South China Sea," *New York Times*, December 15, 2013, p. A21.

117. Jane Perlez and Rick Gladstone, "China Flexes Its Muscles in Dispute With Vietnam," *New York Times*, May 9, 2014, p. A8.

118. 陳鴻鈞，〈習近平主政下的南海政策〉，鍾志東編，《多元視角下的南海安全》，頁 42-69；國安局局長李翔宙的發言，請見「立法院第 8 屆第 6 會期外交及國防委員會第 9 次全體委員會議紀錄」，立法院公報，第 103 卷第 64 期（2014 年 10 月 30 日），頁 252。

119. Jane Perlez, "China Said to Turn Reef Into Airstrip in Disputed Water," *New York Times*, November 24, 2014, p. A6.

120. 北京部分專家主張在太平島「旁邊填海造一個新太平島，然後建一個軍民兩用的大型機場，成為開發南海，維護南海主權的重大基地」，「一旦有事，太平島上的臺軍可以給予大陸方面後勤補給的便利」，請見劉復國、吳士存主編，《2010 年南海地區形勢評估報告》，頁 78。

121. Remarks by President Obama and President Xi of the People's Republic of China in Joint Press Conference," https://obamawhitehouse.archives.gov/the-press-office/2015/09/25/remarks-president-obama-and-president-xi-peoples-republic-china-joint

122. Josh Rogin, *Chaos uner Heaven: Trump, Xi, and the Battle for the 21st Century* (New York: Houghton Mifflin Harcourt, 2021), pp. 37-38.

123. James C. Hsiung, *The South China Sea Disputes and the U.S.-China Contest: International Law and Geopolitics* (Singapore: World Scientific, 2018), pp. 83-84.

124. 〈外交部副部長：中國在南海的主權和海洋權益不會因仲裁結果受到

任何影響〉，《新華社》，2016 年 7 月 16 日，

125. 〈中華人民共和國政府關於菲律賓共和國所提南海仲裁案管轄權問題的立場文件〉，2014 年 12 月 7 日，http://www.mfa.gov.cn/mfa_chn/zyxw_602251/t1217143.shtml

126. Editorial, "US Should Cease South China Sea Antics," *Global Times,* September 27, 2018; Charles Clover, "China Installs Missiles in South China Sea, Says Report," *Financial Times,* May 3, 2018, https://www.ft.com/content/27842984-4e87-11e8-a7a9-37318e776bab

127. Jim Gomez and Aaron Favila, "China Fully Militarized Isles, Indo-Pacific Commander Says," *Military Times,* March 20, 2022, https://www.militarytimes.com/flashpoints/china/2022/03/20/china-fully-militarized-isles-indo-pacific-commander-says/

128. Eric Heginbotham, Michael Nixon, Forrest E. Morgan, Jacob L. Heim, Jeff Hagen, Sheng Li, Jeffrey Engstrom, Martin C. Libicki, Paul DeLuca, David A. Shlapak, David R. Frelinger, Burgess Laird, Kyle Brady, and Lyle J. Morris, *The U.S.-China Military Scorecard: Forces, Geography, and the Evolving Balance of Power, 1996-2017* (Santa Monica: Rand Corporation, 2015), p. 89.

129. 〈解放軍南部戰區：美方是不折不扣的"南海安全風險製造者"〉，《中國新聞網》，2022 年 1 月 20 日，https://www.chinanews.com.cn/mil/2022/01-20/9657382.shtml

130. "ASEAN and China Successfully Conclude ASEAN-China Maritime Exercise," Ministry of Singapore, October 27, 2018, https://www.mindef.gov.sg/web/portal/mindef/news-and-events/latest-releases/article-detail/2018/october/27oct18_nr. 演練包括 6 個課目：編隊離港、編隊通信、編隊運動、聯合搜救、直升機甲板互降、補給機動占位等內容。中國海軍派出一艘飛彈驅逐艦 [廣州艦]、一艘飛彈護衛艦 [黃山艦]、一艘綜合補給艦 [軍山湖艦] 參加。東協國家派出軍艦有：新加坡海軍忠誠號巡防艦（RSS Stalwart, 72）；汶萊皇家海軍達魯塔克瓦號巡邏艦（KDB Daruttaqwa, P-09）；越南海軍陳興道號護衛艦；泰國皇家海軍達信號護衛艦（FFG-422 HTMS Taksin）；菲律賓達古潘市號後勤支援艦（logistics support ship BRP Dagupan City）。

131. 海上聯演亦分為兩個階段，4 月 24 日至 25 日為港岸活動階段，26 日

為海上聯演階段。中方派出 5 艘水面艦艇、東南亞國家派出 7 艘水面艦艇參演。由此觀察，中國與東協的第二次海上聯演，演習海域不見得是在南海，而且不是所有的東協國家均參與。

132. 2020 年 4 月 12 日，中國航空母艦「遼寧號」編隊，航經宮古海峽南下，於 13 日通過巴士海峽，至南海相關海域開展訓練約 10 天，4 月 23 日經原路徑進巴士海峽、西太平洋北返，30 日返回青島。在「遼寧號」在南海期間，北京先後公告南海行政區域等調整，凸顯中國將南海「內國化」的作為。

133. 2011 年 6 月，中國海監（海警前身）在萬安灘（Vanguard Bank）剪斷越南勘探船隻電纜；2007 年 6 月，在西沙西部海域亦蓄意衝撞越南海軍輔助艦 DN-29。

134. 〈中華人民共和國政府和菲律賓共和國政府聯合聲明〉，《新華網》，2017 年 11 月 16 日，https://www.chinanews.com.cn/gn/2017/11-16/8378094.shtml；請亦參見 Lingqun Li, *China's Policy towards the South China Sea* (London: Routledge, 2018), pp. 195-198.

135. 〈外交部就中菲簽署《關於油氣開發合作的諒解備忘錄》等答問〉，2018 年 11 月 21 日，http://big5.www.gov.cn/gate/big5/www.gov.cn/xinwen/2018-11/21/content_5342298.htm; 曹群，〈中菲達成南海油氣資源共同開發新共識〉，南海戰略態勢感知計畫，2019 年 4 月 4 日，http://www.scspi.org/zh/dtfx/1554310800

136. 〈習近平會見菲律賓總統杜特爾特〉，《新華社》，2019 年 8 月 29 日，http://politics.people.com.cn/BIG5/n1/2019/0829/c1024-31326218.html

137. 〈李克強會見菲律賓總統杜特爾特〉，《新華網》，2019 年 8 月 30 日，http://www.xinhuanet.com/world/2019-08/30/c_1124943619.htm

138. Campbell, *The Pivot*, p. 179.

139. 吳士存，〈疫情反讓美軍南海行動加碼〉，中國南海研究院，2020 年 4 月 21 日，http://223.203.9.16/review_c/429.html

140. 〈時殷弘 - 朱鋒對談：中美關係降到低點我們怎樣應對〉，中國南海協同創新研究中心，2020 年 6 月 24 日，https://nanhai.nju.edu.cn/5d/90/c5320a482704/page.htm

141. 鞠海龍、林愷鋮，〈拜登政府的南海政策：地區影響及其限度〉，《國

際問題研究》，2022 年第 2 期，頁 102-118。

第四章

1.　岡田充，黃稔惠譯，《領土民主主義的魔力》，（臺北：聯經出版社，2014 年），頁 93-94。

2.　陳鴻瑜，《臺灣與附近島嶼的領土主權問題》，（臺北：臺灣學生書局，2018 年），頁 23；黎蝸藤，《從地圖開疆到人工造島—南海百年紛爭史》，頁 3-4。

3.　美國史丹福大學胡佛檔案館，《蔣介石日記》，1943 年 11 月 25 日。

4.　原文為 :"In the face of this division of Allied opinion, the United States felt that the best formula would be to permit Japan to retain residual sovereignty, while making it possible for these islands to be brought into the U.N. trusteeship system, with the United States as administering authority."請見 "John Foster Dulles on the Status of Okinawa," September 8, 1951, http://www.niraikanai.wwma.net/pages/archive/dulles.html.

5.　*Foreign Relations of the United States, 1961-1963*, Volume 22, *Northeast East,* p. 724n.

6.　美國史丹福大學胡佛檔案館，《蔣介石日記》，1962 年 3 月 20 日。

7.　K.O. Emery, et al., "Geological Structure and Some Water Characteristics of the East China Sea and Yellow Sea," *CCOP Technical Bulletin*, Vol. 2 (May 1969), p. 3, 41.

8.　中央研究院近代史研究所檔案館藏，〈楊西崑次長交本司存檔資料案〉，《外交部檔案》，703.9/0010，頁 43-46，48，50-51，53。

9.　"Joint Statement by President Nixon and Prime Minister Eisaku Sato," November 21, 1969, http://www.niraikanai.wwma.net/pages/archive/sato69.html.

10.　國史館館藏，〈釣魚臺案〉，《蔣經國總統文物》，典藏號：005-010205-00013-002，1972 年 3 月 26 日。臺北：國史館。請亦見 Mark E. Manyin, *Senkaku (Diaoyu/Diaoyutai) Islands Dispute: U.S. Treaty Obligations.* Congressional Research Service (CRS) Report for Congress. September 25, 2012, p. 4.

11.　中央研究院近代史研究所檔案館藏，〈海域石油探勘〉，《外交部檔

案》，604.23/0007，頁 73-74。1970 年 7 月，日本向中華民國提出外交
照會，反對臺灣對釣魚臺海域石油礦區的權利。

12. "Backchannel Message From the President's Assistant for International
Economic Affairs (Peterson) to Ambassador Kennedy, in Taipei," June 8, 1971,
Foreign Relations of the United States, 1969–1976, Vol. 17, *China, 1969–1972*
（Washington, DC: United States Government Printing Office, 2006), p. 345.

13. 錢復，《錢復回憶錄》，卷一：《外交風雲動》（臺北：天下文化，
2005 年），頁 138。

14. "Memorandum of Conversation," April 12, 1971, *Foreign Relations of the United
States, 1969-1972*, Volume 17, *China, 1969–1972*, p.293. 有關臺海兩岸保釣，
請見邵玉銘，《保釣風雲錄》（臺北：聯經出版社，2013 年），頁 48-
59；王智明，「1990 年代後的釣運：兩岸保釣的交流與合流」，劉容
生、王智明、陳光興編，《東亞脈絡下的釣魚臺：繼承、轉化、再前
進》（新竹：國立清華大學出版社，2012 年），頁 97-114。

15. Nicholas D. Kristof, "An Asian Mini-Tempest Over Mini-Island Group," *New
York Times*, September 16, 1996; Nicholas D. Kristof, "Would You Fight for
These Islands?," *New York Times*, October 20, 1996, on Page 4004003.

16. 〈亞東關係協會與財團法人交流協會於 2010 年之強化臺日交流合作
備忘錄〉，日本交流協會，2010 年 4 月 30 日，引自 http://www.koryu.
or.jp/taipei-tw/ez3_contents.nsf/04/7A928B904BE5 DF0149257715001713D1?O
penDocument.

17. 郁志榮，《東海維權—中日東海釣魚島之爭》，（上海：文匯出版社，
2012 年），頁 170-173。

18. 「中國海洋維權形勢將更嚴峻」，《新華網》，2011 年 5 月 6 日，
http://news.xinhuanet.com/herald/2011-05/06/c_13861795.htm

19. 〈中國偵察機頻繁逼近日本防空識別區〉，《朝日新聞》，2010 年 12
月 27 日。

20. Jeffrey A. Bader, *Obama and China's Rise* (Washington, DC: Brookings
Institution Press, 2012), pp. 107-108；然而，美國國際安全學者卻有不同
的看法，他們針對中美彼此的意圖、美中危機的可能性，進行學理的
探討，請見 Keren Yarhi-Milo, "In the Eye of the Beholder: How Leaders and

Intelligence Communities Assess the Intentions of Adversaries," *International Security*, Vol. 38, No. 1 (Summer 2103), pp. 7-8; Avery Goldstein, "First Thing First: The Pressing Danger of Crisis Instability in U.S.-China Relations," *International Security*, Vol. 37, No. 4 (Spring 2013), pp.53-57; Charles L. Glaser, "A U.S.-China Grand Bargain? The Hard Choice between Military Competition and Accommodation," *International Security,* Vol. 39, No. 4 (Spring 2015), pp. 61-68.

21. 一直到 2012 年 9 月釣魚臺數十年的現狀，因日本正式「國有化」、中國海監船定期巡弋釣魚島周邊 12 海里海域，而被正式打破，成為中日「交叉存在狀態」。請見曲星，〈每挑釁一次，反制就加強一次，讓日本的『實際控制』力度更弱〉，《世界知識》，2012 年 19 期，頁 22。

22. Chi-chi Zhang, "China Objects to US Offer over Disputed Islands," *Washington Post,* November 2, 2010, https://www.washingtonpost.com/wp-dyn/content/article/2010/11/02/AR2010110200224.html; Hillary R. Clinton, *Hard Choices: A Memoirs* (New York: Simon & Schuster, 2014), pp. 78-79.

23. Richard Bush, *The Perils of Proximity: China-Japan Security Relations* (Washington, DC: Brookings Institution Press, 2010), p. 75.

24. John Kerry, *Every Day Is Extra* (New York: Simon & Schuster, 2018). 這與助理國務卿坎博的看法很不同，請見本文後述。

25. *National Security Strategy* (Washington, DC: The White House, 2010), p. 43; Suisheng Zhao, "American Reflections on the Engagement with China and Responses to President Xi's New Model of Major Power Relations." *Journal of Contemporary China*, Vol. 26, Issue 106, 2017, pp. 489-503.

26. Ministry of National Defense. *Defense of Japan 2020* (Tokyo: Ministry of National Defense, 2020), p. 52.

27. Charles A. Kupchan, "The Democratic Malaise: Globalization and the Threat to the West." *Foreign Affairs,* Vol. 91, No. 1, 2012, p. 63, 67.

28. Zbigniew Brzezinski, "Balancing the East, Upgrading the West: U.S. Grand Strategy in an Age of Upheaval," *Foreign Affairs*, Vol. 91, No. 1, 2012, pp. 97-104.

29. Thomas J. Christensen, *The China Challenge: Shaping the Choices of a Rising Power* (New York: W.W. Norton & Company, 2015), p. 112.

30. "Secretary of Defense Ashton Carter's Remarks on 'Strategic and Operational Innovation at a Time of Transition and Turbulence' at Reagan Defense Forum." *U.S. Department of Defense News*, November 7, 2015, <https://www.defense. gov/Newsroom/Transcripts/Transcript/Article/628147/remarks-on-strategic-and-operational-innovation-at-a-time-of-transition-and-tur/>（檢索日期：2021 年 12 月 1 日）

31. Jane Perlez, "China and Russia, in a Display of Unity, Hold Naval Exercises," *New York Times*, July 11, 2013, A8; Jane Perlez, "China and Russia to Hold Mediterranean Exercises," *New York Times*, May 1, 2015, A8；Matthew Rosenberg, "Threat of Russian Aggression and Arms Is Singled Out by Joint Chiefs Nomine," *New York Times*, July 10, 2015, A17; John J. Mearsheimer, 2014. "Getting Ukraine Wrong." *New York Times*. March 14, 2014; Leslie H. Gelb and Dimitri K. Simes, "Beware Collusion of China, Russia," *National Interest*, Vol. 126, 2013, p. 7.

32. Campbell, *The Pivot*, p. 181.

33. 〈中國海洋維權形勢將更嚴峻〉，《新華網》，2011 年 5 月 6 日，<http://news. xinhuanet.com/herald/2011-05/06/c_13861795.htm>（檢索日期：2021 年 12 月 1 日）；中國決定派遣農業部「中國漁政 310 號」（2,580 噸），與各約 1,000 噸級「漁政 201 號」、「漁政 202 號」常駐釣魚臺海域，但未進入 12 海里周邊水域。

34. Associated Press, "China Objects to US Offer over Disputed Islands." *Washington Post*, November 2, 2010, <https://www.washingtonpost.com/wp-dyn/content/article/2010/11/02/AR2010110200224.html>（檢索日期：2021 年 12 月 1 日）; Hillary R. Clinton, *Hard Choices: A Memoirs* (New York: Simon & Schuster, 2014), pp. 78-79.

35. Campbell, *The Pivot*, p. 181；日本副外相山口壯曾在 2012 年 8 月底攜帶野田首相致胡錦濤親筆函，呼籲兩國冷靜處理爭端。

36. Koichiro Gemba, "Japan-China Relations at a Crossroads." *International Herald Tribune*, November 21, 2012.

37. William J. Burns, "Media Roundtable in Tokyo, Japan." *U.S. Department of State*, October 15, 2012, http://www.state.gov/s/d/former/burns/remarks/2012/199122. htm（檢索日期：2021 年 12 月 1 日）

38. Hillary R. Clinton, "Remarks With Japanese Foreign Minister Fumio Kishida After Their Meeting." *U.S. Department of State*, January 18, 2013, <http://www. state.gov/secretary/20092013clinton/rm/2013/01/203050.htm>（檢索日期：2021 年 12 月 1 日）

39. 有關臺日漁業協定，請見林賢參，〈臺日締結漁業協議之意涵〉，《展望與探索》，第 11 卷第 5 期，2013 年，頁 17-25；蕭旭岑，《八年執政回憶錄》（臺北：天下文化，2018 年），頁 199-202。

40. Daniel R. Russel, "Media Roundtable at U.S. Embassy Tokyo," *U.S. Department of State*, September 9, 2013, <http://www.state.gov/p/eap/rls/rm/2013/09/212696. htm>（檢索日期：2021 年 12 月 1 日）；"Preview of Secretary's Trip to Japan." *U.S. Senior State Department Official*, October 2, 2013, <http://www. state.gov/r/pa/prs/ps/2013/10/215027.htm>（檢索日期：2021 年 12 月 1 日）

41. 2021 年 2 月，美國國防部發言人柯比（John Kirby）誤稱日本擁有釣魚臺主權。

42. Manyin, *The Senkakus (Diaoyu/Diaoyutai) Dispute: U.S. Treaty Obligations*, pp. 1-12.

43. Alan D. Romberg, "American Interests in the Senkaku/Diaoyu Issue, Policy Considerations -- Prepared for the CNA Maritime Asia Project: Workshop on Japan's Territorial Disputes Panel on the Senkaku/Diaoyutai Islands Dispute: A Regional Flashpoint," *The Henry L. Stimson Center*, April 11, 2013),https://www. stimson.org/wp-content/files/file-attachments/Romberg-ADR_paper_8-3-13_1. pdf;（檢索日期：2021 年 12 月 1 日）反對美國協防釣魚臺的意見，請見 Ted Galen Carpenter, "Washington Needs to Jettison Its Commitment to Defend the Senkakus," January 9, 2020, https://www.cato.org/commentary/washington-needs-jettison-its-commitment-defend-senkakus

44. "Remarks As Prepared for Delivery by National Security Advisor Susan E. Rice," *The White House*, November 20, 2013, <https://www.whitehouse.gov/the-press-office/2013/11/21/remarks-prepared-delivery-national-security-advisor-susan-e-rice>（檢索日期：2021 年 12 月 1 日）

45. Reiji Yoshida, "Tokyo Cries Foul over China's Declaration of Air Defense Zone." *Japan Times*, November 25, 2013.

46. The National Institute for Defense Studies, *East Asian Strategic Review 2014* (Tokyo: The National Institute for Defense Studies, 2014), p. 31; Monika Chansonria, *China, Japan, and Senkaku Islands* (New York: Routledge, 2018), p. 195.

47. "Medium Term Defense Program (FY2014-FY2018)," *Ministry of National Defense*, December 17, 2013b), <http://www.mod.go.jp/j/approach/agenda/guideline/2014/pdf/Defense_Program.pdf>（檢索日期：2021 年 12 月 1 日）

48. Kerry, *Every Day Is Extra*, pp. 497-503, 561-64.

49. "Statement on the East China Sea Air Defense Identification Zone," Press Statement of Secretary John Kerry, November 23, 2013, http://www.state.gov/secretary/remarks/2013/11/218013.htm

50. Daniel R. Russel, "Maritime Disputes in East Asia," Testimony Before the House Committee on Foreign Affairs Subcommittee on Asia and the Pacific, Washington, DC, February 5, 2014, http://www.state.gov/p/eap/rls/rm/2014/02/221293.htm

51. Ian E. Rinehart and Bart Elias, *China's Air Defense Identification Zone* (*ADIZ*) (Washington, DC: Congressional Research Service, 2015), p. 7, 15, 19, 31.

52. Thom Shanker, "U.S. Sends Two B-52 Bombers Into Air Zone Claimed by China." *New York Times*, November 27, 2013, A1.

53. Editorial, "Flight of the B-52s," *Wall Street Journal Editorial*, November 28, 2013, p. 11.

54. Mark Landler, "Biden Arrives in China, Seeking Restraint Over New Air Zone." *New York Times*, December 5, 2013; Elbridge Colby and Ely Ratner. 2014. "Roiling the Waters," *Foreign Policy*, Vol. 204, 2014, pp. 10-13. 2020 年 10 月，拜登與川普（Donald Trump）總統辯論時重提派遣 B-52 進入東海「防空識別區」一事，表明他不會向北京在東海示弱。

55. Rinehart and Elias, *China's Air Defense Identification Zone* (*ADIZ*), p. 15.

56. Christensen, *The China Challenge*, pp. 263-264; Peter Baker and Jane Perlez, "Airlines Urged By U.S. to Give Notice to China," *New York Times*, November 30, 2013, A1.

57. "Text: S.Res.412—113th Congress (2013-2014)," *U.S. Congress*, April 7, 2014a, <https://www.congress.gov/bill/113th-congress/senate-resolution/412/text > （檢索日期：2021 年 12 月 1 日）;"Text: H. Res. 714—113th Congress (2013-2014)," *U.S. Congress*, September 8, 2014b, <https://www.congress.gov/bill/113th-congress/house-resolution/714/text >（檢索日期：2021 年 12 月 1 日）

58. Takashi Oshima, "U.S. Expresses Disappointment at Abe Visit to Yasukuni Shrine," *Asahi Shimbun*, December 27, 2013, <http://ajw.asahi.com/article/behind_news/politics/AJ201312270048>（檢索日期：2021 年 12 月 1 日）

59. Tiankai Cui, "Shinzo Abe Risks Ties with China in Tribute to War Criminals," *Washington Post*, January 10, 2014; Kenichiro Sasae, "China's Propaganda Campaign against Japan," *Washington Post*, January 17, 2014.

60. Nicholas Burns, "Obama's 2014 Foreign-policy Challenges," *Boston Globe*, January 2, 2014; Nicholas Burns, "The Trouble with China," *Boston Globe*, January 16, 2014.

61. New York Times Editorial, "China's Coercive Play," *New York Times*, November 26, 2013.

62. Washington Post Editorial, "China Must Rescind Its Air Zone over Disputed Islands," *Washington Post*, November 25, 2013.

63. Rinehart and Elias, *China's Air Defense Identification Zone (ADIZ)*, p. 11, 34; Courtney Coren, "PACOM Chief Says US Losing Military Dominance to China in Asian-Pacific," *Newsmax*, January 17, 2014,<http://www.newsmax.com/Newsfront/PACOM-china-locklear-dominance/2014/01/17/id/547656>（檢索日期：2021 年 12 月 1 日）

64. Gideon Rachman, "Davos Leaders: Shinzo Abe on WW1 Parallels, Economics and Women at Work," *Financial Times*, January 22, 2014; Jane Perlez, "Japan's Leader Compares Strain with China to Germany and Britain in 1914," *New York Times,* January 24, 2014, A8.

65. The National Institute for Defense Studies, *East Asian Strategic Review 2014* (Tokyo: The National Institute for Defense Studies, 2014), pp. 39-40.

66. "U.S.-Japan Joint Statement：The United States and Japan: Shaping the Future of the Asia-Pacific and Beyond,"*The White House*, April 25, 2014, <https://www.

whitehouse.gov/the-press-office/2014/04/25/us-japan-joint-statement-united-states-and-japan-shaping-future-asia-pac>（檢索日期：2021 年 12 月 1 日）；Manyin, *The Senkakus (Diaoyu/Diaoyutai) Dispute*, p. 9.

67. Allison, *Destined for War*, pp. 226-227.

68. "Remarks by Deputy Secretary Work and Japanese Parliamentary Senior Vice Minister of Defense Takeda in a Press Conference in Tokyo, Japan," *U.S. Department of Defense*, August 22, 2014, <http://www.defense.gov/News/News-Transcripts/Transcript-View/Article/606918/remarks-by-deputy-secretary-work-and-japanese-parliamentary-senior-vice-ministe>（檢索日期：2021 年 12 月 1 日）

69. 〈中華人民共和國外交部聲明〉，《中華人民共和國外交部》，2012 年 9 月 11 日。

70. Campbell, *The Pivot*, p. 181; Takashi Okada 著，岡田充，黃稔惠譯，《釣魚臺列嶼問題：領土民族主義的魔力》（尖閣諸島問題：領土ナショナリズムの魔力）（臺北：聯經出版公司，2014），頁 64-89；何思慎，〈日本國有化釣魚臺對日中關係的影響〉，《展望與探索》，第 10 卷第 10 期，2012 年，頁 14-18。

71. 中華人民共和國國務院新聞辦公室，《中國武裝力量的多樣化運用》，2013 年 4 月，http://www.mod.gov.cn/affair/2013-04/16/content_4442839.htm.

72. 中華人民共和國國務院新聞辦公室，《中國的軍事戰略》，2015 年 5 月，http://www.mod.gov.cn/affair/2015-05/26/content_4588132.htm.

73. 中華人民共和國國務院新聞辦公室，《新時代的中國國防》，2019 年 7 月，http://www.mod.gov.cn/big5/regulatory/2019-07/24/content_4846424.htm.

74. 中華人民共和國國務院新聞辦公室，《中國的亞太安全合作政策》，2017 年 1 月，http://big5.www.gov.cn/gate/big5/www.gov.cn/zhengce/2017-01/11/content_5158864.htm

75. *Defense of Japan 2013* (Tokyo: Ministry of National Defense, 2013), p, 32.

76. 「《中國海洋發展報告 2013》發佈海洋權益鬥爭日益艱巨〉，《人民網》，2013 年 5 月 9 日，http://he.people.com.cn/n/2013/0509/c337249-18622861.html.

77. 〈習近平的"藍色情懷"〉,《新華網》,2020 年 7 月 11 日,http://www.xinhuanet.com/politics/xxjxs/2020-07/11/c_1126222758.htm

78. 高振會、李寶鋼,〈關於釣魚島維權工作的思考」〉《行政管理改革》,2012 年 11 期,頁 63。

79. 吳建生,〈試論統一我國海上行政執法主體—組建中國海岸警備隊(下)〉,《珠江水運》,期 12(2012 年),頁 63。

80. 〈中國國家海洋局 2011-2013 年度部門預算〉,請見 http://www.soa.gov.cn/zwgk/gkndbg/;中國海洋行政執法公報,2009 年未公布,請見中國國家海洋局,http://www.soa.gov.cn/zwgk/hygb/zghyxzzfgb/. 另見〈《2011 年中國海洋行政執法公報》解讀〉,2012 年 7 月 2 日,http://guoqing.china.com.cn/2012-07/02/content_25788335.htm.

81. 王軍敏,《聚焦釣魚島—釣魚島主權歸屬及爭端解決》(北京:中共中央黨校出版社,2014 年),頁 123-132;張劍鋒,《波起東海—中日海上島嶼爭端的由來與發展》(北京:海軍出版社,2015 年),頁 144-156;王高成,〈中國大陸對於東海的政策〉,何思慎、王冠雄編,《東海及南海爭端與和平展望》(臺北:遠景基金會,2012 年),頁 61-65。

82. 〈習近平:做好應對複雜局面準備 提高海洋維權能力〉,《中國網》,2013 年 7 月 31 日,http://big5.china.com.cn/news/txt/2013-07/31/content_29587569.htm.

83. Lyle J. Morris, Michael J. Mazarr, Jeffrey W. Hornung, Stephanie Pezard, Anika Binnendijk, and Marta Kepe, *Gaining Competitive Advantage in the Gray Zone: Response Options for Coercive Aggression Below the Threshold of Major War.* (Santa Monica: RAND Corporation, 2019), pp.30-39.

84. 〈中國海監接收 11 艘退役軍艦 包括 2 艘 051 級驅逐艦〉,《中國網》,2012 年 12 月 31 日,<http://big5.china.com.cn/gate/big5/ocean.china.com.cn/2012-12/31/content_27555349.htm>(檢索日期:2021 年 12 月 1 日);王高成,〈中國大陸對於東海的政策〉,何思慎與王冠雄編,《東海及南海爭端與和平展望》(臺北:遠景基金會,2012 年),頁 66-68。

85. 〈中國公務船距釣魚島最近 0.28 浬〉,《人民網》,2013 年 9 月 11 日。

86. 鈞保言,〈維護領土主權,中國有決心有信心〉,《解放軍報》,

2013 年 9 月 20 日。

87. 中國公務船 2019 年有 282 天，2020 年 333 天進入釣魚臺周邊鄰接區，共有 1161 艘數駐留在該海域，*Defense of Japan 2021*, p. 18.

88. 《中國武裝力量的多樣化運用》，中國國務院新聞辦公室，2013 年 4 月。

89. 同上註。

90. 〈專家解析中國海軍東海維權演習三大亮點〉，《中國評論新聞網》，2012 年 10 月 21 日，http://www.chinareviewnews.com/doc/1022/7/5/0/102275083.html?coluid=4&kindid=18&docid=102275083

91. 郁志榮，〈釣魚島巡航執法需加大力度〉，《社會觀察》（上海社會科學院），2013 年 3 期，頁 67。

92. 郁志榮，〈中國海監接收 11 艘退役軍艦包括 2 艘 051 級驅逐艦〉，《中國網》，2012 年 12 月 31 日，http://big5.china.com.cn/gate/big5/ocean.china.com.cn/2012-12/31/content_27555349.htm; 郁志榮，〈釣魚島巡航執法需加大力度〉，頁 67。

93. 高奇，〈淺析海上撞擊戰術〉，《科技信息》，2013 年第 13 期，頁 156。

94. 李薇、劉江永，〈釣魚島爭端會擦槍走火嗎」〉，《世界知識》，2012 年 19 期，頁 19-20。

95. 郁志榮，〈釣魚島鬥爭目標：迫使日本解除實際空周邊海域〉，《社會觀察》，2012 年第 10 期，頁 22。

96. 韓旭東、趙大鵬，〈從美日聯盟看釣魚島爭端及我國的對策〉，《亞非縱橫》，2012 年 5 期，頁 52。

97. Christensen, *The China Challenge*, p. 264; Monika Chansonria, *China, Japan, and Senkaku Islands* (New York: Routledge, 2018), p. 245. 臺灣的「防空識別區」未列入釣魚臺列嶼，韓國之前未將蘇岩礁納入其「防空識別區」。1969 年，美國將 1951 年在東海劃設的「防空識別區」移交給日本，釣魚臺列嶼上空也被納入日本「防空識別區」，對臺灣空軍飛行員的訓練空域造成影響。

98. Martin Fackler, "In a Test of Wills, Japanese Fighter Pilots Confront Chinese,"

New York Times, March 9, 2015, A4; The National Institute for Defense Studies, *East Asian Strategic Review 2015* (Tokyo: The National Institute for Defense Studies, 2015), p. 6.

99. 張競，〈對岸會劃設南海防空識別區？〉，《愛傳媒》，2021 年 11 月 23 日，https://www.i-media.tw/Article/Detail/17059

100. 此兩項協議原先是 2013 年 6 月，習近平與歐巴馬在加州莊園的共識，2014 年 9 月，中共中央軍委副主席范長龍與美國國家安全顧問萊斯，在北京會晤時同意加速達成。

101. 其餘三項共識，為：一、雙方確認將遵守中日四個政治文件（1972, 1978, 1998 年《中日聯合宣言》及 2008 年《關於推進戰略互惠關係的聯合聲明》，各項原則和精神，繼續發展中日戰略互惠關係。二、雙方本著「正視歷史、面向未來」的精神，就克服影響兩國關係政治障礙達成一些共識。三、雙方同意利用各種多雙邊管道逐步重啟政治、外交和安全對話，努力構建政治互信。

102. 劉江永，〈論美國在釣魚島爭議中偏袒日本的背景和原因〉，《日本學刊》，2016 年第 1 期，頁 20-49。

103. Ministry of National Defense, *Defense of Japan 2016* (Tokyo: Ministry of National Defense, 2016), pp. 326-327.

104. 〈中日舉行第十二輪海洋事務高級別磋商〉，《人民日報》，2021 年 2 月 5 日。

105. 〈外交部介紹習近平會見安倍晉三有關情況中日雙方達成多項共識〉，《人民日報》，2019 年 6 月 28 日，版 3。

106. "Report of the Advisory Panel on the History of the 20th Century and on Japan's Role and the World Order in the 21st Century," *The Advisory Panel on the History of the 20th Century*, August 6, 2015. <http://www.kantei.go.jp/jp/singi/21c_koso/pdf/report_en.pdf>（檢索日期：2021 年 12 月 1 日）

107. Shinzo Abe, "Asia's Democratic Security Diamond," *Syndicate Project*, December 27, 2012, https://www.project-syndicate.org/onpoint/a-strategic-alliance-for-japan-and-india-by-shinzo-abe?barrier=accesspaylog

108. 安倍是否為守勢現實主義者，主要是根據作者個人的推論，安倍雖然增加國防預算、強化安保體制，但以相對權力增加，而非追求絕

對權力甚至是霸權。類似的看法，可見諸於 Nori Katagiri, "Shinzo Abe's Indo-Pacific Strategy: Japan's Recent Achievement and Future Direction" *Asian Security,* Vol. 16, Issue 2 (2020), pp. 179-200; Christopher W. Hughes, "Japan's 'Resentful Realism' and Balancing China's Rise," *The Chinese Journal of International Politics,* Vol. 9, No. 2 (Summer 2016), pp. 109-150.

109. The White House, *Indo-Pacific Strategy of the United States,* February 2022.

110. 〈日本安保文件寫入增強赴南西諸島運輸能力〉，《共同社》，2022 年 12 月 17 日。

111. 郭育仁，〈日本新安保法對日中關係及東海爭議之影響〉，《亞太評論》，第 1 卷第 6 期（2015 年 11 月），頁 1-16。

112. 這 10 個舊安保法分別為《周邊事態法》（Act on Situations in Areas Surrounding Japan）、《周邊事態船舶檢查活動法》（Act on Ship Inspection Operations in Situations in Areas Surrounding Japan）、《武力攻擊事態對處法》（Armed Attack Situation Response Act）、《國家安全保障會議設置法》（Act for establishment of the Security Council of Japan）、《美軍行動關連措施法》（U.S. Military Actions Related Measures Act）、《特定公共設施利用法》（Act Regarding the Use of Specific Public Facilities）、《海上輸送規制法》（Maritime Transportation Restriction Act）、《俘虜處置法》（Act on the Treatment of Prisoners of War and Other Detainees in Armed Attack Situations）、《自衛隊法》（Self-Defense Forces Act）、《國際維和法》（International Peace Cooperation Act）。

113. "Statement on New Guidelines for U.S.-Japan Defense Cooperation," *U.S. Department of Defense,* April 27, 2015, https://archive.defense.gov/pubs/20150427--GUIDELINES_FOR_US-JAPAN_DEFENSE_COOPERATION.pdf（檢索日期：2021 年 12 月 1 日）；Manyin, "The Senkakus (Diaoyu/Diaoyutai) Dispute: U.S. Treaty Obligations," Updated March 1, 2021, p. 11.

114. Manyin, "The Senkakus (Diaoyu/Diaoyutai) Dispute: U.S. Treaty Obligations," p. 10.

115. Kenji Minemura, "Declassified Note Shows U.S. Intent to Defend Taiwan against China," *Asahi Shimun,* Februay 26, 2021, https://www.asahi.com/ajw/articles/14128288

116. Shunsuke Shigeta, "Suga 'Surprised' by Biden's Swift Commitment to Senkakus: Former Japan Leader Stresses Shared Concern over China and Need for Stronger Defenses," *Nikkei,* December 21, 2021, https://asia.nikkei.com/Editor-s-Picks/Interview/Suga-surprised-by-Biden-s-swift-commitment-to-Senkakus（檢索日期：2021 年 12 月 30 日）; Manyin, "The Senkakus (Diaoyu/Diaoyutai) Dispute: U.S. Treaty Obligations," p. 10; 反對美國協防釣魚臺的意見，請見 Ted Galen Carpenter, "Washington Needs to Jettison Its Commitment to Defend the Senkakus," January 9, 2020, https://www.cato.org/commentary/washington-needs-jettison-its-commitment-defend-senkakus

117. "Japan and U.S. Draft Operation Plan for Taiwan Contingency," *Kyodo,* December 23, 2021, https://www.japantimes.co.jp/news/2021/12/23/national/taiwan-con（檢索日期：2021 年 12 月 30 日）

118. "Indo-Pacific Strategy of the United States," The White House, February 2022, pp. 15-16.

119. "U.S., Japan Coast Guards train together in East China Sea," August 26, 2021, https://www.c7f.navy.mil/Media/News/Display/Article/2747268/us-japan-coast-guards-train-together-in-east-china-sea/

120. "JCG, MSDF Cooperating More Closely to Protect Japanese Waters," *Yomiuri Shibum*, December 15, 2022.

121. "Japan–Philippines Joint Statement," February 9, 2023; "Japan, Philippines to Work with Ally U.S. to Deter China," *Yomiuri Shimbun*, February 11, 2023.

122. "Japan and U.S. Conduct Joint Maritime Law Enforcement Training with Philippine Coast Guard in the Philippines," May 2, 2022, https://www.ph.emb-japan.go.jp/itpr_en/11_000001_00827.html

123. 鄭安光，〈美國海岸警衛隊部署南海：動因與影響〉，《國際問題研究》，2022 年第 2 期，頁 128-130。

124. 項昊宇，〈日本軍力『突圍』，加劇陣營對抗風險〉，《環球時報》，2022 年 12 月 17 日。

125. U.S. Department of Defense, *Military and Security Developments Involving the People's Republic of China 2015*（Washington, DC: U.S. Department of Defense, 2015), p. 50; U.S. Department of Defense, *Military and Security*

Developments Involving the People's Republic of China 2020, （Washington, DC: U.S. Department of Defense, 2020, p. 140. 2014 年中國國防預算為 1363 億美金，日本 476 億美金；2019 年中國預算為 1740 億美金，日本為 539 億美金。

126. 阮宗澤等，《權力盛宴的黃昏：美國「亞太再平衡」戰略與中國對策》（北京：時事出版社，2015 年），頁 55。

127. O' Rourke, *U.S.-China Strategic Competition in South and East China Seas: Background and Issues for Congress*, p. 41.

128. O'Rourke, *U.S.-China Strategic Competition in South and East China Seas*, p. 13, 30.

129. Dan Lamothe, "To Help Counter China, U.S. Turns to the Coast Guard," *Washington Post*, April 20, 2019, https://www.washingtonpost.com/national-security/2019/04/20/help-counter-china-us-turns-coast-guard/

130. Philip S. Davidson, "Statement of Admiral Philip S. Davidson, U.S. Navy Commander, U.S. Indo-Pacific Command before the Senate Armed Service Committee on U.S. Indo-Pacific Command Posture." *U.S. Senate Committee on Armed Services*, February 12, 2019, <https://www.armed-ervices.senate.gov/imo/media/doc/Davidson_02-12-19.pdf>（檢索日期：2021 年 12 月 1 日）；Philip S. Davidson, "Statement of Admiral Philip S. Davidson, U.S. Navy Commander, U.S. Indo-Pacific Command before the Senate Armed Service Committee on U.S. Indo-Pacific Command Posture." *U.S. Senate Committee on Armed Services*, March 9, 2021, <https://www.armed-ervices.senate.gov/imo/media/doc/Davidson_03-09-21.pdf>（檢索日期：2021 年 12 月 1 日）

131. "U.S.- Japan Joint Leaders' Statement: "U.S.–Japan Global Partnership for a New Era," The White House April 16, 2021, https://www.whitehouse.gov/briefing-room/statements-releases/2021/04/16/u-s-japan-joint-leaders-statement-u-s-japan-global-partnership-for-a-new-era/

132. The White House, *National Security Strategy*, October 2022, p. 22.

第五章

1. 黎蝸藤，《從地圖開疆到人工造島—南海百年紛爭史》，頁 707；陳

鴻瑜，《臺灣與附近島嶼的領土主權問題》，（臺北：臺灣學生書局，
2018 年），頁 308-311。

2. Zhiguo Gao and Bing Bing Jia, "The Nine-Dash Line in the South China Sea: History, Status, and Implications," *American Journal of International Law*, Vol. 107, no. 98 (January 2013), p. 108.

3. 劉復國、吳士存主編，《2017-2018 年南海地區形勢評估報告》（臺北：國立政治大學國際關係研究中心，2019 年），頁 220。

4. Song Yann-huei, "The South China Sea Workshop Process and Taiwan's Participation," *Ocean Development and Internaitonal Law,* Vol. 41, No. 3 (2010), pp. 253-269.

5. 宋燕輝，〈兩岸南海合作：原則、策略、機制及國際參與研析〉，《臺海研究》（上海），第 3 期（2014 年），頁 12。Song Yann-huei, "The South China Sea Workshop Process and Taiwan's Participation," *Ocean Development and International Law*, Vol.41, Issue 3 (August 2010), pp. 253-269.

6. 《南海形勢評估報告》（海口：中國南海研究院，2009 年），頁 53。

7. 王建民，〈海峽兩岸南海政策主張與合作問題探討〉，《中國評論》，2012 年 8 月號，頁 46。

8. 劉復國、吳士存編，《2010 年南海地區形勢評估報告》（臺北：政治大學國際關係研究中心，2011 年），頁 79。

9. 劉復國、吳士存編，《2011 年南海地區形勢評估報告》（臺北：政治大學國際關係研究中心，2012 年），頁 138。

10. Yoji Koda, "Responses to Rising Tensions in the South China Sea: A Japanese Perspective," *RIPS Policy Perspectives,* No. 20 (September 2014), p. 13.

11. 〈島礁調查不碰敏感區？ 內政部：捍衛主權〉，《聯合報》，2010 年 7 月 26 日，http://city.udn.com/54543/4085576

12. Anne Hsiu-an Hsiao and Cheng-yi Lin, "Taiwan's Evolving Policy towards the South China Sea Dispute, 1992-2006," in Ian Storey and Cheng-yi Lin (eds.), *The South China Sea Dispute* (Singapore: Yusof Ishak Institute, 2016), pp. 87-88.

13. 〈中華民國外交部嚴正重申中沙群島所屬黃岩島及其週遭水域為我國固有領土及水域〉，《外交部新聞稿》，2014 年 4 月 20 日。

14. 有關兩岸在南海油氣勘探合作，請參考趙國材，〈從國際法觀點論海峽兩岸共同合作開發南海油氣資源〉，《軍法專刊》，卷 56 期 5（2010 年 10 月），頁 22；劉鋒，《南海開發與安全戰略》，頁 210-213。

15. 沈振勝，〈臺灣海洋礦區－太平島南沙紀行〉，《臺灣礦業》，卷 66 期 3（2014 年 9 月），頁 60-64；張良福，〈中國大陸的南海政策作為〉，劉復國、吳士存編，《2012 年南海地區形勢評估報告》（臺北：政治大學國際關係研究中心，2014 年），頁 25。

16. 本案仲裁庭由五名仲裁員組成，並由迦納籍法官 Thomas A. Mensah 擔任首席仲裁員。仲裁庭的其他成員是法國籍法官 Jean-Pierre Cot，波蘭籍法官 Stanislaw Pawlak，荷蘭籍教授 Alfred Soons 和德國籍法官 Rüdiger Wolfrum，並借用「常設仲裁法院」（Permanent Court of Arbitration）擔任本案的登錄處。

17. 〈中華人民共和國政府關於菲律賓共和國所提南海仲裁案管轄權問題的立場文件〉，2014 年 12 月 7 日，http://www.fmprc.gov.cn/mfa_chn/zyxw_602251/t1217143.shtml; Permanent Court of Arbitration, "Arbitration between the Republic of the Philippines and the People's Republic of China," Press Release, December 17, 2014.

18. Nikko Dizon, "Itu Aba: On This Rock Stands PH Suit Against China," *Philippine Daily Inquirer*, August 23, 2014, http://globalnation.inquirer.net/109791/itu-aba-on-this-rock-stands-ph-suit-against-china/

19. Jeffrey A. Bader, "The U.S. and China's Nine-Dash Line: Ending the Ambiguity," February 6, 2014, http://www.brookings.edu/research/opinions/2014/02/06-us-china-nine-dash-line-bader

20. Bonnie S. Glaser, "A Role for Taiwan in Promoting Peace in the South China Sea," April 15, 2014, http://csis.org/publication/role-taiwan-promoting-peace-south-china-sea

21. Patrick Cronin, "The Challenge of Responding to Maritime Coercion," Maritime Security Series, Center for a New American Security, September 2014, p. 7.

22. Shirley A. Kan, *Taiwan: Major U.S. Arms Sales Since 1990*, Congressional Research Service, July 23, 2013, pp. 51-52.

23. Dolven, Kan, Manyin, *Maritime Territorial Disputes in East Asia*, p. 25.

24. 林良昇，〈中國南海填海造陸 馬：沒有可責難之處〉，《自由時報》，2016 年 4 月 8 日，

25. Office of the Secretary of Defense (U.S.), *Military and Security Developments Involving the People's Republic of China 2013*, p. 57.

26. 蕭旭岑，《八年執政回憶錄》（臺北：遠見天下文化，2018 年），頁 396。

27. 〈南海和平倡議〉，外交部，2015 年 5 月 26 日，https://www.mofa.gov. tw/News_Content. aspx?n=79&s=62414

28. 〈太平島是島不是礁—事實可證：我太平島擁有《聯合國海洋法公約》所賦專屬經濟海域及大陸礁層之完整權利〉，《外交部新聞稿》，2016 年 1 月 23 日，https://www.mofa.gov.tw/News_Content.aspx?n=96&sms= 74&s=73936; Hayton, *The South China Sea*, p. 111.

29. 法庭之友意見書，由陳長文、陳純一、李念祖、宋燕輝、王冠雄及高聖惕六撰寫，請見〈中華民國國際法學會法庭之友意見書新聞稿〉，2016 年 3 月 23 日，https://www.taiwanembassy.org/ sz/post/4616.html

30. Antonio T. Carpio, "Protecting the Nation's Marine Wealth in the West Philippione Sea," Philippine Women;s Judges Association, March 6, 2014, https:// www.imoa.ph/speech-protecting-nations-marine-wealth-west-philippine-sea/

31. 〈沖之鳥經濟海域的國際爭議仍存在〉，行政院，2016 年 5 月 25 日，https://www.ey.gov.tw/Page/9277F759E41CCD91/3c2da707-453b-4967-8dce-3e5577c14df9

32. 〈中華民國外交部對「南海仲裁案」之立場〉，2016 年 7 月 12 日，https://www.roc-taiwan.org/jp/post/10980.html

33. 〈南海仲裁 蔡總統國安高層會議提 5 做法〉，《中央社》，2016 年 7 月 19 日，https://www.cna.com.tw/news/firstnews/201607195022.aspx

34. 〈接受日本《讀賣新聞》專訪問答全文〉，《總統府新聞稿》，2016 年 10 月 7 日，https://www.president.gov.tw/NEWS/20765?DeteailNo=%E5% 8D%97%E6%B5%B7

35. 林廷輝，〈臺灣在南海的戰略價值與政策作為〉，鍾志東編，《多元視角下的南海安全》，頁 266。

36. 原訂 2017 年 12 月 17 日演練的「南援二號」因啟德颱風取消。

37. "Tracking the Fourth Taiwan Strait Crisis," CSIS China Power Project, September 2022, https://chinapower.csis.org/tracking-the-fourth-taiwan-strait-crisis/

38. Chris Dougherty, Jennie Matuschak, and Ripley Hunter, "The Poison Frog Strategy," Center for a New American Security, October 2021, pp. 1-9.

39. 社評，〈臺海局勢：中國的鋼鐵 vs. 美國的磐石〉，《環球時報》，2021 年 10 月 14 日。

40. 〈本府針對我國「聯合號」海釣船在釣魚臺海域被日本政府船撞沉案所引發新聞事件發表四點嚴正聲明〉，《總統府新聞稿》，2008 年 6 月 12 日，https://www.president.gov.tw/NEWS/12308

41. 盧賢秀，〈聯合號事件 日賠償金打造 億順 168 啟航〉，《自由時報》，2010 年 4 月 25 日。日方對「聯合號」船長與釣客賠償 1300 萬臺幣。

42. 〈將親交賑災款給日 許世楷籲速修補臺日關係〉，《中央社》，2008 年 6 月 21 日；該聲明對旅臺僑民提出 4 點提醒：1、避免參加政治集會，勿向情緒激動的民眾表明自己是日本人的身份，否則很可能遭受無謂的暴力相向；2、避免在公共場合談論政治刺激言論；3、中小學童最好結伴上下學；4、公司家庭保持聯絡準備，互通行蹤情報等。

43. 〈池田維：臺日關係可能變弱〉，《自由時報》，2008 年 7 月 19 日，版 A4。

44. 社論，〈日本應拉攏臺灣以防臺灣倒向中國〉，《產經新聞》，2008 年 6 月 16 日；社論，〈冷靜因應臺灣船入侵領海事件〉，《產經新聞》，2008 年 6 月 17 日。

45. 社論，〈兩岸關係快速改善，臺日關係卻受影響〉，《讀賣新聞》，2008 年 6 月 14 日。社論，〈盼臺日冷靜小心處理尖閣諸島事故〉，《朝日新聞》，2008 年 6 月 18 日

46. 〈臺灣民眾對日本觀感之研究〉，日本交流協會，2009 年 4 月，頁 21，http://www.koryu.or.jp/taipei/ez3_contents.nsf/04/C9CA3F8E34ED24E549 25759F0037BE8F/$FILE/Chinese.pdf；〈臺灣民眾對日本觀感之研究〉，日本交流協會，2010 年 3 月，頁 39，http://www.koryu.or.jp/taipei-tw/ez3_contents.nsf/04/7966042A79384E05492576EF000A5FEF/$FILE/detail0309.pdf.

47. 「中華保釣協會」在 2009 年 5 月 9 日發表聲明，提到：該會原訂於 5

月 4 日舉行海釣活動，但馬政府官員「多次勸阻」，而不得不被迫取消。該聲明提到「海巡署、漁業署等管轄單位以及瑞芳漁會等更出面恐嚇本會所雇全家福號漁船之船長游明川先生。他們甚至以吊銷執照等行政處分為威脅，以致游先生為維護全家生計，不得不取消與本會會員出海的計畫」。請見「中華保釣協會聲明」，引自 http://city.udn.com/2976/3421984.

48. 作者與日本外務省官員談話，東京，2009 年 8 月 3 日。

49. 蕭旭岑，《八年執政回憶錄》，頁 191。

50. 呂建良，〈臺日漁業關係〉，《2009 年度國際及中國大陸情勢發展評估報告》（臺北：政大國際關係研究中心，2010 年），引自 http://iir.nccu.edu.tw/attachments/journal/add/5/7.pdf.

51. Ralph Jennings, *Reuters,* February 28, 2009.

52. 〈蔡英文：釣魚臺列嶼主權屬於臺灣〉，《中國評論新聞網》，2010 年 9 月 27 日，http://www.chinareviewnews.com/doc/1014/5/8/7/101458763.html?coluid=93&kindid=2931&docid=101458763。此四點原則與李登輝總統執政時完全相同，請見〈釣臺小組會商我堅持護土四原則〉，《聯合報》，1997 年 5 月 15 日，版 10。

53. 〈總統府關於釣魚臺之聲明〉，《總統府新聞稿》，2010 年 10 月 5 日。

54. 〈馬總統否認與中國聯手對付日本〉，《共同通信社》，2010 年 11 月 11 日；〈總統接受日本『產經新聞』專訪〉，《總統府新聞稿》，2010 年 8 月 19 日。

55. 蕭旭岑，《八年執政回憶錄》，頁 196；〈東海和平倡議推動綱領〉，外交部，2012 年 9 月 7 日，https://www.mofa.gov.tw/News_Content.aspx?n=195&s=78855

56. 〈日本拒絕馬英九舉行釣魚島三方對話建議〉」，BBC，2013 年 6 月 6 日，https://www.bbc.com/zhongwen/trad/world/2013/06/130606_mayingjiu_diaoyu_japan

57. Dennis V. Hickey, "Taiwan and the Rising Tensions in the East China Sea: A Mouse that Roared," *Asian Survey*, Vol. 54, No. 3 （May/June 2014), pp. 507-508;〈總統接見『925 為生存護漁權』行動相關人員〉，《總統府新聞稿》，2012 年 9 月 27 日。

58. 蕭旭岑，《八年執政回憶錄》，頁 199-200。

59. 張力、周素鳳訪問，《袁健生先生訪問紀錄》（臺北：中央研究院近代史研究所，2021 年），頁 142-144。

60. John Kerry, "U.S. Vision for Asia-Pacific Engagement," East-West Center, Honolulu, August 13, 2014, http://www.state.gov/secretary/remarks/2014/08/230597.htm; Kimberly Hsu, "Taiwan's Global Fisheries Modestly Advance its 'International Space'," U.S.-China Economic and Security Review Commission Staff Research Report, July 27, 2015, http://origin.www.uscc.gov/sites/default/files/Research/Taiwan%20Fisheries.pdf

61. Mark J. Valencia, "The East China Sea Disputes: History, Status, and Ways forward," *Asian Perspectives,* No. 38 (2014), pp. 199-200.

62. 關於日本在協議的規劃，請參考陳郁婷，《降低台灣延繩釣漁船風險：日本之《台日漁業協議》動機與規劃》，國立中山大學中國與亞太區域研究所博士論文，2022 年 7 月。

63. 蕭旭岑，《八年執政回憶錄》，頁 205-206。

64. 〈總統接見『臺日論壇』日本代表團〉，《總統府新聞稿》，2008 年 7 月 21 日，https://www.president.gov.tw/NEWS/12424

65. 行政院大陸委員會，〈中國大陸公布東海防空識別區之影響及因應作為〉報告，2013 年 12 月 2 日，立法院外交及國防委員會第 18 次全體委員會議，http://npl.ly.gov.tw/do/www/FileViewer?id=5897

66. 〈總統接見日本民主黨眾議員前原誠司（Maehara Seiji）一行〉，《總統府新聞稿》，2013 年 12 月 12 日。

67. 〈立法院第 8 屆第 4 會期外交及國防委員會第 18 次全體委員會議議事錄〉，2013 年 12 月 2 日。

68. 〈東海爭議 蔡英文籲：莫犧牲台灣主權〉，《自由時報》，2013 年 11 月 29 日。

69. 《海峽兩岸空運補充協議修正文件七》，2014 年 1 月 8 日，https://law.moj.gov.tw/LawClass/LawAll.aspx?PCODE=Q0070042

70. Yoichi Funabashi, *Alliance Adrift* (New York: Council on Foreign Relations Press, 1999), pp. 386-387.

71. 四位日本教授在不同訪談內，同時提到此一看法，作者訪談早稻田大學 A 教授，2015 年 7 月 22 日，地點：早稻田大學；訪談青山學院大學 K 教授，2015 年 7 月 24 日，地點：青山學院大學；訪談東京大學 T 教授，2015 年 8 月 5 日，地點：東京大學；訪談東京大學 K 教授，2015 年 8 月 10 日，地點：東京車站。另見 Usamu Nikaido, "Abe Signals Possible Minesweeping in South China Sea, A Shift from His Previous Stand," *Asahi Shimbun,* July 31 2015, https://ajw.asahi.com/article/ behind_news/politics/AJ201507300043

72. 訪談東京大學 K 教授，2015 年 8 月 10 日，地點：東京車站。

73. Ken Moriyasu, "U.S. Should Abandon Ambiguity on Taiwan Defense: Japan's Abe," *Nikkei*, February 27, 2022, https://asia.nikkei.com/Politics/U.S.-should-abandon-ambiguity-on-Taiwan-defense-Japan-s-Abe

74. "Yomiuri-Gallup Survey Shows Awareness of China, Russia Threats," *Yomiuri Shimbun,* December 17, 2022, https://japannews.yomiuri.co.jp/politics/defense-security/20221217-77816/

第六章

1. Gregory B. Poling, *On Dangerous Ground: Ameica's Century in the South China Sea* (Oxford: Oxford University Press, 2022), pp. 191-192.

2. Hass, *Stronger*, pp. 44-45; Poling, *On Dangerous Ground*, p. 225.

全球視野
臺海最危險的地方

2023年5月初版　　　　　　　　　　　　　　定價：新臺幣420元
有著作權・翻印必究
Printed in Taiwan.

著　　者	林	正	義
特約編輯	謝	達	文
內文排版	林	婕	瀅
封面設計	劉	耘	桑

出　版　者	聯經出版事業股份有限公司	副總編輯	陳	逸	華
地　　　址	新北市汐止區大同路一段369號1樓	總 編 輯	涂	豐	恩
叢書主編電話	(0 2) 8 6 9 2 5 5 8 8 轉 5 3 9 5	總 經 理	陳	芝	宇
台北聯經書房	台 北 市 新 生 南 路 三 段 9 4 號	社　　長	羅	國	俊
電　　　話	(0 2) 2 3 6 2 0 3 0 8	發 行 人	林	載	爵
郵 政 劃 撥 帳 戶	第 0 1 0 0 5 5 9 - 3 號				
郵 撥 電 話	(0 2) 2 3 6 2 0 3 0 8				
印　刷　者	文聯彩色製版印刷有限公司				
總　經　銷	聯 合 發 行 股 份 有 限 公 司				
發　行　所	新北市新店區寶橋路235巷6弄6號2樓				
電　　　話	(0 2) 2 9 1 7 8 0 2 2				

行政院新聞局出版事業登記證局版臺業字第0130號

本書如有缺頁，破損，倒裝請寄回台北聯經書房更換。　　ISBN　978-957-08-6919-4 (平裝)
聯經網址：www.linkingbooks.com.tw
電子信箱：linking@udngroup.com

國家圖書館出版品預行編目資料

臺海最危險的地方/林正義著．初版．新北市．聯經．2023年
5月．376面．14.8×21公分（全球視野）

ISBN　978-957-08-6919-4（平裝）

1.CST：國際關係　2.CST：國際衝突　2.CST：地緣戰略

578.193　　　　　　　　　　　　　　　　　112006547